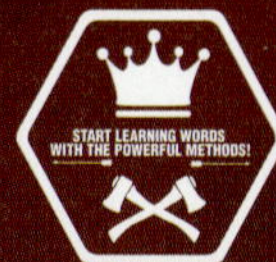

국가대표 이탈리아어 단어정복자

국가대표 이탈리아어 단어정복자

저자_ 조성윤

1판 1쇄 인쇄_ 2015. 11. 25.
1판 1쇄 발행_ 2015. 11. 30.

발행처_ 북커스베르겐
발행인_ 신은영

등록번호_ 제313-2009-217호
등록일자_ 2009. 10. 6.

주소_ 경기도 고양시 일산동구 무궁화로 11 한라밀라트 B동 215호
전화_ 02) 722-6826 팩스_ 031) 911-6486

값은 표지에 있습니다.
ISBN 978-89-97343-16-4 (13780)

「이 도서의 국립중앙도서관 출판시도서목록(CIP)은 서지정보유통지원시스템 홈페이지
(http://seoji.nl.go.kr)와 국가자료공동목록시스템(http://www.nl.go.kr/kolisnet)에서
이용하실 수 있습니다. (CIP제어번호: CIP2015030901)」

이메일_ bookersbg@naver.com
북커스베르겐은 **옥당**의 외국어 출판브랜드입니다.

Io
studio
l'italiano.
It's a completely new way to learn foreign language vocabulary fast and easy.
START LEARNING WORDS WITH THE POWERFUL METHODS!
IN HONOREM PRINCIPIS APOST PAVLVS V BVRGHESIVS ROMANVS PONT MAX AN MDCXII

'제2외국어 단어장 선택의 절대기준!'

제2외국어 전공 교수님들이 말하는 '좋은 단어장 선택 요령!'
(이런 단어장은 절대 피하세요!)

1. 먼저 목차를 비교하십시오!

단지 단어에서 끝나는 단어장은 '부담'만 남습니다!

단어를 주제별로만 정리해 놓은 단어장은
끝까지 읽어나가는 것 자체가 어렵습니다.

단어를 통해서 문장이 보이고, 문법이 만져지고
그리고 언어가 느껴져야 합니다.

하나의 단어가 가지는 가치에 대한 이해와 납득이
단어학습의 성취효과를 극대화할 수 있습니다!

2. 품사별로도 정리되어 있는지 보십시오!

배려 없는 구성의 사전식 단어장은 '스트레스'입니다!

'단어장이라고 단어만 나열해 놓으면 어쩌란 말입니까?'

가장 먼저 필요한 단어가 무엇이고,
단어를 활용할 수 있는 최소한의 문법은 무엇이고,
당장 단어만으로도 외국어를 말할 수 있는 장치와 구성이 없다면,
이것이야말로 '배려를 무시한 무정한 단어장'입니다.

3. 예문이 쉬운지 확인하십시오!

예문이 불친절한 단어장, 그냥 '지뢰밭'입니다!

기초 수준 이상의 '예문'은 학습자를 당혹하게 만듭니다.
배우지도 않은 문법의 예문이 곳곳에 깔려 있는 단어장은
학습자의 학습 진행을 막는 발목지뢰입니다.

고개가 저절로 끄덕여지는 단어장, 단어에서 문장으로 그리고 회화까지 만만해 보이기 시작하면, 여러분의 다국어 단어학습, 제대로 진행되고 있다는 뜻입니다!

It's a completely new way to **learn foreign language vocabulary** fast and easy.

'국가대표 제2외국어 단어정복자'의 진심!

단어장이라고 무턱대고 단어만 주르륵 나열해 놓은 불친절한 책들!
사전과 별반 다르지 않은 구성으로
학습자의 진을 쭉쭉 빼버리는 고딴 책들!
과감하게 사절합니다!

단어가 곧 문장이 되고 회화가 되며,
외국어의 본질을 이해할 수 있도록 친절하게 도와줄 수 있어야
진정한 단어장이고, 단어를 정복할 수 있는 진짜 도우미입니다.

'국가대표 제2외국어 단어정복자'의 본심!

단어만으로도 이탈리아어의 본질적인 구조를 파악할 수 있도록 준비했습니다.
단어가 준비되면 곧바로 이탈리아어 문법 학습을 시작하거나,
간단하면서도 자주 사용하는 표현들을 말할 수 있습니다.

문장이나 회화는 하나의 단어에서 시작합니다.
단어 하나만으로도 외국어 회화가 될 수 있습니다.
단어 하나가 문장이 되고, 곧바로 의사소통이 될 수 있는
방법을 담았습니다.

'국가대표 제2외국어 단어정복자'의 경쟁력!

얼마나 많은 단어를 아느냐보다는
알고 있는 단어를 얼마나 잘 활용하느냐가 중요합니다.
친근한 단어들과 함께 외국어에 제대로 접근하는 것,
바로 이것이 여러분의 '결정적 다국어 경쟁력'입니다!

단어정복자,
외국어 첫걸음 학습을 위한 완전히 새로운 제안입니다!

국가대표 제2외국어 단어장의 효과적 학습을 위한 학습방법!

❷ p2-1-02   **haben** ❶

[하벤] 가지다 ❸

❶ 단어 위에 펜으로 직접 써보기!
❷ MP3 일련번호로 검색해서 바로바로 듣기!
❸ 공부한 단어 체크하기!

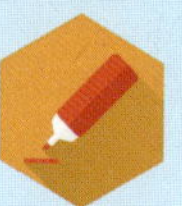

It's a completely new way to **learn foreign language vocabulary** fast and easy.

7

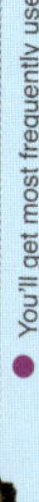

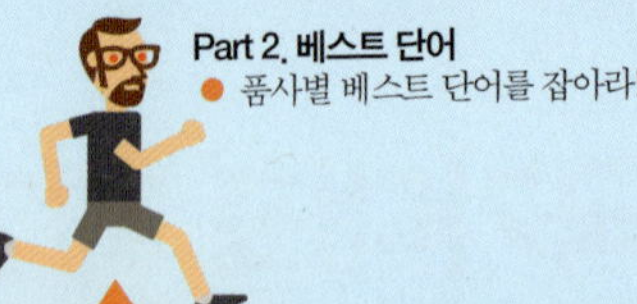

Part 0　Part 1　Part 2　Part 3

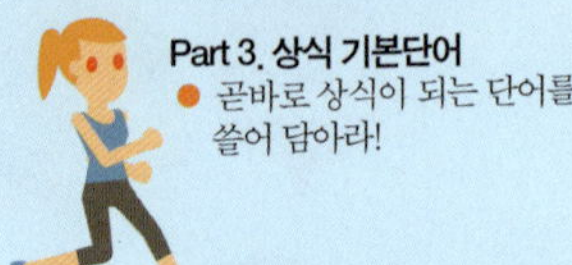

{ 국가대표 제2외국어 단어장의 효과적 학습을 위한 학습순서! }

P0　1) Go Part 0!
완전 생초보라면 **Part 0**(워밍업섹션)부터 시작하십시오!

외국인 이름으로 배우는 초간편 알파벳과 발음 학습법이 준비되어 있습니다.
전혀 부담 없이, 순식간에 알파벳과 발음법을 완성할 수 있습니다.

P1　2) Go Part 1!
가장 중요한 핵심단어부터 만나고 싶으면 **Part 1**으로 가십시오!

알파벳과 발음을 이미 알고 있다면 **Part 1**으로 이동하여,
핵심단어들을 만나보십시오!
대표적인 베스트 핵심단어를 모조리 모아놨습니다.

단어정복자,
외국어 첫걸음 학습을 위한
완전히 새로운 제안입니다!

Part 4	Part 5

Part 4. 필수 여행단어
● 필수 여행단어 100개를 챙기자!

배우고 싶은 파트부터 시작!
알고 싶은 파트까지만 학습!
아는 단어만으로도 완벽문장!
한 단어만 가지고도 회화완성!

3) Go Part 2!
기본적인 문법을 만나게 도와주는 단어를 원하신다면 **Part 2**로 가십시오!

품사별로 정리된 베스트 단어를 통해 문법의 짜임새를 파악할 수 있습니다.

4) Go Part 3 or 4!
당장 여행/유학/출장을 떠나신다면
Part 3 또는 **Part 4**로 가십시오!

Part 3는 생활상식용 단어들이 망라되어 있고,
Part 4에는 당장 필요한 여행단어가 준비되어 있습니다.

5) Go Part 5!
테마별로 단어를 학습하려면, 또는 배운 단어로 바로
문장을 만들어보고 싶다면 **Part 5**로 가십시오!

가정/학교/회사/교통/식사/쇼핑/공공기관/편의시설 등
60가지의 테마로 정리되어 있으며,
해당 테마의 필수 명사, 동사, 형용사(부사) 등을 활용하여
작문까지 도전할 수 있습니다.

그리고 부록 1.에서는 간단한 문법 요약표를,
부록 2.에서는 단어활용표를 만나실 수 있습니다.

It's a completely new way to **learn**
foreign language vocabulary fast and easy.

The **vocabularies**, the most frequently used words will **be with you!**

Part 0. 워밍업 섹션

이탈리아 사람 이름으로 알파벳과 발음법을 끝내자!

1. 이미 친근한 이탈리아어 알파벳!　　018
2. 이탈리아어의 깔끔한 모음!　　020
3. 이탈리아어의 특별한 모음!　　021
4. 이탈리아어의 자음들!　　022
5. 이탈리아어의 특별한 자음들!　　027
6. 이탈리아어의 악센트!　　028

Part 1. 초핵심 단어

이탈리아어 핵심 단어는 바로 이것이다!

1. 이탈리아어 초핵심 단어 5　　032
2. 이탈리아어 핵심 단어 10　　036
3. 이탈리아어 결정적 한 단어 40　　040
　　1) 이탈리아어 결정적 한 단어 (인사 표현)
　　2) 이탈리아어 결정적 한 단어 (긍정/부정/확인 표현)
　　3) 이탈리아어 결정적 한 단어 (칭찬/격려 표현)
　　4) 이탈리아어 결정적 한 단어 (명령 표현)
　　5) 이탈리아어 결정적 한 단어 (감탄 표현)

Part 2. 베스트 단어

이탈리아어 품사별 베스트 단어를 잡아라!

1. 이탈리아어 동사 베스트 단어　　050
　　1) 이탈리아어 동사 빅 3 단어
　　2) 이탈리아어 동사 베스트 40 단어
　　3) 이탈리아어 조동사 베스트 3 단어

2. 이탈리아어 명사 베스트 40 단어　　063
3. 이탈리아어 형용사 베스트 40 단어　　068
4. 이탈리아어 부사 베스트 20 단어　　074
5. 이탈리아어 의문사 베스트 8 단어　　077
6. 이탈리아어 전치사 베스트 24 단어　　078
　　1) 이탈리아어 전치사
　　2) 이탈리아어 '전치사 + 관사'의 축약

7. 이탈리아어 접속사 베스트 26 단어　　082
　　1) 이탈리아어 대등접속사
　　2) 이탈리아어 종속접속사

8. 이탈리아어 의성어 베스트 20 단어　　086

You'll get most frequently used **vocabularies**.

단어정복자, 외국어 첫걸음 학습을 위한 완전히 새로운 제안입니다!

Part 3. 상식 기본단어
곧바로 상식이 되는 이탈리아어 단어를 쓸어 담아라!

Part 4. 필수 여행단어
이탈리아어 필수 여행단어 100개를 챙기자!

1. 이탈리아어 상식 기본단어 : 숫자 092
2. 이탈리아어 상식 기본단어 : 시간 096
3. 이탈리아어 상식 기본단어 : 날씨/계절 098
4. 이탈리아어 상식 기본단어 : 요일/월명 102
5. 이탈리아어 상식 기본단어 : 색상/정도 104
6. 이탈리아어 상식 기본단어 : 방향/장소 106
7. 이탈리아어 상식 기본단어 : 상태/형태 108
8. 이탈리아어 상식 기본단어 : 국적 110
9. 이탈리아어 상식 기본단어 : 직업 114
10. 이탈리아어 상식 기본단어 : 신체/기관 118
11. 이탈리아어 상식 기본단어 : 성격/감정 122
12. 이탈리아어 상식 기본단어 : 가축/동물 124
13. 이탈리아어 상식 기본단어 : 과일 126
14. 이탈리아어 상식 기본단어 : 곡물/채소 128
15. 이탈리아어 상식 기본단어 : 지리/지형 130
16. 이탈리아어 상식 기본단어 : 시설/기관 132
17. 이탈리아어 상식 기본단어 : 스포츠 136

1. 이탈리아 필수 여행단어 : 개인정보 142
2. 이탈리아 필수 여행단어 : 공항 143
3. 이탈리아 필수 여행단어 : 호텔 144
4. 이탈리아 필수 여행단어 : 교통 145
5. 이탈리아 필수 여행단어 : 식당 146
6. 이탈리아 필수 여행단어 : 관광 147
7. 이탈리아 필수 여행단어 : 쇼핑 148
8. 이탈리아 필수 여행단어 : 전화/우편/은행 149
9. 이탈리아 필수 여행단어 : 응급상황 150
10. 이탈리아 필수 여행단어 : 문제상황 151

The vocabularies, the most frequently used words will **be with you!**

Part 5. 테마 생활단어

테마별 이탈리아어 단어로 공간을 장악하라!

Part 5

1. 가정 침실에서 필요한 이탈리아어 단어! (기상)　156
2. 가정 화장실에서 필요한 이탈리아어 단어!　160
3. 가정 욕실에서 필요한 이탈리아어 단어!　164
4. 가정 화장대에서 필요한 이탈리아어 단어!　168
5. 가정 드레스룸에서 필요한 이탈리아어 단어!　172
6. 가정 주방에서 필요한 이탈리아어 단어! (1)　176
7. 가정 주방에서 필요한 이탈리아어 단어! (2)　180
8. 가정 주방에서 필요한 이탈리아어 단어! (3)　184
9. 가정에서 요리할 때 필요한 이탈리아어 단어! (1)　188
10. 가정에서 요리할 때 필요한 이탈리아어 단어! (2)　192
11. 가정 가사에서 필요한 이탈리아어 단어! (청소/설거지)　196
12. 가정 가사에서 필요한 이탈리아어 단어! (세탁/다림질)　200
13. 가정 서재에서 필요한 이탈리아어 단어!　204
14. 가정 거실에서 필요한 이탈리아어 단어!　208
15. 가정 샤워실에서 필요한 이탈리아어 단어!　212
16. 가정 침실에서 필요한 이탈리아어 단어! (취침)　216

17. 학교에서 필요한 이탈리아어 단어! (학교제도)　220
18. 학교 교실에서 필요한 이탈리아어 단어! (교실)　224
19. 학교 교실에서 필요한 이탈리아어 단어! (수업)　228
20. 학교 교실에서 필요한 이탈리아어 단어! (과목)　232

테마가 생활을 장악하는 단어장, 단어에서 단어장이 되다, 살아있는 단어의 다이어리, 한편의 그림처럼 머릿속에 펼쳐지며 제대로 장악된 이탈리아어 세상!

● You'll get most frequently used **vocabularies**.

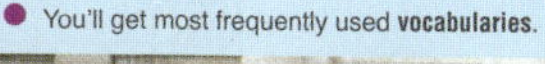

21. 학교에서 필요한 이탈리아어 단어! (대학시설)   236
22. 학교에서 필요한 이탈리아어 단어! (대학전공)   240
23. 학교에서 필요한 이탈리아어 단어! (대학수업)   244
24. 학교에서 필요한 이탈리아어 단어! (대학생활)   248
25. 학교 도서관에서 필요한 이탈리아어 단어!   252
26. 학교 체육관에서 필요한 이탈리아어 단어!   256
27. 회사에서 필요한 이탈리아어 단어! (구직활동)   260
28. 회사에서 필요한 이탈리아어 단어! (급료)   264
29. 회사에서 필요한 이탈리아어 단어! (회사의 조직과 직책)   268
30. 회사에서 필요한 이탈리아어 단어! (회사업무)   272
31. 회사에서 필요한 이탈리아어 단어! (사무용품)   276
32. 회사에서 필요한 이탈리아어 단어! (사무기기)   280
33. 회사에서 필요한 이탈리아어 단어! (컴퓨터 업무)   284
34. 회사에서 필요한 이탈리아어 단어! (이메일 업무)   288
35. 회사에서 필요한 이탈리아어 단어! (전화통화)   292

36. 교통수단 이용에 필요한 이탈리아어 단어! (버스/택시)   296
37. 교통수단 이용에 필요한 이탈리아어 단어! (기차/지하철)   300
38. 교통수단 이용에 필요한 이탈리아어 단어! (항공/선박)   304
39. 교통수단 이용에 필요한 이탈리아어 단어! (주유/주차)   308
40. 식사를 하려고 할 때 필요한 이탈리아어 단어!   312
41. 식사할 때 필요한 이탈리아어 단어! (식당)   316
42. 식사할 때 필요한 이탈리아어 단어! (식탁)   320
43. 식사할 때 필요한 이탈리아어 단어! (요리)   324
44. 식사할 때 필요한 이탈리아어 단어! (카페)   328

● The **vocabularies**, the most frequently used words will be **with you!**

● You'll get most frequently used **vocabularies**.

It's a completely new way to **learn**
foreign language vocabulary fast and easy.

● **The vocabularies**, the most frequently used words will **be with you!**

45. 쇼핑을 하려고 할 때 필요한 이탈리아어 단어! (쇼핑가) 332
46. 쇼핑할 때 필요한 이탈리아어 단어! (백화점) 336
47. 쇼핑할 때 필요한 이탈리아어 단어! (옷가게) 340
48. 쇼핑할 때 필요한 이탈리아어 단어! (가전매장) 344
49. 쇼핑할 때 필요한 이탈리아어 단어! (슈퍼마켓) 348
50. 쇼핑할 때 필요한 이탈리아어 단어! (시장/야채가게) 352

51. 공공기관에서 필요한 이탈리아어 단어! (구청) 356
52. 공공기관에서 필요한 이탈리아어 단어! (우체국) 360
53. 공공기관에서 필요한 이탈리아어 단어! (경찰서) 364

54. 편의시설에서 필요한 이탈리아어 단어! (은행) 368
55. 편의시설에서 필요한 이탈리아어 단어! (병원) 372
56. 편의시설에서 필요한 이탈리아어 단어! (응급실) 376
57. 편의시설에서 필요한 이탈리아어 단어! (약국) 380
58. 편의시설에서 필요한 이탈리아어 단어! (영화관) 384
59. 편의시설에서 필요한 이탈리아어 단어! (콘서트) 388
60. 편의시설에서 필요한 이탈리아어 단어! (미술관) 392

단어정복자,
외국어 첫걸음 학습을 위한
완전히 새로운 제안입니다!

부록 1.
핵심문법 간편정리! 398

1. 이탈리아어 인칭대명사
2. 이탈리아어 **essere** 동사
3. 이탈리아어 **avere** 동사
4. 이탈리아어 **fare** 동사
5. 이탈리아어 동사의 인칭변화
6. 이탈리아어 재귀동사
7. 이탈리아어 정관사
8. 이탈리아어 부정관사
9. 이탈리아어 소유형용사
10. 이탈리아어 조동사

부록 2.
주요동사 변화형 정리! 409

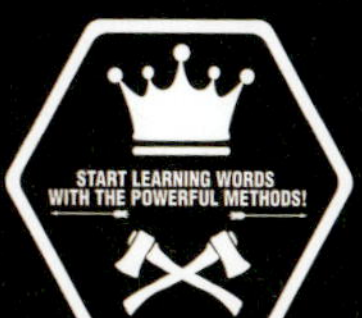

It's a completely new way to learn foreign language vocabulary fast and easy.
START LEARNING WORDS WITH THE POWERFUL METHODS!
lo studio l'italiano.

It's a completely new way to learn
foreign language vocabulary fast and easy.

START LEARNING WORDS
WITH THE POWERFUL METHODS!

IN HONOREM PRINCIPIS APOST PAVLVS V BVRGHESIVS ROMANVS PONT MAX A

Learn foreign language vocabulary

Part 0. 워밍업 섹션
Warming Up Section
이탈리아 사람 이름으로 알파벳과
발음법을 끝내자!

1. 이미 친근한 이탈리아어 알파벳!

2. 이탈리아어의 깔끔한 모음!

3. 이탈리아어의 특별한 모음!

4. 이탈리아어의 자음들!

5. 이탈리아어의 특별한 자음들!

6. 이탈리아어의 악센트!

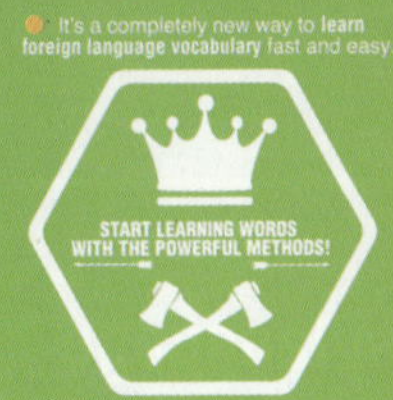

Part 0. 워밍업 섹션
이탈리아 사람 이름으로 알파벳과 발음법을 끝내자!

"이탈리아어 알파벳과 발음법, 가장 빨리 친해지는 방법!"

좀 더 인상적이고 부담 없는 이탈리아어 알파벳과 발음법 학습을 위해
이탈리아 남녀가 가장 선호하는 이름 베스트 100 리스트를 활용하여 학습해 보겠습니다.
이들의 이름이 여러분의 이탈리아어 발음 공부를 헌신적으로 도와드릴 것입니다.
자! 그러면 지금 바로 시작할까요?

1. 이미 친근한 이탈리아어 알파벳!

마음만 먹으면 바로 시작할 수 있는 언어가 바로 이탈리아어입니다.
우리에게 이미 친근한 알파벳이 이탈리아어의 문자 (**L'alfabeto** [랄파베또] 알파벳)이기
때문이죠. 문자를 알고 있다는 것은 언제든지 본격적으로 시작할 수 있다는 뜻입니다.
뿐만 아니라 우리의 실생활에 이미 많은 이탈리아어가 사용되고 있답니다.
우리가 자주 먹는 스파게티 **spaghetti** 나 피자 **pizza**,
그리고 커피숍에서 만나는 카페 **caffè**, 라떼 **latte**, 카푸치노 **cappuccino**,
에스프레소 **espresso** 등, 상당히 많은 이탈리아어 단어들이 있습니다.

그래서 준비했습니다. 우리에게 이미 친숙한 이탈리아어의 알파벳과 발음법을
좀 더 쉽게 공부할 수 있도록 핵심만을 모아서 정리해 드리겠습니다.
이탈리아어의 알파벳 (**alfabeto**) [알파베또]는 총 26자입니다.
그 중 5개가 모음이며 나머지는 자음입니다.
그리고 26자에는 외래어에서 도입된 글자 5개가 포함되어 있습니다.
자! 그러면 알파벳의 이름과 발음에 대해 알아보겠습니다.
어떤 것들이 자음과 모음을 이루고 어떤 것이 외래어에서 도입된 철자인지
확인해 주십시오. 딱! 두 번만 쭉쭉 읽어봐 주세요. 금방 친해질 수 있을 것입니다.

It's a completely new way to **learn foreign language vocabulary** fast and easy.

START LEARNING WORDS WITH THE POWERFUL METHODS!

ABCD

Part 0

It's a completely new way to **learn foreign language vocabulary** fast and easy.

워밍업 섹션
이탈리아어 알파벳과 발음법

P0

[괄호] 안은 우리말에 가장 가까운 음가입니다.

p0-1-01

A a 아[ㅏ]	**B b** 비[ㅂ]	**C c** 치[ㅊ/ㄲ]
D d 디[ㄷ]	**E e** 에[ㅔ]	**F f** 에페[ㅍ]
G g 지[ㄱ/ㅈ]	**H h** 아까[묵음]	**I i** 이[ㅣ]
L l 엘레[ㄹ]	**M m** 엠메[ㅁ]	**N n** 엔네[ㄴ]
O o 오[ㅗ]	**P p** 삐[ㅃ]	**Q q** 꾸[ㄲ]
R r 에레[ㄹ]	**S s** 에쎄[ㅅ/ㅆ/ㅈ]	**T t** 띠[ㅌ/ㄸ]
U u 우[ㅜ]	**V v** 부[ㅂ]	**Z z** 제따[ㅈ/ㅉ]
J j 이룽가[ㅣ]	**K k** 깝빠[ㄲ]	**W w** 돕삐아부[ㅂ]
X x 익스[ㅆ]	**Y y** 입씰론[ㅣ]	

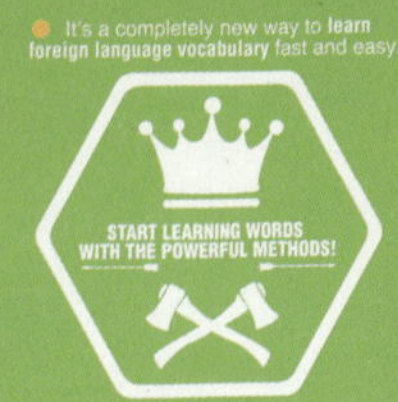

2. 이탈리아어의 깔끔한 모음!

이탈리아어 모음의 기본은 **A a** (아), **E e** (에), **I i** (이), **O o** (오), **U u** (우)입니다.
음가 역시 그대로 [ㅏ], [ㅔ], [ㅣ], [ㅗ], [ㅜ]입니다. 읽는 그대로 발음되는 것이죠.
예를 들면, 이탈리아어 모음 **a** 는 그냥 그대로 [ㅏ]입니다.

p0-2-01	**Maria** 마리아	p0-2-02	**Adriana** 아드리아나

이탈리아어는 여성의 이름은 대부분 모음 **-a** 로 끝나고, 남성은 **-o** 로 끝납니다.
-a 발음을 익히기에는 여자 이름만한 것이 없습니다. ^ㄴ^
자! 그러면 각각의 모음에 대해 좀 더 알아볼까요?
다음은 이탈리아에서 굉장히 친숙하게 들을 수 있는 이름들입니다.
5개의 모음 **a, e, i, o, u** 는 각각 [ㅏ], [ㅔ], [ㅣ], [ㅗ], [ㅜ] 로 발음됩니다.

p0-2-03	**A a** [아]	**Aldo** 알도	p0-2-04	**E e** [에]	**Elisa** 엘리사
p0-2-05	**I i** [이]	**Irene** 이레네	p0-2-06	**O o** [오]	**Orlando** 오를란도
p0-2-07	**U u** [우]	**Umberto** 움베르토			

 ## 3. 이탈리아어의 특별한 모음!

이탈리아어에는 '모음+모음'으로 이루어진 '이중모음' (**dittongo**),
'모음+모음+모음'으로 이루어진 '삼중모음' (**trittongo**)이라는 것이 있습니다.
'이중모음, 삼중모음' 역시 지극히 상식적으로 발음되기 때문에 쉽게 배울 수 있습니다.

1) 이중모음

이중모음은 '모음+모음'으로 이루어진 것들을 말합니다.
이중모음은 '하나의 음절'로 취급합니다.
이중모음은 **i** 나 **u** 가 다른 모음들을 만나서 이루어질 수 있습니다.
예를 들어, 모음 **i** 가 다른 모음들을 만나면 다음과 같은 이중모음이 됩니다.

ia	**ie**	**io**	**iu**	**ai**	**ei**	**oi**	**ui**
[이아]	[이에]	[이오]	[이우]	[아이]	[에이]	[오이]	[우이]

모음 **u** 가 다른 모음들을 만나면 다음과 같은 이중모음이 됩니다.

ua	**ue**	**ui**	**uo**	**au**	**eu**
[우아]	[우에]	[우이]	[우오]	[아우]	[에우]

2) 삼중모음

'모음+모음+모음'으로 이루어진 삼중모음, 역시 하나의 음절로 취급합니다.
삼중모음에는 다음과 같은 모음들이 있습니다.

iei	**iai**	**ioi**	**uai**	**uei**	**uoi**	**iuo**
[이에이]	[이아이]	[이오이]	[우아이]	[우에이]	[우오이]	[이우오]

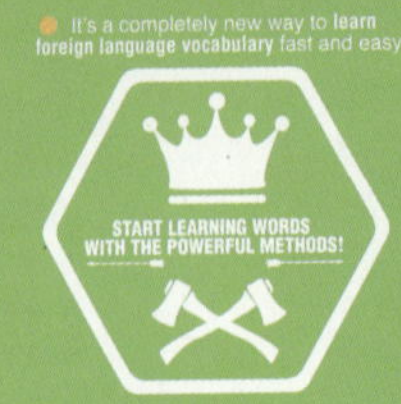

 # 4. 이탈리아어의 자음들!

이탈리아어 자음 발음도 모음처럼 굉장히 쉽습니다. 대부분 철자가 쓰인 그대로 읽으면 됩니다.
몇 가지의 발음 규칙만 주의하만 금방 익힐 수 있습니다.
자! 이제 그러면 알파벳 순서대로 자음 발음에 대해 알아봅시다.

알파벳 **b** (비)는 철자 그대로 발음합니다.

p0-4-01	**Beatrice** 베아뜨리체

알파벳 **c** (치) 뒤에 바로 모음이 올 경우 어떤 모음이 오느냐에 따라서
[ㄲ]이나 [ㅊ]으로 발음됩니다. **c** 뒤에 모음 **e** 나 **i** 가 오게 되면 [ㅊ]으로 발음이 됩니다.
즉, **ce** 는 [체]로 **ci** 는 [치]가 됩니다.
한편 알파벳 **c** (치)가 **h** (아까)와 만나서 모음 **e** (에)나 **i** (이)와 함께 쓰이면 [ㄲ]으로,
즉 **che** 는 [께]로 **chi** 는 [끼]로 발음합니다.

p0-4-02	**Cecilia** 체칠리아	p0-4-03	**Chiara** 끼아라

위의 경우를 제외한 나머지 철자들이 **c** (치) 뒤에 올 경우는 [ㄲ]과 [ㅋ] 사이의 음으로 발음 하면 됩니다. MP3 청취/발음 연습자료를 통해 어떻게 발음되는지 확인하시면 좋습니다.

(본 교재에서는 편의상 [ㄲ]과 [ㅋ] 사이의 발음을 [ㄲ]으로 표기했습니다.)

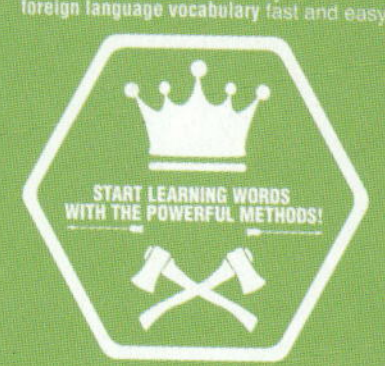

Part 0

It's a completely new way to **learn**
foreign language vocabulary fast and easy.

워밍업 섹션
이탈리아어 알파벳과 발음법

P0

p0-4-04	**Carolina**	p0-4-05	**Cristina**
	까롤리나		끄리스띠나

알파벳 **d** (디)와 **f** (에페)는 있는 그대로 발음됩니다.

p0-4-06	**Dominico**	p0-4-07	**Fabia**
	도미니꼬		파비아

알파벳 **g** (지)는 뒤에 오는 철자에 따라 [ㄱ], [지], [ㄹ], [ㄴ] 4가지 형태로 발음합니다.
일단 **g** 는 기본적으로 [ㄱ] 발음이며, **g** 다음에 모음 **e** 나 **i** 가 오면 [지]입니다. 그리고
g 다음에 이중모음 **ia, io, iu** 가 올 경우는 각각 **gia** [쟈], **gio** [죠], **giu** [쥬]로 발음합니다.
g 와 **l** 이 **i** 와 만나는 경우에는 **gli** [리] 발음이며, **g** 와 **n** 이 모음 **a, e, i, o, u** 와 만나면
gna [냐, **gne** [네], **gni** [니], **gno** [뇨], **gnu** [뉴] 발음이 됩니다.

p0-4-08	**Gabriella**	p0-4-09	**Gigliotti**
	가브리엘라		질리오띠
p0-4-10	**Gherardo**	p0-4-11	**Gemma**
	게라르도		젬마
p0-4-12	**Gianni**	p0-4-13	**Gnocchi**
	쟌니		뇨끼

gnocchi (뇨끼)는 이탈리아식 파스의이름입니다.

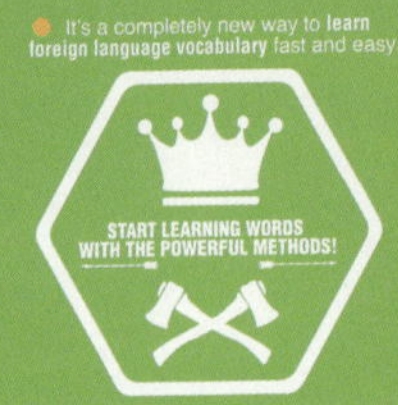

이탈리아어의 알파벳 **h** (아까)는 묵음입니다.
그래서 외래어인 '햄버거'를 '암부르게르'라고 하죠.

---

p0-4-14
Haiti
아이띠

---

l (엘레), **m** (엠메), **n** (엔네), **p** (삐), **q** (꾸), **r** (에레)는 철자 그대로 발음합니다.
단! **l** (엘레)와 **r** (에레)는 본 교재에서 발음을 [리]로 표기하고 있지만,
영어처럼 발음이 서로 구분이 되야 합니다.

l (엘레)를 발음할 때는 혀 끝을 입 천장에 댄다는 느낌으로 발음하고,
r (에레)는 혀 끝을 목구멍에서 굴린다는 느낌으로 발음합니다.

p (삐)와 **q** (꾸)는 약간 된 발음으로 영어보다 세게 발음됩니다.

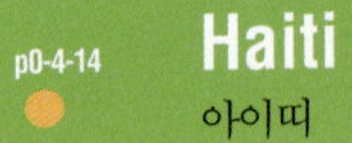

p0-4-15 **Laura** 라우라		p0-4-16 **Marco** 마르코
p0-4-17 **Nunzio** 눈찌오		p0-4-18 **Paolo** 빠올로
p0-4-19 **Quadrio** 꾸아드리오		p0-4-20 **Raffaelo** 라파엘로

Part 0

워밍업 섹션
이탈리아어 알파벳과 발음법

알파벳 **S** (에쎄)는 [ㅅ]이나 [ㅈ]으로 발음합니다.
일반적으로 **S** 가 단어 처음에 나오고 그 뒤에 모음이나 무성자음이 따라오는 경우와
단어의 마지막에 올 때는 [ㅅ]으로 발음합니다.
반면 **S** 뒤에 유성자음이 오게 되면 [ㅈ]로 발음합니다.

| p0-4-21 | **Sara** 사라 | p0-4-22 | **Stefano** 스테파노 |
| p0-4-23 | **Gas** 가스 | p0-4-24 | **Sven** 즈벤 |

그리고 **S** 가 자음 **C** 와 함께 쓰이면 [쉬] 발음이 되는 경우가 있습니다.
보통 **sc** 다음에 모음 **e** 나 **i** 가 오는 경우, 또는 **sci** 다음에 모음 **a, o, u** 가 오는 경우가
이에 해당합니다.

| p0-4-25 | **Scianna** 쉬안나 | p0-4-26 | **Scelba** �셀바 |

The vocabularies, the most frequently used words will **be with you!**

You'll get most frequently used **vocabularies.**

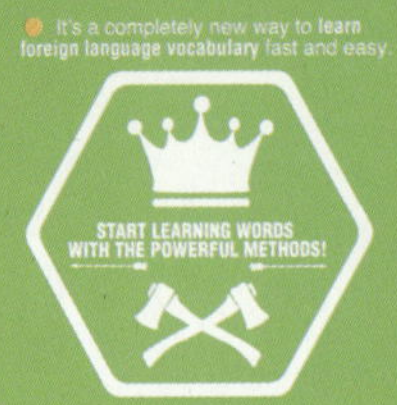

알파벳 **t** (띠), **v** (부), **z** (제따) 역시 그대로 발음합니다.
다만 **t** 는 조금 된소리로 [ㅌ] 보다는 [띠]에 가깝게,
v 는 영어의 **v** 발음에 가깝게,
그리고 **z** 는 [치]과 [찌] 사의의 소리로 발음을 하면 됩니다.

p0-4-27	**Teresa** 떼레사	p0-4-28 **Vincenzio** 빈첸쪼
p0-4-29	**Zabaleta** 짜발레따	

이탈리아어는 똑같은 자음을 연달아 사용하는 이중자음이 있습니다.
이럴 땐 발음을 좀 더 세게 하면 됩니다.
(bb, cc, cch, dd, ff, gg, ggh, ll, mm, nn, pp, qq, rr, ss, tt, vv, zz)

p0-4-30	**Emmanuela** 엠마누엘라	p0-4-31 **Concetta** 꼰쳇따
p0-4-32	**Lazzaro** 랏짜로	

 # 5. 이탈리아어의 특별한 자음들!

외래어에서 유래한 글자 **j** (이룽가), **k** (깝빠), **x** (익스), **y** (입실론), **w** (돕삐아부)는
외래어를 표기할 때 쓰는 철자들입니다. 이들은 외래어 원래의 발음법으로 읽습니다.

p0-5-01	**Juventus** 유벤투스	p0-5-02	**Kazan** 까잔
p0-5-03	**Xi'an** 씨안	p0-5-04	**Yogi** 요기
p0-5-05	**Wagner** 바그너		

6. 이탈리아어의 악센트!

이탈리아어는 각 단어가 악센트를 가지고있습니다.
악센트는 기본적으로 모음에 옵니다.
이탈리아어는 기본적으로 악센트를 표기하지 않지만,
불규칙한 경우에는 **è** 나 **é** 처럼 알파벳 위에 표기를 합니다.
대부분의 단어는 끝에서 두번째 모음에 강세가 있습니다.

예를 들어 **Milano** 에서는 악센트가 끝에서 두번째 모음인 **a** 에 있습니다.
이 경우는 규칙이기 때문에 강세 표기를 따로 하지 않습니다.
Italia 처럼 이중자음 **ia** 로 이루어진 경우 이중모음은 하나의 모음으로
취급하기 때문에 **t** 다음에 오는 **a** 에 강세가 붙게 됩니다.

그리고 마지막 모음에 강세가 있는 경우 **università** 처럼 마지막 모음에 강세를
표기합니다. 이때 마지막 모음이 개음(a)일 경우와 폐음(i, u)일 경우
부호의 방향이 서로 다릅니다.

예를 들어 **università** 의 **à** 처럼 악센트 방향이 왼쪽 위에서 오른쪽 아래로 향하고 (개음
부호), 폐음일 경우는 **perché** 의 **é** 처럼 오른쪽 위에서 왼쪽 아래로 향하게 방향 표시를
합니다 (폐음부호). **e** 와 **o** 는 경우에 따라 개음과 폐음 둘 다로 발음 될 수있기 때문에
악센트 표기 방식은 여러 단어의 학습을 통해 익히는 것이 좋습니다.

이 밖에도 다른 단어와의 혼돈을 피하기 위해서 '그것들'이란 뜻의 **li** 와
'저기'란 뜻의 **lì** 처럼 악센트를 표시해 단어를 구별해주기도 합니다.

이상으로 주요 발음의 소개를 마칩니다.
소소한 발음은 본문부와 MP3 청취/발음 연습자료를 통해
해결하도록 하겠습니다. 자! 그러면 Part 1으로 진격!!

It's a completely new way to **learn foreign language vocabulary** fast and easy.

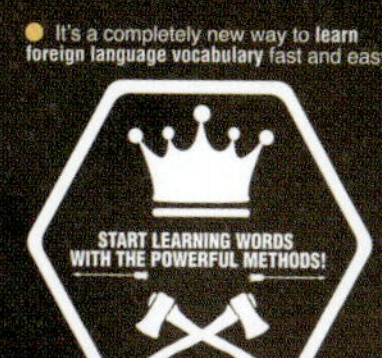

lo studio l'italiano.

It's a completely new way to **learn foreign language vocabulary** fast and easy.

It's a completely new way to learn foreign language vocabulary fast and easy.
It's a completely new way to learn foreign language vocabulary fast and easy.
START LEARNING WORDS WITH THE POWERFUL METHODS!

Learn foreign language vocabulary

Part 1. 초핵심 단어
이탈리아어 핵심 단어는 바로 이것이다!

1. 이탈리아어 초핵심 단어 5

2. 이탈리아어 핵심 단어 10

3. 이탈리아어 결정적 한 단어 40
1) 이탈리아어 결정적 한 단어 (인사 표현)
2) 이탈리아어 결정적 한 단어 (긍정/부정/확인 표현)
3) 이탈리아어 결정적 한 단어 (칭찬/격려 표현)
4) 이탈리아어 결정적 한 단어 (명령 표현)
5) 이탈리아어 결정적 한 단어 (감탄 표현)

 Part 1. 초핵심 단어
이탈리아어 핵심 단어는 바로 이것이다!

1. 이탈리아어 초핵심 단어 5

외국어는 결국 단어입니다.
얼마나 다양하고 많은 단어들을 알고 있느냐가 최종의 회화능력으로 이어집니다.
이탈리아어 단어와 친밀해진다는 것은
그만큼 이탈리아어 자체에 대한 이해가
깊어진다는 뜻이기도 합니다.

학습자 여러분께서는 단어 하나의 의미에서 그치지 마시고,
이 하나의 단어가 얼마나 다양하게 활용될 수 있는지,
이 단어가 나의 이탈리아어를 위해 어떻게 도와줄지를 상상하면서
학습하시는 것이 훨씬 효과적입니다.

이번 파트는 친절한 이야기와 함께 하는 이탈리아어 단어 베스트 5입니다.
이탈리아어의 대표선수급 Top 5에 랭크된 단어들입니다.
국가대표급 이탈리아어 단어 5개를 알면
'이탈리아어의 생김새'를 살짝 엿볼 수 있습니다.
간단한 단어 설명과 함께 여러분께서 이탈리아어와 더욱 친해질 수 있도록 진행됩니다.

Part 1

It's a completely new way to **learn** foreign language vocabulary fast and easy.

초핵심 단어
이탈리아어 초핵심 단어

P1

1) 첫 번째 이탈리아어 초핵심 단어

p1-1-01	**io**
	[이오] 나 (인칭대명사)

이탈리아어에서 가장 자주 사용하는 단어는
인칭대명사 **io** [이오] (나)입니다.
영어 **I** 와 달리 이탈리아어 **io** 는 문장 중간에 쓰일 때 소문자로 씁니다.

2) 두 번째 이탈리아어 초핵심 단어

p1-1-02	**sono ~**
	[소노] (나는) ~이다 (**essere** 동사)

essere 동사(영어의 **be** 동사)의 1인칭형입니다.
Io sono ~. [이오 소노 ~.] (나는 ~이다. : 영어의 **I am ~.**)입니다.
영어처럼 이탈리아어 역시 (대부분의 유럽어가 그렇듯이) 인칭대명사에 따른
essere 동사의 인칭별 형태가 모두 다릅니다.
동사의 변화형이 인칭에 따라 다르기 때문에 이탈리아어는 주어를 생략해도
이해가 가능합니다. 그래서 예를 들어, **Io sono ~.** (나는 ~이다.)는 **Io** (나)를 생략하고
Sono ~. 로 쓸 수 있습니다. 일반적으로 이탈리아어에서는 주어를 생략하고 말합니다.

(좀 더 자세한 내용은 'Part 2. 베스트 단어 - 이탈리아어 동사 베스트 -
이탈리아어 동사 빅 3'에서 설명드리겠습니다.)

The **vocabularies**, the most frequently used words will **be with you!**

You'll get most frequently used **vocabularies**.

It's a completely new way to **learn** foreign language vocabulary fast and easy.

3) 세 번째 이탈리아어 초핵심 단어

p1-1-03	**ho ~**
	[외] (나는) ~가지고 있다 (**avere** 동사)

avere 동사 (영어의 **have** 동사)의 1인칭 형태입니다.
Io ho ~. [이오 오 ~.] (나는 ~가지고 있습니다.: 영어의 **I have ~.**)
이탈리아어 동사는 변화형태에 따라 규칙형과 불규칙형으로 나뉩니다. 규칙형은 동사의
어미가 일정한 패턴에 따라 변화하며, 불규칙형은 어간과 어미가 다 변화합니다.
essere 나 **avere** 는 대표적인 불규칙형입니다.

(좀 더 자세한 내용은 'Part 2. 베스트 단어 - 이탈리아어 동사 베스트 -
이탈리아어 동사 빅 3'에서 설명드리겠습니다.)

4) 네 번째 이탈리아어 초핵심 단어

p1-1-04	**il**
	[일] 그 (정관사)

il 은 이탈리아어 정관사 중 하나입니다. (영어의 **the** 에 해당합니다.)
정관사는 명사 앞에 놓여 명사의 '정체'를 밝혀줍니다. 이탈리아어의 명사는
'남성'과 '여성' 2가지 종류의 성으로 구별되며, 단복수형으로 구분됩니다.

(**il padre / i padri** [일 빠드레 / 이 빠드리] 아버지/아버지들, **la madre/ le madri**
[라 마드레 / 레 마드리] 어머니 / 어머니들)

(이탈리아어 정관사와 단박에 친해질 수 있도록 정리한
이탈리아어 정관사 표는 부록 1.에 마련되어 있습니다.)

5) 다섯 번째 이탈리아어 초핵심 단어

p1-1-05	**un**
	[운] 하나의/어떤 (부정관사)

un 은 이탈리아어 부정관사 중 하나입니다. (영어의 **a/an** 에 해당합니다.)
정관사처럼 부정관사 역시 명사 앞에 놓이지만 정관사와는 다르게
명사의 '성' 만을 밝혀줍니다.
이탈리아어의 부정관사는 성과 뒤따라오는 명사의 첫 글자에 따라 모두 4가지가 있습니다.

(**un padre** [운 빠드레] 한/어떤 아버지, **una madre** [우나 마드레] 한/어떤 어머니)

(이탈리아어 부정관사와 곧바로 친해질 수 있도록 정리한 이탈리아어 부정관사 표는
부록 1.에 마련되어 있습니다.)

2. 이탈리아어 핵심 단어 10

이탈리아어가 맛깔스러워지는 이탈리아어 핵심 단어 10을 만나보십시오!

이번 코너에서 소개해드릴 단어들은
문장과 표현을 좀더 풍요롭고 매끄럽게 해주는
이탈리아어 부사나 접속사와 같은 단어들입니다.

특히 이탈리아어 부사의 경우,
일상회화에서 주어나 동사를 생략하고 단독으로 사용할 수 있는 특징이 있습니다.

예를 들어 상대가 '맥주 좋아해?'라고 물으면 **Molto!** [몰또!] (아주!)라고 '좋다'라는
동사를 생략하고 답한다거나, 또는 '맥주 마실래?' 하면 **Volentieri!** [볼렌띠에리!]
(기꺼이!)라고 '마시다'라는 동사를 생략하고 대답하는 방식입니다.
그렇기 때문에 한편으로 어감에 대한 이해가 중요한 단어들이기도 합니다.

It's a completely new way to **learn**
foreign language vocabulary fast and easy.

Part 1

It's a completely new way to **learn**
foreign language vocabulary fast and easy.

초핵심 단어

이탈리아어 초핵심 단어

P1

자! 그러면 이탈리아어 핵심 단어 10, 시작해 볼까요~!

p1-2-01	**sì**
🟠	[씨] 네/응

Sì. (네/응/그래.)는 긍정의 대답입니다.
보통 대화체에서 **Sì, sì!** 라고 두 번 반복해서 쓰이기도 하는데 긍정의 뜻에는 변화가
없습니다. '너 학생이니?'라고 물으면 '응, 나는 학생이야.'
또는 간단히 '응.' **Sì.** [씨.] 하는 식이죠.

p1-2-02	**no**
🟠	[노] 아니오/아니

No. (아니/아니오.)는 부정의 대답입니다.
'너 학생이니?'라고 물을 때 '아니.' **No.** [노.] 하면 되겠죠.

p1-2-03	**non**
🟠	[논] 아니다 (영어의 **not**)

non 은 영어의 **not** 처럼 부정을 나타낼 때 사용하는 부사입니다.
non 의 위치는 동사의 앞입니다. 예를 들어 '나는 ~이 아니다.'라고 말할 때
essere 동사 앞에 **non** 을 붙여 **Io non sono ~.** [이오 논 소노 ~.]라고 하면 됩니다.

---

p1-2-04

e

[에] 그리고

e 는 가장 대표적인 대등접속사입니다.
tu e io [뚜 에 이오] (너와 나) (**tu** [뚜] (너) : 2인칭 주격대명사), **io** [이오] 나 (1인칭 주격대
명사) (대등접속사 : 접속사를 중심으로 좌우가 대등한 요소로 이루어지는 연결어)

---

p1-2-05

ma

[마] 그러나

ma 역시 대표적인 대등접속사입니다.
ma 는 좌우 대비가 되는 역접사입니다. 대화 중에 **ma** …(하지만…)이라고 하면
앞의 대화에 대해 반대되는 내용이 나오는 것이죠.

---

p1-2-06

oppure

[옵뿌레] 혹은/또는

oppure 또한 대표적인 대등접속사로서 좌우 선택을 나타낼 때의 접속사입니다.
대화 중에 **Oppure?** 하고 물으면 '그렇지 않으면 다른?'의 의미로 사용됩니다.

---

p1-2-07

così

[꼬지] 그렇게/그래서/그러면

영어의 **so** 나 **such** 와 같은 부사 기능을 하거나, '그렇게/그런 방식으로'란 의미입니다.
'잘 지냈어?'라고 물으면 **Così così.** [꼬지 꼬지.] (그저 그래.)라고 답할 수 있습니다.

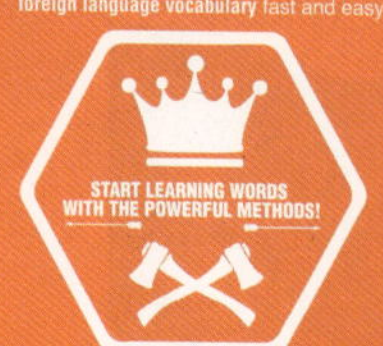

◆ It's a completely new way to **learn**
foreign language vocabulary fast and easy.

Part 1

It's a completely new way to **learn**
foreign language vocabulary fast and easy.

초핵심 단어
이탈리아어 초핵심 단어

P1

p1-2-08	**già**
	[쟈] 이미

보통은 '이미'라는 뜻의 부사로 사용하지만, 단독으로 사용하면 '응/그래.'가 됩니다.
예를 들어 '너 오늘 학교에 가니?'라는 물음에 긍정의 대답을 할 때 **Già.** [쟈.] '응.'으로
대답할 수 있습니다.

p1-2-09	**ancora**
	[앙꼬라] 아직/다시

ancora 는 보통 두 가지 뜻으로 쓰이는 단어입니다. '너 ~했니?'라는 물음에 **Ancora…**
[앙꼬라] '아직 …' 으로 대답할 수도 있고, 또는 상대방에게 또다시 요청할 때, **Ancora.**
[앙꼬라.] '다시 (해).'로 쓰일 수도 있습니다.

p1-2-10	**qui**
	[뀌] 여기/여기에

영어의 **here** 와 같은 뜻으로 화자에게 가까운 곳을 지칭할 때 씁니다.
'너 어디에 있니?'라는 물음에 **Sono qui.** [소노 뀌.] (여기 있어.)라고 말할 수 있습니다.

지금까지 Part 1을 함께 공부했습니다.
계속해서 학습자 여러분께서는 이탈리아어 단어 공부가 동시에
이탈리아어 문법과 이탈리아어 회화를 가능하게 해줄 것이라고 생각하시고
찬찬히 그리고 꼼꼼하게 읽으며 따라와 주시면 좋겠습니다.

3. 이탈리아어 결정적 한 단어 40

단어 하나가 곧바로 문장이 될 수 있는 결정적인 이탈리아어 단어들이 있습니다.
가장 경쟁력 있는 결정적 이탈리아어 단어 40개를 준비했습니다.
이제 드디어 여러분의 이탈리아어가 40가지 상황을 완벽하게 해결해줍니다!

1) 이탈리아어 결정적 한 단어 (인사 표현)

p1-3-01 **Ciao.**
[챠오.] 안녕.

친한 사이에서 만남이나 헤어짐의 경우에 쓰입니다.

p1-3-02 **Arrivederci.**
[아리베데르치.] 안녕히 계세요/안녕히 가세요.

헤어질 때 하는 인사입니다.

p1-3-03 **Salve.**
[살베.] 안녕하세요.

'건강'이라는 뜻으로 건배할 때나 혹은 누군가가 기침을 했을 때 빨리 낫기를
기원하는 마음으로 외치는 말입니다.

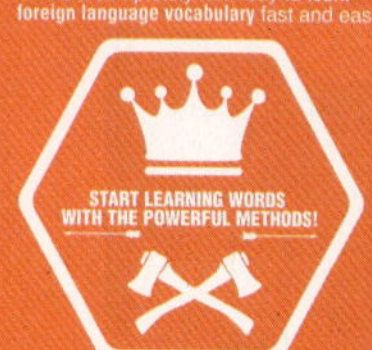

Part 1

It's a completely new way to **learn** foreign language vocabulary fast and easy.

초핵심 단어
이탈리아어 초핵심 단어

P1

---

p1-3-04

Grazie.
[그라찌에.] 고맙습니다.

감사의 인사로 이탈리아어를 대표하는 단어 중 하나입니다.

---

p1-3-05

Scusi.
[스꾸지.] 실례합니다.

실례 또는 상대에게 말을 걸 때 사용하는 표현입니다.

---

p1-3-06

Prego.
[쁘레고] 괜찮습니다. / 부탁합니다.

상대방이 감사나 사과의 표현을 했을 때 대답하는 표현입니다. **Grazie.** [그라찌에.] (감사합니다.)라고 상대방이 말하면 **Prego.** [쁘레고.] (천만에요.)라고 대답할 수 있습니다.

2) 이탈리아어 결정적 한 단어 (긍정/부정/확인 표현)

---

p1-3-07

Sì.
[씨.] 네/응.

Sì? 하면 '그래/그렇니?' 하며 묻는 말이 됩니다.

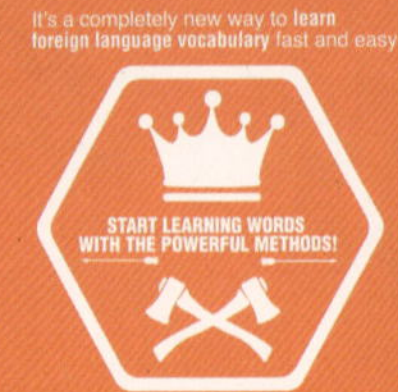

p1-3-08	**No.**
	[노] 아니오/아니야.

No? 하면 '아니야? / 아니라고?' 하며 되묻는 표현입니다.

p1-3-09	**Giusto.**
	[쥬스또] 옳지/맞아.

긍정의 표현이며, '맞아.'라며 맞장구를 칠 때 사용할 수 있습니다.

p1-3-10	**Esatto.**
	[에잣또.] 맞아.

Giusto. 와 비슷한 상황에서 쓰일 수 있는 단어입니다.

p1-3-11	**Dai!**
	[다이!] 자!/어서!

상대방에게 기운을 내게 격려하거나 어떠한 일을 권유할때 하는 말입니다.

p1-3-12	**Bene.**
	[베네.] 그래/ 좋아.

'우리 ~할까?'라는 물음에 '그래, 그러자.'라고 대답할 때 **Bene.** 라고 할 수 있습니다.

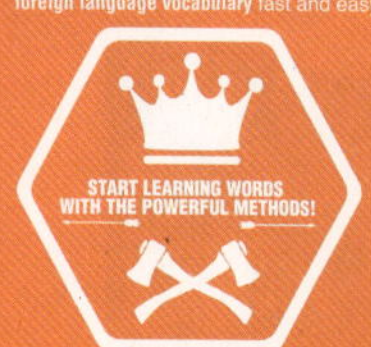

It's a completely new way to **learn** foreign language vocabulary fast and easy.

Part 1
초핵심 단어
이탈리아어 초핵심 단어

P1

---

p1-3-13 Assurdo.

[앗수르도] 말도 안돼.

공감하지 못할 때, 부당하다고 느낄 때 쓸 수 있는 말입니다.

p1-3-14 Davvero?

[다베로?] 정말?

상대방의 말에 놀랐을 때나 진위를 묻고 싶을 때 쓸 수 있는 단어입니다.

p1-3-15 Sicuro?

[씨꾸로?] 확실해?

대답은 **Sì.** [씨.] (그래.) 혹은 **Sì, sicurissimo.** [씨, 씨꾸리씨모.] (그래, 정말 확실해.)라고 대답할 수 있습니다.

p1-3-16 Incredibile.

[인끄레디빌레] 믿을 수 없어./놀라운걸.

p1-3-17 Certo.

[체르또.] 물론이지.

p1-3-18 Volentieri.

[볼렌띠에리.] 기꺼이.

예를 들어 '너 ~원하니?'란 물음이나 '나에게 도움을 줄 수 있겠니?'에 대한 대답으로 **Volentieri.** 를 쓸 수 있습니다.

It's a completely new way to **learn** foreign language **vocabulary** fast and easy.

43

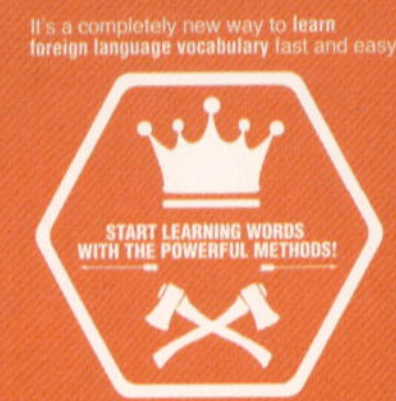

p1-3-19

D'accordo.

[다 꼬르도] OK./알았어.

상대방의 말에 동의할 때 사용합니다.

3) 이탈리아어 결정적 한 단어 (칭찬/격려 표현)

p1-3-20

Bene.

[베네.] 좋아요.

대표적인 긍정표현입니다.

p1-3-21

Bravo.

[브라보.] 대단해요.

'멋지다!', '대단하다!'라고 상대방을 칭찬할 때 쓰이는데
상대방이 남성이면 **Bravo.** [브라보.], 여성이면 **Brava.** [브라바.]라고 합니다.

p1-3-22

Fantastico.

[판따스띠꼬.] 대단해요.

p1-3-23

Incredibile.

[잉끄레디빌레.] 놀라워요.

It's a completely new way to **learn** foreign language vocabulary fast and easy.

Part 1

초핵심 단어

이탈리아어 초핵심 단어

It's a completely new way to **learn** foreign language vocabulary fast and easy.

P1

---

p1-3-24
Perfetto.
[베르펫또] 완벽해요.

p1-3-25
Buonissimo.
[부오니씨모] 최고예요.

p1-3-26
Salute!
[살루떼!] 건배!

건배를 할 때, 건강을 기원할 때 '건강' **la salute** [라 살루떼]를 외칩니다.

4) 이탈리아어 결정적 한 단어 (명령 표현)

p1-3-27
Entra!
[엔뜨라!] 들어와!

p1-3-28
Sbrigati!
[즈브리가띠!] 서둘러!

2인칭대명사 **tu** [뚜] (너)에 대한 명령형으로 쓰일 수 있습니다.

p1-3-29
Aiuto!
[아이우또!] 도와줘요/살려줘요!

● The **vocabularies**, the most frequently used words will **be with you!**

● You'll get most frequently used **vocabularies.**

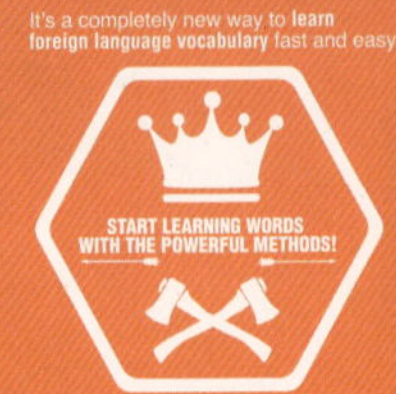

p1-3-30
Attenzione!
[아뗀찌오네!] 주의/주목!

p1-3-31
Attento!
[아뗀또!] 조심해!

남성일 경우는 **Attento!** [아뗀또!], 여성일 경우는 **Attenta!** [아뗀따!]라고 합니다.

p1-3-32
Esci!
[에쉬!] 나가!

p1-3-33
Vattene!
[밧떼네!] 가버려!

5) 이탈리아어 결정적 한 단어 (감탄 표현)

p1-3-34
Ai!
[아이!] 아얏!

다쳤을 때 지르는 비명입니다.

p1-3-35
Allora…
[알로라…] 음…/그렇다면…

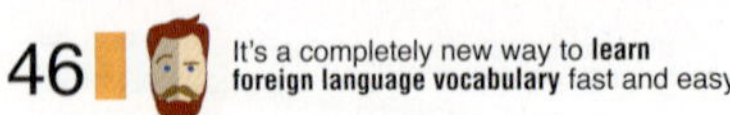

Part 1

초핵심 단어
이탈리아어 초핵심 단어

말을 시작하기 전에 '음…' 하고 잠시 멈출 때 쓸 수 있는 표현입니다.

마찬가지로 대화 중 잠시 멈출 때 쓰는 표현입니다.

뭔가 생각할 때, 대답을 주저할 때 사용합니다.

같은 뜻으로 자주 사용하는 **Maledizione!** [말레디찌오네!] (젠장!)도 있습니다.

Accidenti! 보다 좀 더 강한 표현입니다.

It's a completely new way to learn foreign language vocabulary fast and easy.

It's a completely new way to learn foreign language vocabulary fast and easy.

START LEARNING WORDS
WITH THE POWERFUL METHODS!

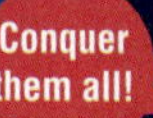

Learn foreign language vocabulary

Part 2. 베스트 단어
이탈리아어 품사별 베스트 단어를 잡아라!

1. 이탈리아어 동사 베스트 단어
  1) 이탈리아어 동사 빅 3 단어
  2) 이탈리아어 동사 베스트 40 단어
  3) 이탈리아어 조동사 베스트 3 단어

2. 이탈리아어 명사 베스트 40 단어

3. 이탈리아어 형용사 베스트 40 단어

4. 이탈리아어 부사 베스트 20 단어

5. 이탈리아어 의문사 베스트 8 단어

6. 이탈리아어 전치사 베스트 24 단어
  1) 이탈리아어 전치사
) 이탈리아어 '전치사 + 관사'의 축약

7. 이탈리아어 접속사 베스트 26 단어
  1) 이탈리아어 대등접속사
  2) 이탈리아어 종속접속사

8. 이탈리아어 의성어 베스트 20 단어

Part 2. 베스트 단어
이탈리아어 품사별 베스트 단어를 잡아라!

1. 이탈리아어 동사 베스트 단어

1) 이탈리아어 동사 빅 3 단어

베스트 오브 베스트! 이탈리아어 동사 딱 3개만 챙기라고 한다면,
바로 이 동사들! **essere**, **avere**, **fare**.

거두절미하고 전체 이탈리아어 동사 중에서 딱 3개만 챙기라고 한다면,
그것은 바로 **essere**, **avere** 그리고 **fare** 동사입니다.
이탈리아어 문법에서 차지하고 있는 비중으로나
일상적인 회화의 사용빈도에 있어서 중요한 정도가 워낙 독보적인 동사들입니다.

이탈리아어 동사의 가장 큰 특징은 인칭별로 동사의 모양이 달라진다는 것입니다.
동사는 '어간+어미(**-are/-ere/-ire**)'로 이루어져 있고, 어미 부분이 변화를 하게 됩니다.
이때 어미가 일정한 규칙으로 변하면 '규칙동사',
그렇지 않으면 '불규칙동사'라고 합니다.
이탈리아어 동사의 85%는 규칙동사입니다.

다음에 소개할 빅 3 동사는 모두 불규칙동사입니다.
영어의 **be** 동사를 연상해 보시면 좋겠습니다.

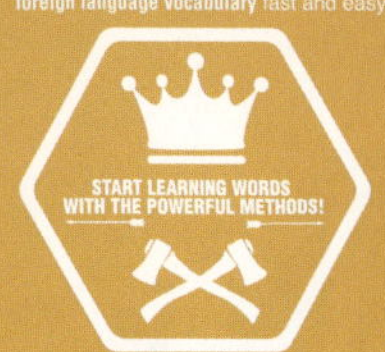 

Part 2

It's a completely new way to learn
foreign language vocabulary fast and easy.

베스트 단어

이탈리아어 품사별 베스트 단어

P2

---

p2-1-01

essere

[에쎄레] ~이다

essere 동사는 영어의 **be**동사와 같습니다.
'~이다'라는 뜻 이외에도 '근과거' 시제를 만들 때 쓰이는 동사이며,
수동태를 만들 때 쓰이는 동사이기도 합니다.

---

p2-1-02

avere

[아베레] 가지고 있다

avere 동사는 영어의 **have** 동사와 같습니다.
'~가지고 있다'라는 뜻 이외에도 **essere** 동사처럼
'근과거' 시제를 만들 때 쓰이는 동사이기도 합니다.

---

p2-1-03

fare

[파레] ~을 하다

fare 동사는 영어의 **do** 동사와 같습니다. '~을 하다'라는 뜻입니다.
뒤에 동사원형이 따라오게 되면 '~가 ~에게 ~하게 시키다'란 뜻으로 쓰입니다.

2) 이탈리아어 동사 베스트 40 단어

이번 Chapter 에서는 일상생활에서 가장 자주 사용하는
이탈리아어 동사 Best 40가지를 소개해 드리겠습니다.
중요한 생활 행위를 총망라한 동사 그룹이 되겠습니다.
앞으로 만나시게 될 동사 40가지는
여러분의 이탈리아어 소통을 알차게 도와드릴 것입니다.

이탈리아어 동사는 '어간+어미'로 구성되며,
인칭에 따라 총 6가지 형태로 어미가 변합니다. (문법적으로는 '어미활용'이라고 합니다.)
대부분의 이탈리아어 동사는 일정한 규칙에 의해 변화를 합니다.
('규칙동사'라고 부릅니다.) 몇몇 동사들은 불규칙적으로 변화하며
거의 대부분 어미만이 변하지만 간혹 어간이 변화하는 것도 있습니다.

(이탈리아어 동사는 변화하는 방식에 따라 규칙/불규칙 동사로 구분할 수 있고,
성격에 따라서 직설법동사 (과거, 현재, 미래) / 화법조동사 / 재귀동사 (행위가 자신에게
되돌아가는 동사)/ 조건법동사/ 접속법동사 / 현재분사 / 과거분사 등으로 나눌 수 있습니다.)

이탈리아어 동사의 규칙변화형은 인칭에 따라 변화하게 됩니다.
이탈리아어의 모든 동사원형은 3가지 타입(**-are/-ere/-ire**)으로 구분됩니다.
규칙동사들은 동사원형의 타입에 따라 6가지의 형태로 각각 변하게 됩니다.

> **amare**
> [아마레] 사랑하다
> **amo**　　**ami**　　**ama**　　**amiamo**　**amate**　**amano**

어미가 **-are** 로 끝나는 규칙동사는 인칭에 따라 어미가 1인칭단수에는 **-o**, 2인칭단수는 **-i**,
3인칭단수는 **-a**, 1인칭복수는 **-iamo**, 2인칭복수는 **-ate**, 3인칭복수는 **-ano** 와 같은 형태
로 변화를 합니다.

Part 2

베스트 단어

이탈리아어 품사별 베스트 단어

P2

temere

[떼메레] 두려워하다

temo   temi   teme   temiamo   temete   temono

어미가 **-ere** 로 끝나는 규칙동사는 인칭에 따라 어미가 1인칭단수에는 **-o**, 2인칭단수는 **-i**, 3인칭단수는 **-e**, 1인칭복수는 **-iamo**, 2인칭복수는 **-ete**, 3인칭복수는 **-ono** 와 같은 형태로 변화를 합니다.

dormire

[도르미레] 잠자다

dormo   dormi   dorme   dormiamo   dormite   dormono

capire

[까삐레] 이해하다

capisco   capisci   capisce   capiamo   capite   capiscono

어미가 **-ire** 로 끝나는 규칙동사는 동사의 종류에 따라 각각 2가지의 형태로 변화합니다. 1군 동사에 속하는 **dormire** 와 같은 동사들은 어미가 1인칭단수에는 **-o**, 2인칭단수는 **-i**, 3인칭단수는 **-e**, 1인칭복수는 **-iamo**, 2인칭복수는 **-ite**, 3인칭복수는 **-ono** 와 같은 형태로 변합니다.
반면, 2군에 속하는 **capire** 와 같은 동사들은 어미가 1인칭단수에는 **-isco**, 2인칭단수는 **-isci**, 3인칭단수는 **-isce**, 1인칭복수는 **-iamo**, 2인칭복수는 **-ite**, 3인칭복수는 **-iscono** 와 같은 형태로 변합니다.
어미가 **-ire** 로 끝나는 규칙형 동사가 1군에 속하는지, 2군에 속하는지를 따로 구별할 방법은 없습니다. 불규칙동사처럼 외워야만 합니다.

위의 규칙동사의 3가지 타입에 따른 인칭변화형을 살펴보면 어미가 1인칭단수형, 2인칭단수형 그리고 1인칭복수형이 동사 타입에 관계없이 공통적인 어미를 가지고 있다는 것을 확인할 수 있습니다. 다시말해 **-are**, **-ere**, **-ire** 1군형 동사들은 각각 3인칭단수/복수형, 2인칭복수형에서만 차이가 난다는 것입니다.

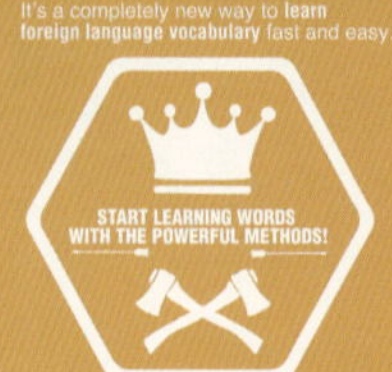

다음의 이탈리아어 주요 동사 40가지는
단수3인칭과 복수3인칭형을 함께 표시했습니다.
(lui,lei, Lei [루이, 레이, 레이] 그, 그녀, 당신
/ loro [로로] 그(녀)들)
나머지 인칭은 거의 자동적으로 해결되기 때문에 문제 없으실 것입니다.

p2-1-04	**cominciare**	
	[꼬민치아레] 시작하다	**comincia / cominciano**

p2-1-05	**guidare**	
	[구이다레] 운전하다	**guida / guidano**

p2-1-06	**lavorare**	
	[라보라레] 일하다	**lavora / lavorano**

p2-1-07	**mangiare**	
	[만쟈레] 먹다	**mangia / mangiano**

p2-1-08	**pensare**	
	[뺀사레] 생각하다	**pensa / pensano**

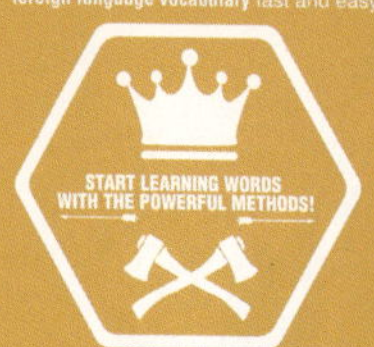

Part 2

베스트 단어
이탈리아어 품사별 베스트 단어

P2

---

p2-1-09 **rimanere**
[리마네레] 머물다/남다   **rimane / rimangono**

p2-1-10 **ringraziare**
[링그라찌아레] 감사하다   **ringrazia / ringraziano**

p2-1-11 **rispondere**
[리스뽄데레] 대답하다   **risponde / rispondono**

p2-1-12 **significare**
[씨그니피까레] 의미하다   **significa / significano**

p2-1-13 **visitare**
[비지따레] 방문하다   **visita / visitano**

● The **vocabularies**, the most frequently used words will **be with you!**

● You'll get most frequently used **vocabularies.**

(lui, lei, Lei [루이, 레이, 레이] 그, 그녀, 당신
/ loro [로로] 그(녀)들)

| p2-1-14 | **aiutare** | |
| | [아이우따레] 돕다 | aiuta / aiutano |

| p2-1-15 | **andare** | |
| | [안다레] 가다 | va / vanno |

| p2-1-16 | **ascoltare** | |
| | [아스꼴따레] 듣다 | ascolta / ascoltano |

| p2-1-17 | **cercare** | |
| | [체르까레] 찾다 | cerca / cercano |

| p2-1-18 | **chiamare** | |
| | [끼아마레] 부르다 | chiama / chiamano |

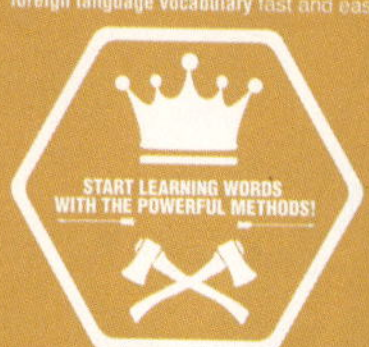

Part 2

It's a completely new way to **learn** foreign language vocabulary fast and easy.

베스트 단어
이탈리아어 품사별 베스트 단어

P2

It's a completely new way to **learn** foreign language vocabulary fast and easy.

---

p2-1-19

chiedere
[끼에데레] 묻다/요청하다

chiede / chiedono

---

p2-1-20

comprare
[꼼쁘라레] 사다

compra / comprano

---

p2-1-21

dare
[다레] 주다

dà / danno

---

p2-1-22

leggere
[렛쩨레] 읽다

legge / leggono

---

p2-1-23

venire
[베니레] 오다

viene / vengono

The **vocabularies**, the most frequently used words will **be with you!**

You'll get most frequently used **vocabularies.**

(**lui,lei, Lei** [루이, 레이, 레이] 그, 그녀, 당신
/ **loro** [로로] 그(녀)들)

---

p2-1-24

amare
[아마레] 사랑하다   ama / amano

---

p2-1-25

aprire
[아쁘리레] 열다   apre / aprono

---

p2-1-26

dormire
[도르미레] 자다   dorme / dormono

---

p2-1-27

fare
[파레] 하다/만들다   fa / fanno

---

p2-1-28

mandare
[만다레] 보내다   manda / mandano

It's a completely new way to learn foreign language vocabulary fast and easy.

START LEARNING WORDS WITH THE POWERFUL METHODS!

BEST

Part 2

It's a completely new way to learn foreign language vocabulary fast and easy.

베스트 단어
이탈리아어 품사별 베스트 단어

P2

p2-1-29
parlare
[빠를라레] 말하다
parla / parlano

p2-1-30
prendere
[쁘렌데레] 잡다/먹다/타다
prende / prendono

p2-1-31
scrivere
[스끄리베레] 쓰다
scrive / scrivono

p2-1-32
vedere
[베데레] 보다
vede / vedono

p2-1-33
viaggiare
[비앗지아레] 여행하다
viaggia / viaggiano

The vocabularies, the most frequently used words will be with with you!

You'll get most frequently used vocabularies.

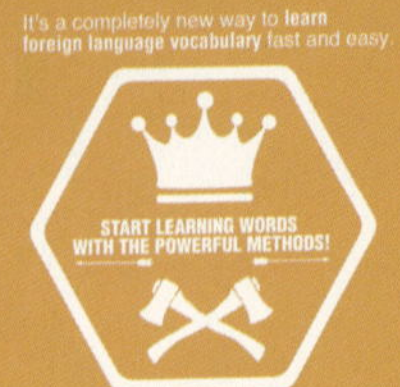

(lui,lei, Lei [루이, 레이, 레이] 그, 그녀, 당신
/ loro [로로] 그(녀)들)

p2-1-34
aspettare
[아스뺏따레] 기다리다　　aspetta / aspettano

p2-1-35
bere
[베레] 마시다　　beve / bevono

p2-1-36
cantare
[깐따레] 노래하다　　canta / cantano

p2-1-37
capire
[까삐레] 이해하다　　capisce / capiscono

p2-1-38
giocare
[죠까레] 놀다　　gioca / giocano

It's a completely new way to **learn** foreign language vocabulary fast and easy.

Part 2

It's a completely new way to **learn** foreign language vocabulary fast and easy.

베스트 단어

이탈리아어 품사별 베스트 단어

P2

p2-1-39	**mostrare**	
	[모스뜨라레] 보여주다	**mostra / mostrano**

p2-1-40	**raccontare**	
	[라꼰따레] 이야기하다	**racconta / raccontano**

p2-1-41	**sapere**	
	[사뻬레] 알다	**sa / sanno**

p2-1-42	**trovare**	
	[뜨로바레] 찾다/발견하다	**trova / trovano**

p2-1-43	**vivere**	
	[비베레] 살다	**vive / vivono**

- The **vocabularies**, the most frequently used words will **be with you!**

- You'll get most frequently used **vocabularies.**

It's a completely new way to **learn** foreign language vocabulary fast and easy.

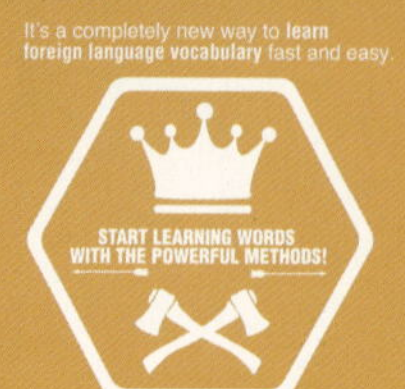

3) 이탈리아어 조동사 베스트 3 단어

'조동사'란 '말하는 방법을 도와주는 동사'라는 뜻입니다.
영어의 **can**, **must**, **will**, **shall** 등과 비교할 수 있습니다.
조동사 역시 동사의 일종이기 때문에 주어의 인칭에 따른 동사변화를 합니다.
이탈리아어 조동사는 다음의 3가지가 대표적입니다.

p2-1-44	**potere** [뽀떼레] ~할 수 있다 (가능)
p2-1-45	**volere** [볼레레] ~하고 싶다 (희망)
p2-1-46	**dovere** [도베레] ~해야 한다 (의무)

이탈리아어 조동사 역시 다른 동사와 마찬가지로 '어간+어미'로 구성되어 있으며,
인칭에 따라 모양이 변합니다. 말 그대로 조동사이기 때문에 뒤에 본동사의 동사원형
형태가 와서 문장에 의미를 부여해주어야만 합니다.
이탈리아어 조동사들은 불규칙이므로 동사변화형에 주의해야 합니다.

이 밖에도 '~할 줄 안다'라고 쓰일 수 있는 **sapere** 란 동사가 조동사에 포함될 수 있습니다. **sapere** 동사는 본동사로 '알다'라는 뜻으로 쓰일 수 있고 혹은 조동사로서 본동사를 도와주며 '~할 줄 안다'라는 뜻으로 쓰일 수도 있습니다. **sapere** 동사 또한 불규칙이므로 동사변화에 주의해야 합니다.

조동사는 지금까지 여러분이 알게 된 이탈리아어 동사표현을
한 번에 3배로 확장시켜주는 진정한 도우미 동사입니다.
(이탈리아어 조동사의 인칭별 어미변화표는 부록2.에 마련되어 있습니다.)

 It's a completely new way to **learn foreign language vocabulary** fast and easy.

It's a completely new way to **learn** foreign language vocabulary fast and easy.

Part 2

베스트 단어

이탈리아어 품사별 베스트 단어

It's a completely new way to **learn** foreign language vocabulary fast and easy.

P2

2. 이탈리아어 명사 베스트 40 단어

이탈리아어의 명사는 특이하게도 성별이 있고 (남성 **m** /여성 **f**) 단수/복수 형태로 변화하게 됩니다. 그리고 명사 앞에는 부정관사나 정관사가 붙게 되는데 명사의 성과 수에 따라 그 형태가 다릅니다.

이탈리아어 명사는 거의 대부분 모음으로 끝나며, 명사의 단수 형태에서 마지막 철자가 **-o** 로 끝나면 주로 남성명사이고, **-a** 로 끝나면 여성명사입니다. 그 밖에 **-e** 로 끝나는 명사가 있는데 이때는 단어에 따라서 남성이나 여성명사가 되니 주의해야 합니다.

이탈리아어 명사는 수에 따라서도 변화하는데, 남성일 경우는 **-o** 가 **-i** 로, 여성일 경우는 **-a** 가 **-e** 로 복수명사의 어미가 바뀝니다. 그리고 **-e** 로 끝난 단수명사는 복수명사가 될 때 성에 상관없이 **-i** 로 변하게 됩니다.

Lui è mio ~. [루이 에 미오~]　　그는 나의 ~이다.
Lei è mia ~. [레이 에 미아~]　　그녀는 나의 ~이다.

(**mio / mia** 는 '나의'란 뜻의 1인칭소유형용사로 뒤에오는 명사의 성/수에 따라 남성단수면 **mio**, 여성 단수면 **mia** 로 변합니다. 그리고 뒤에 오는 명사가 남성 복수일 경우는 **miei**, 여성 복수일 경우는 **mie** 의 형태를 갖습니다.)

일상에서 가장 자주 만나는 가족/친지 관련 명사 베스트 40가지를 준비했습니다.

The vocabularies, the most frequently used words will **be with you!**

You'll get most frequently used **vocabularies.**

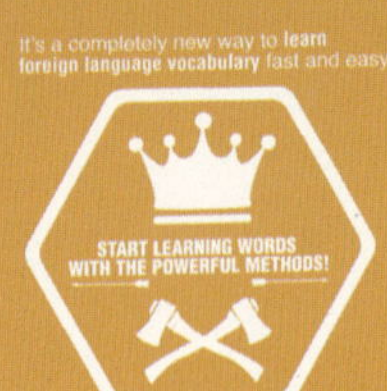

일상에서 가장 자주 만나는 가족/친지 관련 명사
베스트 40 단어를 준비했습니다.

p2-2-01	**la famiglia** [라 파밀리아] 가족	p2-2-02	**i genitori** [이 제니또리] 부모
p2-2-03	**il padre** [일 빠드레] 아버지	p2-2-04	**la madre** [라 마드레] 어머니
p2-2-05	**il papà** [일 빠빠] 아빠	p2-2-06	**la mamma** [라 맘마] 엄마
p2-2-07	**il figlio** [일 필리오] 아들	p2-2-08	**la figlia** [라 필리아] 딸
p2-2-09	**il fratello** [일 프라뗄로] 형/오빠/동생	p2-2-10	**la sorella** [라 쏘렐라] 누나/언니/여동생

It's a completely new way to learn foreign language vocabulary fast and easy.

Part 2

It's a completely new way to learn foreign language vocabulary fast and easy.

베스트 단어
이탈리아어 품사별 베스트 단어

P2

p2-2-11 **il nonno** [일 논노] 할아버지	p2-2-12 **la nonna** [라 논나] 할머니
p2-2-13 **il nonnino** [일 논니노] 할아버지 (애칭)	p2-2-14 **la nonnina** [라 논니나] 할머니 (애칭)
p2-2-15 **i figli** [이 필리] 자녀	p2-2-16 **i nonni** [이 논니] 조부모
p2-2-17 **il nipote** [일 니뽀떼] 손자	p2-2-18 **la nipote** [라 니뽀떼] 손녀
p2-2-19 **i nipotini** [이 니뽀띠니] 손주	p2-2-20 **i parenti** [이 빠렌띠] 친척

● **The vocabularies**, the most frequently used words will **be with you!**

● You'll get most frequently used **vocabularies.**

일상에서 가장 자주 만나는 가족/친지 관련 명사
베스트 40 단어를 준비했습니다.

p2-2-21	**lo zio** [로 찌오] 고모부/이모부/삼촌	p2-2-22	**la zia** [라 찌아] 고모/이모/숙모
p2-2-23	**il cugino** [일 꾸지노] 사촌 형제	p2-2-24	**la cugina** [라 꾸지나] 사촌 자매
p2-2-25	**il cognato** [일 꼬냐또] 형부/처남	p2-2-26	**la cognata** [라 꼬냐따] 처제/처형
p2-2-27	**il genero** [일 제네로] 사위	p2-2-28	**la nuora** [라 누오라] 며느리
p2-2-29	**il suocero** [일 수오체로] 시아버지/장인	p2-2-30	**la suocera** [라 수오체라] 시어머니/장모

Part 2

It's a completely new way to learn foreign language vocabulary fast and easy.

베스트 단어
이탈리아어 품사별 베스트 단어

P2

p2-2-31 **l'adulto** [라둘또] 성인	p2-2-32 **il bambino** [일 밤비노] 아이
p2-2-33 **il ragazzo** [일 라갓쪼] 소년	p2-2-34 **la ragazza** [라 라갓짜] 소녀
p2-2-35 **l'amico** [라미꼬] 친구 (남자)	p2-2-36 **l'amica** [라미까] 친구 (여자)
p2-2-37 **lo sposo** [로 스뽀죠] 신랑	p2-2-38 **la sposa** [라 스뽀자] 신부
p2-2-39 **il fidanzato** [일 피단자또] 약혼자 (남)	p2-2-40 **la fidanzata** [라 피단자따] 약혼자 (여)

The **vocabularies**, the most frequently used words will **be with you!**

You'll get most frequently used **vocabularies.**

3. 이탈리아어 형용사 베스트 40 단어

명사를 수식하는 형용사는 이탈리아어 표현을 더욱 풍부하게 만들어 줍니다.
이탈리아어의 형용사는 명사의 성수에따라 보통 4가지의 형태로 변합니다.
형용사의 기본적인 형태는 마지막이 **-o** 나 **-e** 로 끝나는데, **-o** 로 끝날 경우는
명사가 남성단수이면 **-o**, 여성단수이면 **-a**, 남성복수이면 **-i**, 여성복수이면 **-e** 로
형용사 어미가 변합니다.
그리고 **-e** 로 끝나는 형용사 경우에는 성에 따른 변화는 없고 ,
남성복수, 여성 복수일 때는 모두 **-i** 로 변합니다.

이탈리아어의 형용사는 2가지 방법으로 사용됩니다.
쉽게 예를 들면 다음과 같습니다.

1)   Lui è buono.
[루이 에 부오노] 그는 착하다.

2)   Lui è un buon uomo.
[루이 에 운 부온 우오모] 그는 착한 남자다.

(**buono / buon** [부오노 / 부온] 착한, **un** [운] 하나의/어떤 (부정관사), **uomo** [우오모] 남자)

1)번의 **buono** 는 형용사가 **essere** 동사와 함께 서술어적으로 사용된 것이고,
2)번의 **buon** 는 남성단수명사 **uomo** 를 수식해주고 있습니다.

이탈리아어의 형용사는 1)과 같은 경우에는 주어의 성수에 따라 변하고,
2)와 같은 경우에는 수식하는 명사의 성수에 따라 변합니다.
특히, 기본형이 **buono** 인 형용사는 명사를 수식할 경우 부정관사처럼 변화하게 됩니다.

Part 2

It's a completely new way to **learn** foreign language vocabulary fast and easy.

베스트 단어

이탈리아어 품사별 베스트 단어

P2

이탈리아어의 형용사는 2)의 경우처럼 명사 앞에 위치하여 명사를 수식해주기도 하지만, 명사 뒤에 와서 명사를 수식해주기도 합니다. 이경우도 마찬가지로 명사의 성과 수에 따라 형용사가 변해야만 합니다. 주의할 점은 첫째, 색을 나타내는 형용사나 국적을 나타내는 형용사 그리고 물건의 형태나 재질을 나타내는 형용사는 반드시 명사 뒤에 위치해야만 합니다. 둘째, 형용사의 종류에 따라서 명사의 앞에 오는 경우와 뒤에 오는 경우 뜻이 바뀌는 형용사가 존재한다는 것입니다.

un povero ragazzo
[운 뽀베로 라갓쪼] 불쌍한 소년

un ragazzo povero
[운 라갓쪼 뽀베로] 가난한 소년

un grand'uomo
[운 그란두오모] 위대한 사람

un uomo grande
[운 우오모 그란데] 덩치가 큰 사람

형용사 **povero** 나 **grande** 는 명사 앞에 올 경우 그 뜻이 각각 '불쌍한'과 '위대한'이고 명사 뒤에 오면 '가난한'과 '큰/거대한'이 됩니다. 이렇게 명사의 앞뒤에 따라 의미가 달라지는 형용사로는 **diverso** [디베르쏘] (많은/다양한 종류의), **vecchio** [벡끼오] (오래된/늙은), **bravo** [브라보] (성품이 훌륭한/능력이 훌륭한) 등이 있습니다.

자! 그러면 가장 잘 나간다는 이탈리아어 형용사 베스트 40 단어를 소개해드리겠습니다. 짝으로, 상대 개념으로 기억해두시면 보다 효과적으로 학습될 것입니다.

이탈리아어 형용사 베스트 40 단어를 소개해드리겠습니다.

p2-3-01	**lungo** [룽고] 긴	p2-3-02	**corto** [꼬르또] 짧은
p2-3-03	**nuovo** [누오보] 새로운	p2-3-04	**vecchio** [벡끼오] 늙은/오래된
p2-3-05	**alto** [알또] 높은	p2-3-06	**basso** [바쏘] 낮은
p2-3-07	**lontano** [론따노] 먼	p2-3-08	**vicino** [비치노] 가까운
p2-3-09	**largo** [라르고] 넓은	p2-3-10	**stretto** [스뜨렛또] 좁은

It's a completely new way to **learn** foreign language vocabulary fast and easy.

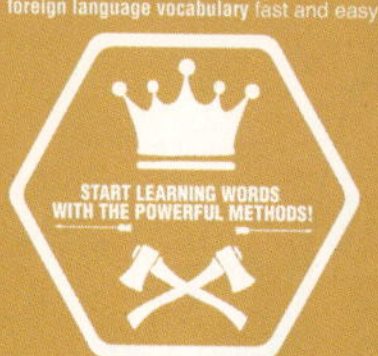

Part 2

It's a completely new way to **learn** foreign language vocabulary fast and easy.

P2

베스트 단어
이탈리아어 품사별 베스트 단어

p2-3-11	**rotondo** [로똔도] 둥근	p2-3-12	**quadrato** [꾸아드라또] 사각형의
p2-3-13	**forte** [포르떼] 강한	p2-3-14	**debole** [데볼레] 약한
p2-3-15	**pesante** [뻬잔떼] 무거운	p2-3-16	**leggero** [렛쩨로] 가벼운
p2-3-17	**pulito** [뿔리또] 깨끗한	p2-3-18	**sporco** [스뽀르꼬] 더러운
p2-3-19	**intelligente** [인뗄리젠떼] 똑똑한	p2-3-20	**stupido** [스뚜삐도] 멍청한

The vocabularies, the most frequently used words will **be with you!**

You'll get most frequently used **vocabularies**.

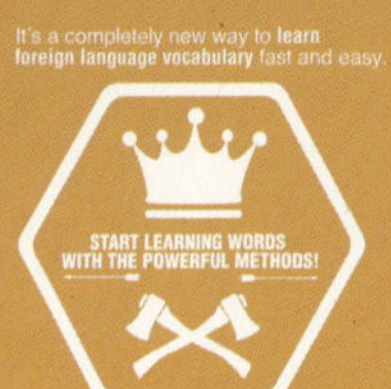

이탈리아어 형용사 베스트 40 단어를 소개해드리겠습니다.

p2-3-21	**comodo** [꼬모도] 편안한/안락한	p2-3-22	**scomodo** [스꼬모도] 불편한
p2-3-23	**vuoto** [부오또] 빈	p2-3-24	**pieno** [삐에노] 가득한
p2-3-25	**necessario** [네체싸리오] 필요한	p2-3-26	**superfluo** [수뻬르플루오] 불필요한/과잉의
p2-3-27	**utile** [우띨레] 유용한	p2-3-28	**inutile** [인우띨레] 무용한
p2-3-29	**valido** [발리도] 유효한	p2-3-30	**non valido** [논 발리도] 무효의

It's a completely new way to learn foreign language vocabulary fast and easy.

START LEARNING WORDS WITH THE POWERFUL METHODS!

BEST

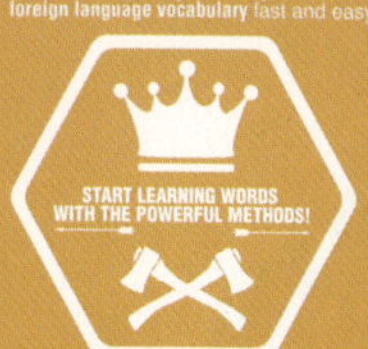

Part 2

It's a completely new way to learn foreign language vocabulary fast and easy.

베스트 단어

이탈리아어 품사별 베스트 단어

P2

p2-3-31 **caro**
[까로] 비싼

p2-3-32 **economico**
[에꼬노미꼬] 싼

p2-3-33 **veloce**
[벨로체] 빠른

p2-3-34 **lento**
[렌또] 느린

p2-3-35 **grande**
[그란데] 큰

p2-3-36 **piccolo**
[삐꼴로] 작은

p2-3-37 **corretto**
[꼬렛또] 옳은

p2-3-38 **falso**
[팔소] 틀린

p2-3-39 **diligente**
[딜리젠떼] 부지런한

p2-3-40 **pigro**
[삐그로] 게으른

The vocabularies, the most frequently used words will be with you!

You'll get most frequently used vocabularies.

4. 이탈리아어 부사 베스트 20 단어

부사란 주로 동사나 형용사, 부사 혹은 문장 전체를 수식하여
그 뜻을 명확하게 하는 역할을 하는 품사입니다.

부사는 의미에 따라
방법 / 장소 / 시간 / 판단 / 양 / 의문 부사 등으로 구분할 수 있습니다.

그리고 부사의 형태는 형용사의 여성단수 형태에 **-mente** 를 붙여서 만들 수 있습니다.
예를들어 **certo** [체르또] (확실한)의 여성단수형 **certa**에 **-mente** 를 붙여서
certamente [체르따멘떼] (확실하게)처럼 부사로 만들 수 있습니다.
-e 로 끝나는 형용사일 경우 예를 들어 형용사 **leggere** 의 마지막 **-e** 를 빼고 **-mente** 를
붙여 **leggermente** [렛쩨르멘떼] (가볍게)처럼 바꿔주면 됩니다.
이탈리아어 부사는 주로 형용사에 **-mente** 가 붙어서 파생된 것이 많아서
형용사만 알면 쉽게 부사를 유추할 수 있습니다.
아울러 이렇게 어미에 **-mente** 를 붙이지 않고 형용사가 부사처럼 쓰이는
경우도 있습니다.

자! 이번 코너에서는 약방의 감초처럼 언제든 어디든 등장하는
대박 이탈리아어 부사 베스트 20 단어를 소개해드리겠습니다.
짝으로, 상대 개념으로 기억해두시면 보다 효과적으로 학습이 되실 것입니다.

It's a completely new way to learn
foreign language vocabulary fast and easy.

START LEARNING WORDS
WITH THE POWERFUL METHODS!

BEST

Part 2

It's a completely new way to learn
foreign language vocabulary fast and easy.

베스트 단어
이탈리아어 품사별 베스트 단어

P2

이탈리아어 부사 베스트 20 단어를 소개해드리겠습니다.

p2-4-01 ● **qui** [꿰] 여기	**p2-4-02** ● **lì** [리] 저기
p2-4-03 ● **già** [쟈] 이미	**p2-4-04** ● **subito** [수비또] 즉시
p2-4-05 ● **sempre** [쌤쁘레] 언제나	**p2-4-06** ● **spesso** [스뻬쏘] 자주
p2-4-07 ● **circa** [치르까] 거의/대략	**p2-4-08** ● **mai** [마이] 결코 ~ 아니다
p2-4-09 ● **avanti** [아반띠] 앞으로	**p2-4-10** ● **indietro** [인디에뜨로] 뒤로

● **The vocabularies**, the most frequently used words will **be with you!**

● You'll get most frequently used **vocabularies.**

이탈리아어 부사 베스트 20 단어를 소개해드리겠습니다.

p2-4-11	**molto** [몰또] 매우	p2-4-12	**più** [삐우] 더욱
p2-4-13	**volentieri** [볼렌띠에리] 기꺼이	p2-4-14	**troppo** [뜨롭뽀] 너무
p2-4-15	**soprattutto** [소쁘라뚜또] 특히	p2-4-16	**abbastanza** [아바스딴짜] 상당히
p2-4-17	**forse** [포르세] 아마도	p2-4-18	**probabilmente** [쁘로바빌멘떼] 아마도/다분히
p2-4-19	**veramente** [베라멘떼] 정말로	p2-4-20	**recentemente** [레첸떼멘떼] 최근에

It's a completely new way to learn foreign language vocabulary fast and easy.

Part 2

It's a completely new way to learn foreign language vocabulary fast and easy.

베스트 단어
이탈리아어 품사별 베스트 단어

P2

5. 이탈리아어 의문사 베스트 8 단어

이탈리아어의 의문문은 평서문과 다르지 않고, 문장을 읽을 때 끝을 살짝 올려서 읽기만 하면 됩니다. **Maria è qui.** [마리아 에 뀌.] (마리아는 여기 있다.)라는 평서문은 **Maria è qui?** [마리아 에 뀌?]하고 끝을 올려 읽게되면 '마리아가 여기에 있니?'라는 뜻의 의문문이 됩니다. (**È qui Maria?** [에 뀌 마리아?]도 같은 뜻의 의문문입니다.)
이탈리아어의 의문사에는 의문부사, 의문형용사, 의문대명사가 있습니다.
이탈리아어 의문사로 만드는 의문문은 영어와 다르게 주어의 위치가 이동적입니다.
이탈리아어 의문문은 주어가 문장의 앞에 오거나 동사의 뒤에 올 수 있으며, 보통은 주어가 동사 뒤에 많이 옵니다. (**Tua figlia dove abita?** [뚜아 필리아 도베 아비따?], **Dove abita tua figlia?** [도베 아비따 뚜아 필리아?] (너의 딸은 어디 사니?)

The vocabularies, the most frequently used words will be with you!

p2-5-01	**chi** [끼] 누가	p2-5-02	**quando** [꾸안도] 언제
p2-5-03	**dove** [도베] 어디	p2-5-04	**che** [께] 무엇/무엇을
p2-5-05	**come** [꼬메] 어떻게	p2-5-06	**perché** [뻬르께] 왜
p2-5-07	**quanto** [꾸안또] 얼마나	p2-5-08	**perché** [뻬르께] 어째서

You'll get most frequently used vocabularies.

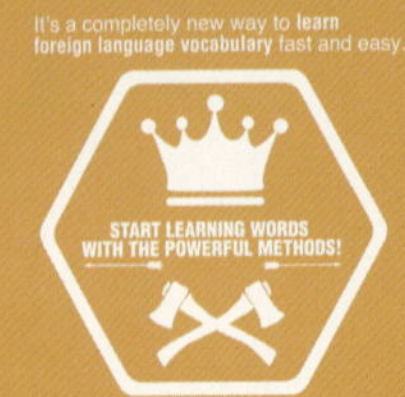

6. 이탈리아어 전치사 베스트 24 단어

이탈리아어의 전치사는 다른 유럽어에 비해 많지 않습니다.
아울러 한편으로는 내포하고 있는 뜻과 문장상 쓰임새가 다소 복잡합니다.
이탈리아어의 전치사의 역할은
뒤 따라 오는 명사에 격을 부여하는 것이라고도 할 수 있습니다.

일반적으로 전치사는 명사 앞에 위치합니다.
그런데 이탈리아어는 때에 따라 동사의 앞에 쓰이기도 합니다.

예를 들어 전치사 **a** [아] (~에) 다음에 **casa** [까사] (집)이라는 명사가 오면,
a casa [아 까사] (집에)라는 뜻의 전치사구가 되고,
andare [안다레] (가다)라는 동사가 또 다른 동사와 전치사 **a** 가 결합하게 되면
andare a + 동사 (~하러 가다)라는 뜻이 됩니다.

이탈리아아의 전치사는 다양한 상황에 여러 가지 뜻으로 사용되기 때문에
최대한 많이 접해보는 것이 중요합니다.

자! 그러면 이탈리아어의 대표적인 전치사들을 소개해 드리겠습니다.

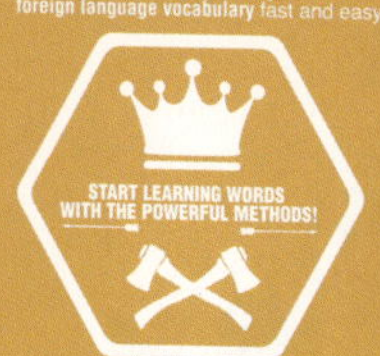

It's a completely new way to learn foreign language vocabulary fast and easy.

Part 2
베스트 단어
이탈리아어 품사별 베스트 단어

It's a completely new way to learn foreign language vocabulary fast and easy.

P2

1) 이탈리아어의 전치사

p2-6-01 **di** [디] ~의	p2-6-02 **con** [꼰] ~와 함께/~로
p2-6-03 **a** [아] ~에	p2-6-04 **per** [뻬르] ~로/~향해
p2-6-05 **da** [대] ~부터	p2-6-06 **in** [인] ~ 안에
p2-6-07 **tra** [뜨라] ~ 사이에	p2-6-08 **fra** [프라] ~ 사이에
p2-6-09 **su** [수] ~ 위에/~ 대해	p2-6-10 **lungo** [룽고] ~ 옆으로/~ 따라서

The **vocabularies**, the most frequently used words will **be with you!**

You'll get most frequently used **vocabularies.**

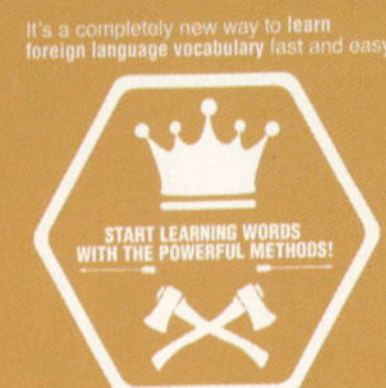

p2-6-11	**senza**	p2-6-12	**verso**
	[쎈짜] ~ 없이		[베르소] ~ 둘레에/약 ~시(時)에

p2-6-13	**presso**	p2-6-14	**secondo**
	[쁘레쏘] ~ 근처에/~에		[쎄꼰도] ~에 따라/따르면

p2-6-15	**durante**	p2-6-16	**mediante**
	[두란떼] ~하는 중에/~하는 동안		[메디안떼] ~을 통해

p2-6-17	**tramite**	p2-6-18	**dopo**
	[뜨라미떼] ~을 통해		[도뽀] ~ 후에

p2-6-19	**contro**	p2-6-20	**riguardo a**
	[꼰뜨로] ~에 반하여		[리구아르도 아] ~에 대해

p2-6-21	**sopra**	p2-6-22	**accanto a**
	[소쁘라] ~ 위에/~ 위로		[아깐또 아] ~ 옆에/근처에

Part 2

베스트 단어

이탈리아어 품사별 베스트 단어

P2

p2-6-23	**dietro** [디에뜨로] ~ 뒤에/~ 뒤로
p2-6-24	**sotto** [소또] ~ 아래에/~ 아래로

2) 이탈리아어 '전치사 + 관사'의 축약

이탈라아어는 특정 전치사와 정관사가 만나면 축약이 이뤄집니다.
정관사와 축약형을 만드는 전치사는 **in, su, a, di, da** 등이 있습니다.
이들 전치사가 남성 정관사 **il** 과만나게 되면 **in + il = nel, su + il = sul, a + il = al,**
di + il = del, da + il = dal 로 축약이됩니다. **in** 의 경우와 **di** 의 경우를 제외하면
나머지 전치사들은 정관사 **il** 에서 **i** 를 생략하고 자음 **l** 만을 축약한 것을 알 수 있습니다.

남성정관사 **lo** 형과 만나게 되는 전치사들은 각각 **nello, sullo, allo, dello, dallo** 가
됩니다. 이 경우는 남성 정관사 **il** 축약에 **lo** 를 덧붙인 형태가 됩니다.
남성정관사 축약형 **l'** 과 전치사가 만나게 되는 경우는 각각 **nell', sull', all', dell', dall'**
로 변하게 됩니다. 이 경우는 **lo** 축약형에서 마지막 **-o** 를 뺀 형태임을 알 수 있습니다.
남성정관사 복수 형태인 **i** 와 **gli** 가 전치사와 만나게 되면 각각 **nei, sui, ai, dei, dai** 와
negli, sugli, agli, degli, dagli 형태로 축약됩니다.

여성정관사 **la** 와 만나게 될 경우는 **in, su, a, di, da** 가 각각 **nella, sulla, alla, della,**
dalla 로, 정관사 복수형 **le** 와 만나게 될 경우는 **nelle, sulle, alle, delle, dalle** 로
변하게 됩니다.

정관사와 전치사의 결합은 얼핏 보면 복잡해 보이지만,
정관사 변화형만 잘 외우고 있으면 쉽게 결합시킬 수 있습니다.

7. 이탈리아어 접속사 베스트 26 단어

이탈리아어 접속사는 '대등접속사'와 '종속접속사'로 나눌 수 있습니다.
대등접속사는 구와 절 또는 문장을 좌우 대등하게 연결하는 문장성분을 말하며,
종속접속사는 주절의 내용을 보완하고, 주절에 속한 절을 연결하는 품사를 말합니다.

1) 이탈리아어 대등접속사

가장 중요하고, 가장 많이 사용하는 접속사를 선별해서 설명해 드리겠습니다.

p2-7-01	**e** [에] 그리고	p2-7-02	**ma** [마] 그러나
p2-7-03	**o** [오] 혹은	p2-7-04	**perciò** [뻬르치오] 따라서/그래서

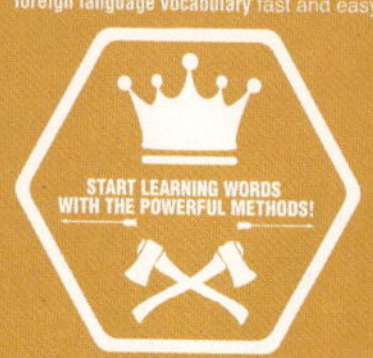

Part 2

It's a completely new way to learn
foreign language vocabulary fast and easy.

베스트 단어
이탈리아어 품사별 베스트 단어

P2

2) 이탈리아어 종속접속사

종속접속사는 문장의 흐름에 결정적 역할을 하는 연결고리입니다.
두 개의 문장이 서로 종속 관계에 있을 때, 주절과 종속절을 연결하는 접속사입니다.

p2-7-05 **che** [께] ~하다는 것을	**p2-7-06** **se** [쎄] ~인지 아닌지
p2-7-07 **siccome** [씨꼬메] ~때문에	**p2-7-08** **perché** [뻬르께] 왜냐하면
p2-7-09 **sebbene** [쎕뻬네] 비록 ~일지라도	**p2-7-10** **purché** [뿌르께] 만약에 ~한다면

이탈리아어 종속접속사를 소개해드리겠습니다.

p2-7-11 **quando** [꾸안도] ~했을 때	p2-7-12 **come se** [꼬메 쎄] 마치 ~인 것처럼
p2-7-13 **prima che** [쁘리마 께] ~하기 전에	p2-7-14 **dopo che** [도뽀 께] 그다음에/~한 후에
p2-7-15 **mentre** [멘뜨레] ~하면서	p2-7-16 **non appena** [논 아뻬나] ~하자마자
p2-7-17 **finché** [핀께] ~하는 한	p2-7-18 **tranne che** [뜨란네 께] ~ 제외하고
p2-7-19 **da che** [다 께] ~한 이래	p2-7-20 **affinché** [아핀께] ~할 때까지/~할 목적으로

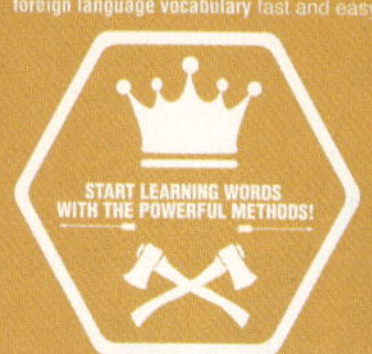

종속접속사로 사용될 수 있는 의문사들

| p2-7-21 | **che** [께] 무엇 | p2-7-22 | **chi** [끼] 누가 |

| p2-7-23 | **quando** [꾸안도] 언제 | p2-7-24 | **perché** [뻬르께] 왜 |

| p2-7-25 | **come** [꼬메] 어떻게 | p2-7-26 | **quanto** [꾸안또] 얼마나 |

The **vocabularies**, the most frequently used words will **be with you!**

You'll get most frequently used **vocabularies.**

 8. 이탈리아어 의성어 베스트 20 단어

이탈리아어의 의성어를 소개합니다. 우리말과 비교해보면 꽤 재미있습니다.
이탈리아어 의성어 베스트 20 단어를 정리했습니다.

p2-8-01	**cra cra**	p2-8-02	**beeee**
	[끄라 끄라] 개굴 개굴		[베에에에에] 음메 (염소소리)

p2-8-03	**squitt squitt**	p2-8-04	**i-oo i-oo**
	[스뀌트 스뀌트] 찍 찍		[이-오 이-오] 히잉 (당나귀 울음 소리)

p2-8-05	**chicchirichí**	p2-8-06	**ZZZZZ**
	[끽끼리끼] 꼬끼오		[즈~~~] 위잉 (벌 소리)

p2-8-07	**cucú cucú**	p2-8-08	**ding dong**
	[쿠쿠 쿠쿠] 뻐꾹 뻐꾹		[딩 동] 땡동 (벨 소리)

p2-8-09	**eccì**	p2-8-10	**brr**
	[엣치] 에취		[브르] 덜덜

It's a completely new way to **learn** foreign language **vocabulary** fast and easy.

Part 2

It's a completely new way to **learn** foreign language **vocabulary** fast and easy.

베스트 단어

이탈리아어 품사별 베스트 단어

P2

p2-8-11 **taratatà** [따라따따] 두둥 (작은북소리)	p2-8-12 **bang** [뱅] 빵 (총 쏘는 소리)
p2-8-13 **tic tac** [틱 탁] 똑딱	p2-8-14 **trallala** [트랄라라] 라라라
p2-8-15 **bau bau** [바우 바우] 멍멍	p2-8-16 **miao** [미아오] 야옹
p2-8-17 **muuuuu** [무우우우] 음메	p2-8-18 **qua qua** [꽈 꽈] 꽥꽥
p2-8-19 **cip cip** [칩 칩] 짹짹	p2-8-20 **pio pio** [삐오 삐오] 삐약삐약

● The **vocabularies**, the most frequently used words will **be with you!**

● You'll get most frequently used **vocabularies.**

It's a completely new way to **learn foreign language vocabulary** fast and easy.
START LEARNING WORDS WITH THE POWERFUL METHODS!

Part 3. 상식 기본단어

곧바로 상식이 되는 이탈리아어 단어를
쓸어 담아라!

1. 이탈리아어 상식 기본단어 : 숫자
2. 이탈리아어 상식 기본단어 : 시간
3. 이탈리아어 상식 기본단어 : 날씨/계절
4. 이탈리아어 상식 기본단어 : 요일/월명
5. 이탈리아어 상식 기본단어 : 색상/정도
6. 이탈리아어 상식 기본단어 : 방향/장소
7. 이탈리아어 상식 기본단어 : 상태/형태
8. 이탈리아어 상식 기본단어 : 국적
9. 이탈리아어 상식 기본단어 : 직업
10. 이탈리아어 상식 기본단어 : 신체/기관
11. 이탈리아어 상식 기본단어 : 성격/감정
12. 이탈리아어 상식 기본단어 : 가축/동물
13. 이탈리아어 상식 기본단어 : 과일
14. 이탈리아어 상식 기본단어 : 곡물/채소
15. 이탈리아어 상식 기본단어 : 지리/지형
16. 이탈리아어 상식 기본단어 : 시설/기관
17. 이탈리아어 상식 기본단어 : 스포츠

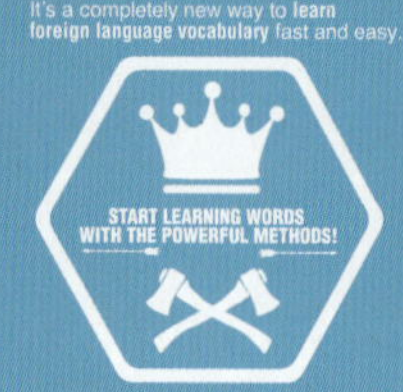

 Part 3. 상식 기본단어
곧바로 상식이 되는 이탈리아어 단어를 쓸어 담아라!

이탈리아어를 하는데 상식이 되는 기본 단어들을 모아 정리했습니다.
조만간 여러분께서 이탈리아 생활을 시작해야 한다면
가장 우선 순위의 단어들이 되겠습니다.

이탈리아어 상식 기본단어와 다음의 기본문형으로 문장을 완성할 수 있습니다.
'뭐뭐' 부분에 단어를 넣어 활용하시면 내가 방금 공부한 단어가 당장
이탈리아어 문장으로 완성될 수 있는 방법입니다.

예문패턴 1.
이탈리아어의 **essere** 동사는 영어의 **be** 동사에 해당합니다.
essere 동사는 주어의 직업/감정/상태 등을 표현할 수 있습니다.
'뭐뭐' 부분에 직업/감정/상태 등의 단어를 넣으면 다양한 표현이 가능합니다.

Io sono 뭐뭐.

[이오 소노 뭐뭐.] 나는 뭐뭐입니다. / 나는 뭐뭐합니다.

Tu sei 뭐뭐.

[뚜 쎄이 뭐뭐.] 너는 뭐뭐입니다.

Questo/a è 뭐뭐.

[꾸에스또/따 에 뭐뭐.] 이것은 뭐뭐입니다. / 이것은 뭐뭐합니다.

Questi/e sono 뭐뭐.

[꾸에스띠/떼 소노 뭐뭐.] 이것들은 뭐뭐입니다. / 이것들은 뭐뭐합니다.

예문패턴 2.

이탈리아어의 의문문은 주어 동사의 위치변화가 없습니다.
문장 끝을 살짝 올려 읽어주세요.

Tu sei 뭐뭐?

[뚜 쎄이 뭐뭐?] 너는 뭐뭐이니?

Questo/a è 뭐뭐?

[꾸에스또/따 에 뭐뭐?]] 이것은 뭐뭐입니까?

Questi/e sono 뭐뭐?

[꾸에스띠/떼 소노 뭐뭐?] 이것들은 뭐뭐입니까?

예문패턴 3.

예문패턴 1/2를 이용하면 훌륭한 'A:B 대화문'을 만들어 낼 수 있습니다.

Questo/a è 뭐뭐?

[꾸에스또/따 에 뭐뭐?]] 이것은 뭐뭐입니까?

Questo/a è 뭐뭐.

[꾸에스또/따 에 뭐뭐.]] 이것은 뭐뭐입니다. / 이것은 뭐뭐합니다.

자! 그러면 이탈리아어 상식이 되는 기본단어, 시작해 볼까요~!

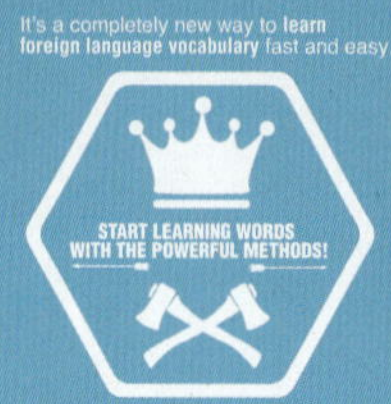

1. 이탈리아어 상식 기본단어 : 숫자

이탈리아어의 상식이 되는 기본단어, 숫자를 정리했습니다.

p3-01-01	**il numero** [일 누메로] 수 / 숫자	p3-01-02	**0 zero** [제로]
p3-01-03	**1 uno** [우노]	p3-01-04	**2 due** [두에]
p3-01-05	**3 tre** [뜨레]	p3-01-06	**4 quattro** [꾸아뜨로]
p3-01-07	**5 cinque** [친꿰]	p3-01-08	**6 sei** [쎄이]
p3-01-09	**7 sette** [쎄떼]	p3-01-10	**8 otto** [오또]

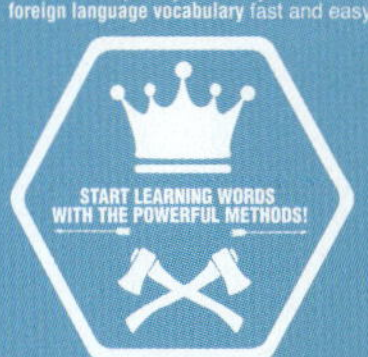

It's a completely new way to **learn** foreign language vocabulary fast and easy.

Part 3

상식 기본단어

이탈리아어 상식 기본단어

It's a completely new way to **learn** foreign language vocabulary fast and easy.

P3

p3-01-11 · **9 nove** [노베]	p3-01-12 · **10 dieci** [디에치]
p3-01-13 · **11 undici** [운디치]	p3-01-14 · **12 dodici** [도디치]
p3-01-15 · **13 tredici** [뜨레디치]	p3-01-16 · **14 quattordici** [꽈또르디치]
p3-01-17 · **15 quindici** [꿘디치]	p3-01-18 · **16 sedici** [쎄디치]
p3-01-19 · **17 diciassette** [디치아쎄떼]	p3-01-20 · **18 diciotto** [디쵸또]

The vocabularies, the most frequently used words will **be with you!**

You'll get most frequently used **vocabularies.**

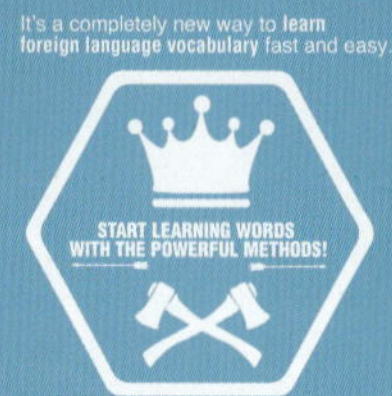

이탈리아어의 상식이 되는 기본단어, 숫자표현 19~1백만까지 정리했습니다.

19 diciannove — p3-01-21
[디치안노베]

20 venti — p3-01-22
[벤띠]

30 trenta — p3-01-23
[뜨렌따]

40 quaranta — p3-01-24
[꾸아란따]

50 cinquanta — p3-01-25
[친꾸안따]

60 sessanta — p3-01-26
[세싼따]

70 settanta — p3-01-27
[세딴따]

80 ottanta — p3-01-28
[오딴따]

90 novanta — p3-01-29
[노반따]

It's a completely new way to **learn** foreign language vocabulary fast and easy.

START LEARNING WORDS WITH THE POWERFUL METHODS!

BASIC

Part 3

It's a completely new way to **learn** foreign language vocabulary fast and easy.

상식 기본단어
이탈리아어 상식 기본단어

P3

p3-01-30 **100 cento**
[첸또]

p3-01-31 **1,000 mille**
[밀레]

p3-01-32 **10,000 diecimila**
[디에치밀라]

p3-01-33 **100,000 centomila**
[첸또밀라]

p3-01-34 **1,000,000 un milione**
[운 밀리오네]

The **vocabularies**, the most frequently used words will **be with you!**

You'll get most frequently used **vocabularies.**

2. 이탈리아어 상식 기본단어 : 시간

이탈리아어의 상식이 되는 기본단어, 시간 표현을 정리했습니다.

p3-02-01	**la mattina** [라 마띠나] 오전	p3-02-02	**il pomeriggio** [일 뽀메릿지오] 오후
p3-02-03	**la mattina** [라 마띠나] 아침	p3-02-04	**il giorno** [일 조르노] 하루
p3-02-05	**la giornata** [라 죠르나따] 낮	p3-02-06	**il mezzogiorno** [일 메쪼쪼르노] 정오
p3-02-07	**la sera** [라 세라] 저녁	p3-02-08	**la notte** [라 노떼] 밤
p3-02-09	**ogni giorno** [온니 조르노] 매일	p3-02-10	**stasera** [스따쎄라] 오늘 저녁

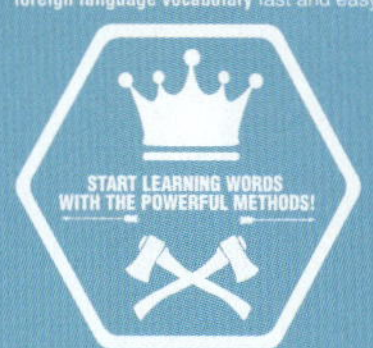

It's a completely new way to learn foreign language vocabulary fast and easy.

Part 3

It's a completely new way to learn foreign language vocabulary fast and easy.

상식 기본단어
이탈리아어 상식 기본단어

P3

p3-02-11 **ieri** [이에리] 어제	p3-02-12 **oggi** [옷지] 오늘
p3-02-13 **domani** [도마니] 내일	p3-02-14 **dopodomani** [도뽀도마니] 모레
p3-02-15 **sempre** [쌤쁘레] 항상	p3-02-16 **oggigiorno** [옷지죠르노] 오늘날
p3-02-17 **presto** [쁘레스토] 일찍	p3-02-18 **tardi** [따르디] 늦게
p3-02-19 **ora** [오라] 지금	p3-02-20 **subito** [수비또] 즉시

The **vocabularies**, the most frequently used words will **be with you!**

You'll get most frequently used **vocabularies.**

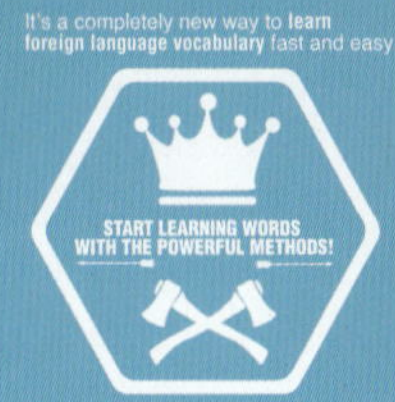

3. 이탈리아어 상식 기본단어 : 날씨/계절

이탈리아어의 상식이 되는 기본단어, 날씨와 계절 표현을 정리했습니다.

p3-03-01	**il tempo** [일 뗌뽀] 날씨	p3-03-02	**il clima** [일 끌리마] 기후
p3-03-03	**il meteo** [일 메떼오] 기상예보	p3-03-04	**il grado** [일 그라도] 온도/도
p3-03-05	**il sole** [일 솔레] 태양	p3-03-06	**il vento** [일 벤또] 바람
p3-03-07	**il cielo** [일 치엘로] 하늘	p3-03-08	**la nuvola** [라 누볼라] 구름
p3-03-09	**la pioggia** [라 삐오쩌아] 비	p3-03-10	**la neve** [라 네베] 눈

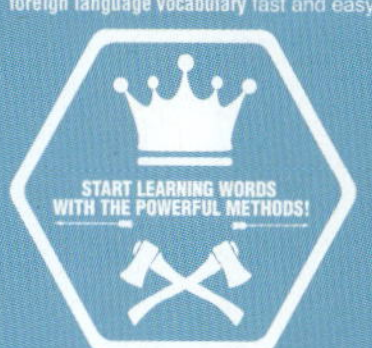

It's a completely new way to **learn**
foreign language vocabulary fast and easy.

Part 3

it's a completely new way to **learn**
foreign language vocabulary fast and easy.

상식 기본단어
이탈리아어 상식 기본단어

p3-03-11	**la precipitazione** [라 쁘레치삐따쩌오네] 소나기	p3-03-12	**la tempesta** [라 뗌뻬스따] 폭풍우
p3-03-13	**il fulmine** [일 풀미네] 번개	p3-03-14	**il tuono** [일 투오노] 천둥
p3-03-15	**la nebbia** [라 넵비야] 안개	p3-03-16	**la grandine** [라 그란디네] 우박
p3-03-17	**il caldo** [일 깔도] 더위	p3-03-18	**il freddo** [일 프렛도] 추위
p3-03-19	**l'alta pressione** [랄따 쁘레씨오네] 고기압	p3-03-20	**la bassa pressione** [라 바싸 쁘레씨오네] 저기압

The vocabularies, the most frequently used words will **be with you!**

You'll get most frequently used **vocabularies.**

이탈리아어의 상식이 되는 기본단어, 날씨와 계절 표현을 정리했습니다.

p3-03-21	**piovere** [삐오베레] 비가 오다	p3-03-22	**alzarsi** [알짜르씨] (온도가) 오르다
p3-03-23	**nevicare** [네비까레] 눈이 오다	p3-03-24	**congelare** [꼰젤라레] 얼리다/얼다
p3-03-25	**fulminare** [풀미나레] 번개가 치다	p3-03-26	**sorgere** [소르제레] (태양이) 뜨다
p3-03-27	**tuonare** [투오나레] 천둥치다	p3-03-28	**calare** [깔라레] (태양이) 지다
p3-03-29	**soleggiato** [솔레지아또] 해가 있는	p3-03-30	**nuvoloso** [누볼로조] 구름 낀

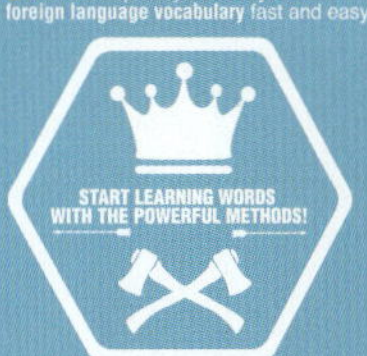

Part 3

상식 기본단어
이탈리아어 상식 기본단어

It's a completely new way to learn foreign language vocabulary fast and easy.

p3-03-31	**sereno** [쎄레노] 쾌청한	p3-03-32	**ventoso** [벤또조] 바람 부는
p3-03-33	**caldo** [깔도] 더운/따뜻한	p3-03-34	**freddo** [프렛도] 추운
p3-03-35	**nebbioso** [넵비오조] 안개 낀	p3-03-36	**la stagione** [라 스따죠네] 계절
p3-03-37	**la primavera** [라 쁘리마베라] 봄	p3-03-38	**l'estate** [레스따떼] 여름
p3-03-39	**l'autunno** [라우뚠노] 가을	p3-03-40	**l'inverno** [린베르노] 겨울

The vocabularies, the most frequently used words will be with you!

You'll get most frequently used vocabularies.

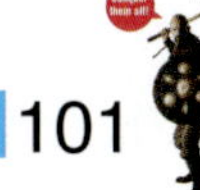

It's a completely new way to learn foreign language vocabulary fast and easy.

4. 이탈리아어 상식 기본단어 : 요일/월명

이탈리아어의 상식이 되는 기본단어, 요일명과 월명을 정리했습니다.

p3-04-01	**il lunedì** [일 루네디] 월요일	p3-04-02	**il martedì** [일 마르떼디] 화요일
p3-04-03	**il mercoledì** [일 메르꼴레디] 수요일	p3-04-04	**il giovedì** [일 조베디] 목요일
p3-04-05	**il venerdì** [일 베네르디] 금요일	p3-04-06	**il sabato** [일 사바또] 토요일
p3-04-07	**la domenica** [라 도메니까] 일요일	p3-04-08	**il giorno** [일 조르노] 날/요일
p3-04-09	**gennaio** [젠나이오] 1월	p3-04-10	**febbraio** [페브라이오] 2월

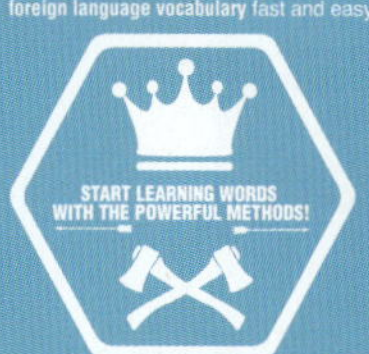

◆ It's a completely new way to **learn**
foreign language vocabulary fast and easy.

BASIC

Part 3

It's a completely new way to **learn**
foreign language vocabulary fast and easy.

상식 기본단어
이탈리아어 상식 기본단어

P3

p3-04-11	**marzo** [마르쪼] 3월	p3-04-12	**aprile** [아쁘릴레] 4월
p3-04-13	**maggio** [마쩨오] 5월	p3-04-14	**giugno** [주뇨] 6월
p3-04-15	**luglio** [룰리오] 7월	p3-04-16	**agosto** [아고스또] 8월
p3-04-17	**settembre** [쎄뗌브레] 9월	p3-04-18	**ottobre** [오또브레] 10월
p3-04-19	**novembre** [노벰브레] 11월	p3-04-20	**dicembre** [디쳄브레] 12월

● **The vocabularies,** the most frequently used words will **be with you!**

● You'll get most frequently used **vocabularies.**

 5. 이탈리아어 상식 기본단어 : 색상/정도

이탈리아어의 상식이 되는 기본단어, 색상과 정도 표현을 정리했습니다.

p3-05-01	**il colore** [일 꼴로레] 색깔	p3-05-02	**bianco** [비앙꼬] 흰
p3-05-03	**nero** [네로] 검은	p3-05-04	**grigio** [그릿지오] 회색의
p3-05-05	**azzurro** [아쭈로] 푸른	p3-05-06	**verde** [베르데] 초록의
p3-05-07	**rosso** [로쏘] 붉은	p3-05-08	**giallo** [잘로] 노란
p3-05-09	**marrone** [마로네] 갈색의	p3-05-10	**viola** [비올라] 보라색의

It's a completely new way to learn foreign language vocabulary fast and easy.

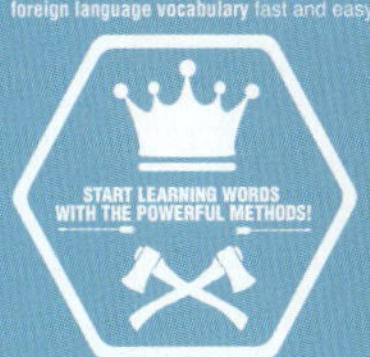

BASIC

Part 3

It's a completely new way to learn foreign language vocabulary fast and easy.

상식 기본단어
이탈리아어 상식 기본단어

P3

p3-05-11	**molto** [몰또] 매우	p3-05-12	**poco** [뽀꼬] 약간
p3-05-13	**più** [삐우] 더	p3-05-14	**meno** [메노] 덜
p3-05-15	**massimo** [마씨모] 최대한	p3-05-16	**minimo** [미니모] 최소한
p3-05-17	**almeno** [알메노] 적어도	p3-05-18	**più o meno** [삐우 오 메노] 대략
p3-05-19	**quasi** [꽈지] 거의	p3-05-20	**eterno** [에떼르노] 끝없이/영구적인

The vocabularies, the most frequently used words will be with you!

You'll get most frequently used vocabularies.

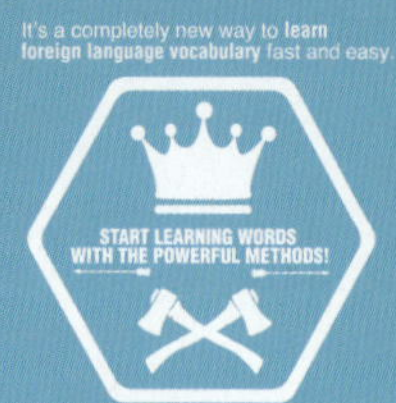

6. 이탈리아어 상식 기본단어 : 방향/장소

이탈리아어의 상식이 되는 기본단어, 방향과 장소 표현을 정리했습니다.

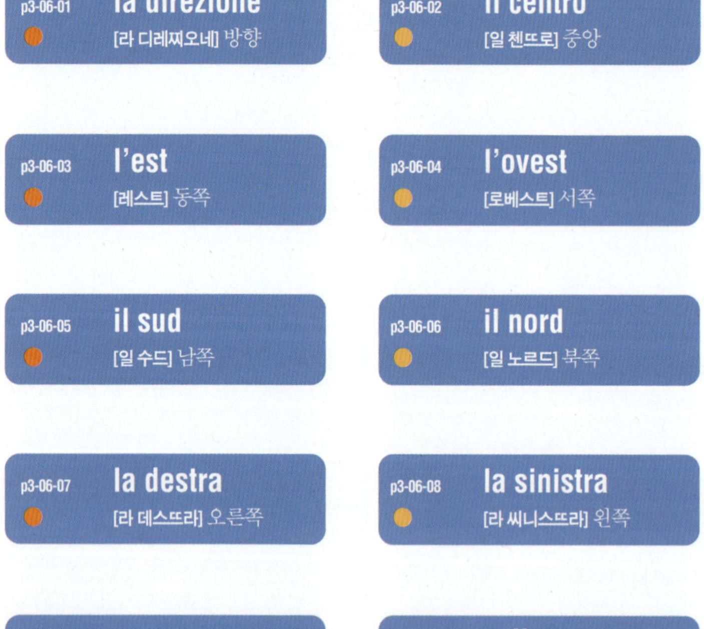

p3-06-01	**la direzione** [라 디레찌오네] 방향	p3-06-02	**il centro** [일 첸뜨로] 중앙
p3-06-03	**l'est** [레스트] 동쪽	p3-06-04	**l'ovest** [로베스트] 서쪽
p3-06-05	**il sud** [일 수드] 남쪽	p3-06-06	**il nord** [일 노르드] 북쪽
p3-06-07	**la destra** [라 데스뜨라] 오른쪽	p3-06-08	**la sinistra** [라 씨니스뜨라] 왼쪽
p3-06-09	**sopra** [소쁘라] 위쪽에	p3-06-10	**sotto** [소또] 아래쪽에

● It's a completely new way to **learn** foreign language vocabulary fast and easy.

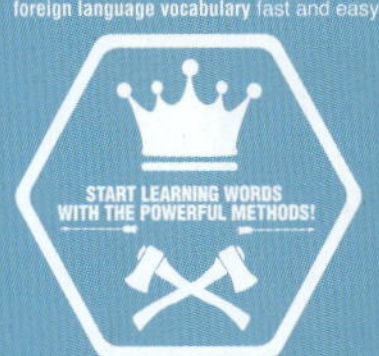

BASIC

Part 3

It's a completely new way to **learn** foreign language vocabulary fast and easy.

상식 기본단어
이탈리아어 상식 기본단어

P3

p3-06-11 **il luogo** [일 루오고] 장소	p3-06-12 **dove** [도베] 어디에
p3-06-13 **qui** [뀌] 여기	p3-06-14 **lì** [리] 저기
p3-06-15 **davanti** [다반띠] 앞에	p3-06-16 **dietro** [디에뜨로] 뒤에
p3-06-17 **fuori** [푸오리] 밖에	p3-06-18 **dentro** [덴뜨로] 안에
p3-06-19 **lontano** [론따노] 먼	p3-06-20 **vicino** [비치노] 가까운

● **The vocabularies**, the most frequently used words will **be with you!**

● You'll get most frequently used **vocabularies.**

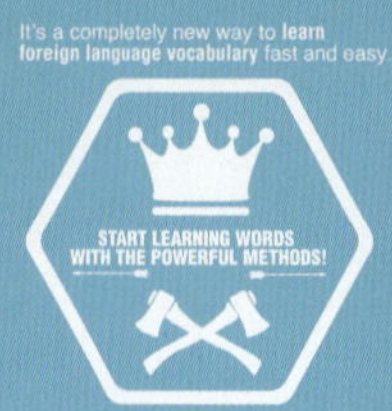

7. 이탈리아어 상식 기본단어 : 상태/형태

이탈리아어의 상식이 되는 기본단어, 상태와 형태 표현을 정리했습니다.

p3-07-01	**nuovo** [누오보] 새로운	p3-07-02	**vecchio** [벡끼오] 낡은
p3-07-03	**pulito** [뿔리또] 깨끗한	p3-07-04	**sporco** [스뽀르꼬] 더러운
p3-07-05	**ordinato** [오르디나또] 정돈된	p3-07-06	**disordinato** [디스오르디나또] 무질서한
p3-07-07	**secco** [쎄꼬] 건조한	p3-07-08	**bagnato** [바냐또] 젖은
p3-07-09	**trasparente** [뜨라스빠렌떼] 투명한	p3-07-10	**opaco** [오빠꼬] 불투명한

It's a completely new way to **learn** foreign language vocabulary fast and easy.

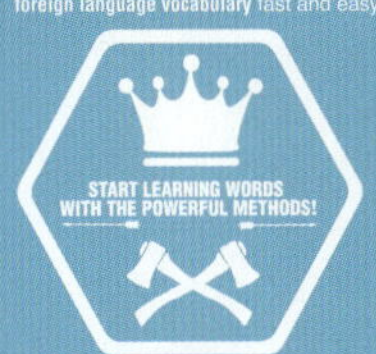

Part 3

It's a completely new way to **learn** foreign language vocabulary fast and easy.

상식 기본단어
이탈리아어 상식 기본단어

P3

p3-07-11	**la forma** [라 포르마] 형태	p3-07-12	**piano** [삐아노] 평평한
p3-07-13	**rotondo** [로똔도] 둥근	p3-07-14	**triangolo** [뜨리앙골로] 삼각형의
p3-07-15	**quadrato** [꾸아드라또] 사각형의	p3-07-16	**ovale** [오발레] 계란형의
p3-07-17	**ampio** [암삐오] 넓은	p3-07-18	**stretto** [스뜨렛또] 좁은
p3-07-19	**profondo** [쁘로폰도] 깊은	p3-07-20	**superficiale** [수뻬르피치알레] 얕은

The **vocabularies**, the most frequently used words will **be with you!**

You'll get most frequently used **vocabularies.**

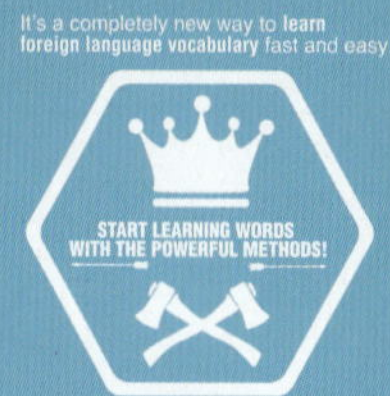

 8. 이탈리아어 상식 기본단어 : 국적

이탈리아어의 상식이 되는 기본단어, 국적명을 정리했습니다.
이탈리아어는 국적명이 대부분 **-o** 로 끝나거나 **-e** 로 끝납니다.

p3-08-01 **coreano** [꼬레아노] 한국 남자	p3-08-02 **coreana** [꼬레아나] 한국 여자
p3-08-03 **giapponese** [자뽀네제] 일본 남자	p3-08-04 **giapponese** [자뽀네제] 일본 여자
p3-08-05 **americano** [아메리까노] 미국 남자	p3-08-06 **americana** [아메리까나] 미국 여자
p3-08-07 **inglese** [잉글레제] 영국 남자	p3-08-08 **inglese** [잉글레제] 영국 여자
p3-08-09 **italiano** [이딸리아노] 이탈리아 남자	p3-08-10 **italiana** [이딸리아나] 이탈리아 여자

It's a completely new way to **learn** foreign language vocabulary fast and easy.

BASIC

Part 3
It's a completely new way to **learn** foreign language vocabulary fast and easy.

상식 기본단어
이탈리아어 상식 기본단어

P3

| p3-08-11 | **austriaco** [아우스뜨리아꼬] 오스트리아 남자 |
| p3-08-12 | **austriaca** [아우스뜨리아까] 오스트리아 여자 |

| p3-08-13 | **olandese** [올란데제] 네덜란드 남자 |
| p3-08-14 | **olandese** [올란데제] 네덜란드 여자 |

| p3-08-15 | **svizzero** [스비쩨로] 스위스 남자 |
| p3-08-16 | **svizzera** [스비쩨라] 스위스 여자 |

| p3-08-17 | **spagnolo** [스빠뇰로] 스페인 남자 |
| p3-08-18 | **spagnola** [스빠뇰라] 스페인 여자 |

| p3-08-19 | **brasiliano** [브라질리아노] 브라질 남자 |
| p3-08-20 | **brasiliana** [브라질리아나] 브라질 여자 |

● **The vocabularies**, the most frequently used words will **be with you!**

● You'll get most frequently used **vocabularies.**

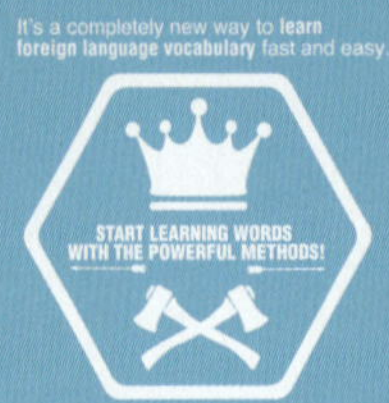

이탈리아어의 상식이 되는 기본단어, 국적명을 정리했습니다.

p3-08-21	**indiano** [인디아노] 인도 남자	p3-08-22	**indiana** [인디아나] 인도 여자
p3-08-23	**australiano** [아우스뜨랄리아노] 호주 남자	p3-08-24	**australiana** [아우스뜨랄리아나] 호주 여자
p3-08-25	**francese** [프란체제] 프랑스 남자	p3-08-26	**francese** [프란체제] 프랑스 여자
p3-08-27	**russo** [루쏘] 러시아 남자	p3-08-28	**russa** [루싸] 러시아 여자
p3-08-29	**turco** [뚜르꼬] 터키 남자	p3-08-30	**turca** [뚜르까] 터키 여자

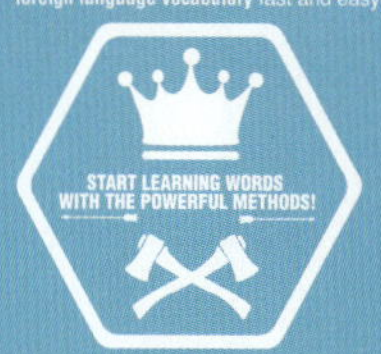

● It's a completely new way to learn foreign language vocabulary fast and easy.

Part 3

It's a completely new way to learn foreign language vocabulary fast and easy.

상식 기본단어

이탈리아어 상식 기본단어

p3-08-31 **cinese** [치네제] 중국 남자	p3-08-32 **cinese** [치네제] 중국 여자
p3-08-33 **europeo** [에우로뻬오] 유럽 남자	p3-08-34 **europea** [에우로뻬아] 유럽 여자
p3-08-35 **africano** [아프리까노] 아프리카 남자	p3-08-36 **africana** [아프리까나] 아프리카 여자
p3-08-37 **asiatico** [아시아띠꼬] 아시아 남자	p3-08-38 **asiatica** [아시아띠까] 아시아 여자
p3-08-39 **tedesco** [떼데스꼬] 독일 남자	p3-08-40 **tedesca** [떼데스까] 독일 여자

● 주의할 점은 **-o** 로 국적명이 끝날 때 남성단수면 **-o**, 남성복수면 **-i** 로 변화하고, 여성단수일 경우에는 **-a**, 여성복수일 경우에는 **-e** 로 변화됩니다. **-e** 로 끝나는 국적명은 성에 따라 변화하진 않지만 복수일 경우에는 남성이든 여성이든 **-i** 로 변화하게 됩니다.

● **The vocabularies**, the most frequently used words will **be with you!**

● You'll get most frequently used **vocabularies.**

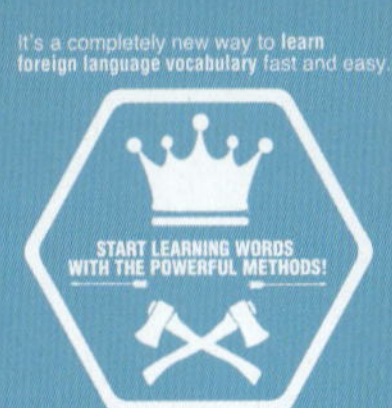

9. 이탈리아어 상식 기본단어 : 직업

이탈리아어의 상식이 되는 기본단어, 직업명을 정리했습니다.

p3-09-01 **lo studente** [로 스뚜덴떼] 남학생	**p3-09-02** **la studentessa** [라 스뚜덴떼싸] 여학생
p3-09-03 **l'universitario** [루니베르씨따리오] 대학생	**p3-09-04** **l'universitaria** [루니베르씨따리아] 여대생
p3-09-05 **l'insegnante** [린세냔떼] 교사	**p3-09-06** **l'insegnante** [린세냔떼] 여교사
p3-09-07 **l'operaio** [로뻬라이오] 노동자	**p3-09-08** **l'operaia** [로뻬라이아] 여노동자
p3-09-09 **il funzionario** [일 풍찌오나리오] 공무원	**p3-09-10** **la funzionaria** [라 풍찌오나리아] 여공무원

It's a completely new way to **learn** foreign language vocabulary fast and easy.

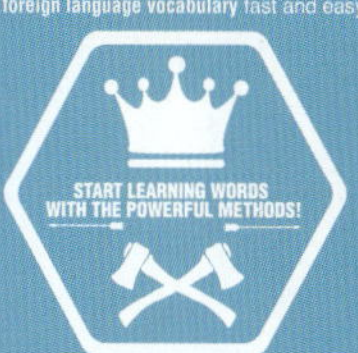

Part 3

It's a completely new way to **learn** foreign language vocabulary fast and easy.

상식 기본단어
이탈리아어 상식 기본단어

p3-09-11 **il panettiere** [일 빠네띠에레] 제빵사	p3-09-12 **la panettiera** [라 빠네띠에라] 여자 제빵사
p3-09-13 **l'architetto** [라르끼떼또] 건축가	p3-09-14 **l'architetto** [라르끼떼또] 여자 건축가
p3-09-15 **l'ingegnere** [린제녜레] 기술자	p3-09-16 **l'ingegnere** [린제녜레] 여자 기술자
p3-09-17 **l'elettricista** [렐레뜨리치스따] 전기기술자	p3-09-18 **l'elettricista** [렐레뜨리치스따] 여자 전기기술자
p3-09-19 **il poliziotto** [일 뽈리찌오또] 경찰	p3-09-20 **la poliziotta** [라 뽈리찌오따] 여경

The **vocabularies**, the most frequently used words will **be with you!**

You'll get most frequently used **vocabularies.**

이탈리아어의 상식이 되는 기본단어, 직업명을 정리했습니다.

p3-09-21 **l'artista** [라르띠스따] 예술가	p3-09-22 **l'artista** [라르띠스따] 여자 예술가
p3-09-23 **l'attore** [라또레] 배우	p3-09-24 **l'attrice** [라뜨리체] 여배우
p3-09-25 **il contadino** [일 꼰따디노] 농부	p3-09-26 **la contadina** [라 꼰따디나] 여농부
p3-09-27 **il cuoco** [일 꾸오꼬] 요리사	p3-09-28 **la cuoca** [라 꾸오까] 여자 요리사
p3-09-29 **il dottore** [일 도또레] 의사	p3-09-30 **la dottoressa** [라 도또레싸] 여의사

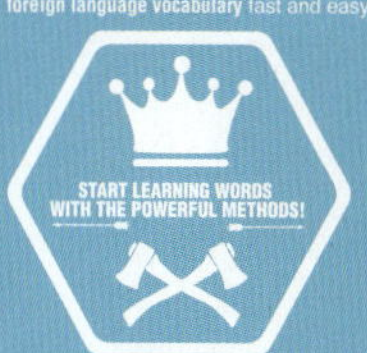

It's a completely new way to **learn** foreign language vocabulary fast and easy.

Part 3

It's a completely new way to **learn** foreign language vocabulary fast and easy.

상식 기본단어
이탈리아어 상식 기본단어

P3

p3-09-31	**l'avvocato** [라보까또] 변호사	p3-09-32	**l'avvocato** [라보까또] 여자 변호사
p3-09-33	**il bancario** [일 방까리오] 은행원	p3-09-34	**la bancaria** [라 방까리아] 여자 은행원
p3-09-35	**il pompiere** [일 뽐삐에레] 소방수	p3-09-36	**la pompiera** [라 뽐삐에라] 여자 소방수
p3-09-37	**l'assistente di volo** [라씨스뗀떼 디 볼로] 승무원	p3-09-38	**l'assistente di volo** [라씨스뗀떼 디 볼로] 여승무원
p3-09-39	**l'infermiere** [린페르미에레] 남자 간호사	p3-09-40	**l'infermiera** [린페르미에라] 여자 간호사

The **vocabularies**, the most frequently used words will **be with you!**

You'll get most frequently used **vocabularies.**

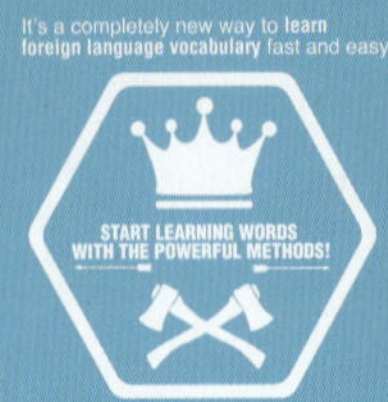

 10. 이탈리아어 상식 기본단어 : 신체/기관

이탈리아어의 상식이 되는 기본단어, 신체 및 기관명을 정리했습니다.

p3-10-01
il corpo
[일 꼬르뽀] 신체

p3-10-02
la testa
[라 떼스따] 머리

p3-10-03
la faccia
[라 파치아] 얼굴

p3-10-04
il capello
[일 까뻴로] 머리카락

p3-10-05
la fronte
[라 프론떼] 이마

p3-10-06
il sopracciglio
[일 소쁘라칠리오] 눈썹

p3-10-07
la guancia
[라 구안치아] 뺨

p3-10-08
l'orecchio
[로렉끼오] 귀

p3-10-09
l'occhio
[록끼오] 눈

p3-10-10
il naso
[일 나죠] 코

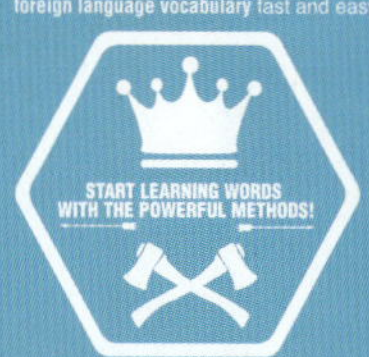

Part 3

It's a completely new way to **learn** foreign language vocabulary fast and easy.

상식 기본단어
이탈리아어 상식 기본단어

P3

p3-10-11 **la bocca** [라 보까] 입	**p3-10-12** **le labbra** [레 랍브라] 입술
p3-10-13 **il dente** [일 덴떼] 치아	**p3-10-14** **la lingua** [라 링구아] 혀
p3-10-15 **la barba** [라 바르바] 수염	**p3-10-16** **il mento** [일 멘또] 턱
p3-10-17 **il collo** [일 꼴로] 목	**p3-10-18** **la gola** [라 골라] 목구멍
p3-10-19 **la spalla** [라 스빨라] 어깨	**p3-10-20** **il petto** [일 뺏또] 가슴

The **vocabularies**, the most frequently used words will **be with you!**

You'll get most frequently used **vocabularies.**

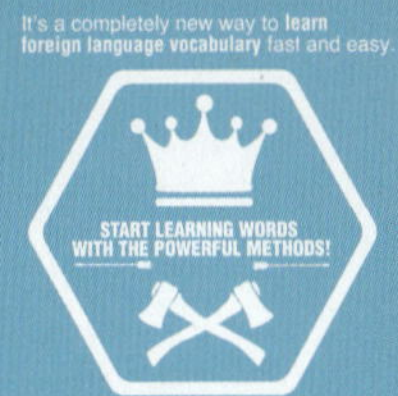

이탈리아어의 상식이 되는 기본단어, 신체 및 기관명을 정리했습니다.

p3-10-21 **il cuore** [일 꾸오레] 심장	p3-10-22 **la schiena** [라 스끼에나] 등
p3-10-23 **il braccio** [일 브랏치오] 팔	p3-10-24 **la mano** [라 마노] 손
p3-10-25 **il gomito** [일 고미또] 팔꿈치	p3-10-26 **il polso** [일 뽈소] 팔목
p3-10-27 **il dito** [일 디또] 손가락 (단수)	p3-10-28 **le dita** [레 디따] 손가락 (복수)
p3-10-29 **la coscia** [라 꼬쉬아] 허벅다리	p3-10-30 **la gamba** [라 감바] 다리

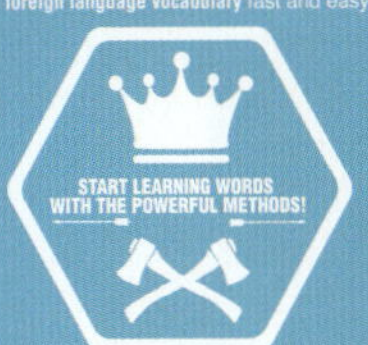

◆ It's a completely new way to **learn** foreign language vocabulary fast and easy.

It's a completely new way to **learn** foreign language vocabulary fast and easy.

BASIC

Part 3
상식 기본단어
이탈리아어 상식 기본단어

P3

p3-10-31 **il ginocchio** [일 지녹끼오] 무릎	p3-10-32 **il piede** [일 삐에데] 발
p3-10-33 **la caviglia** [라 까빌리아] 발목	p3-10-34 **le dita del piede** [레 디따 델 삐에데] 발가락
p3-10-35 **il polmone** [일 뽈모네] 폐	p3-10-36 **il fegato** [일 페가또] 간
p3-10-37 **la pancia** [라 빤치아] 배	p3-10-38 **lo stomaco** [로 스또마꼬] 위
p3-10-39 **il sedere** [일 쎄데레] 엉덩이	p3-10-40 **il seno** [일 쎄노] 가슴/유방

● **The vocabularies**, the most frequently used words will **be with you!**

● You'll get most frequently used **vocabularies.**

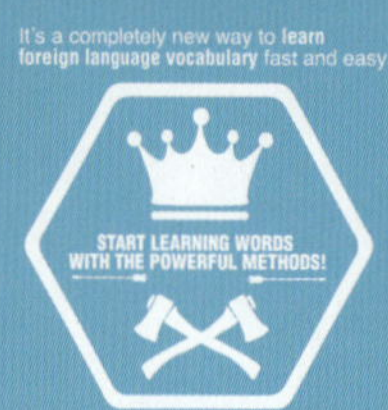

11. 이탈리아어 상식 기본단어 : 성격/감정

이탈리아어의 상식이 되는 기본단어, 성격과 감정 표현을 정리했습니다.

p3-11-01	**gentile** [젠띨레] 친절한	p3-11-02	**caro** [까로] 사랑스러운
p3-11-03	**amichevole** [아미께볼레] 다정한	p3-11-04	**cortese** [꼬르떼제] 공손한
p3-11-05	**simpatico** [씸빠띠꼬] 정이 많은	p3-11-06	**severo** [쎄베로] 엄격한
p3-11-07	**vivace** [비바체] 활달한	p3-11-08	**tranquillo** [뜨랑꿜로] 얌전한
p3-11-09	**arrogante** [아로간떼] 거만한	p3-11-10	**nervoso** [네르보조] 신경질적인

It's a completely new way to **learn** foreign language vocabulary fast and easy.

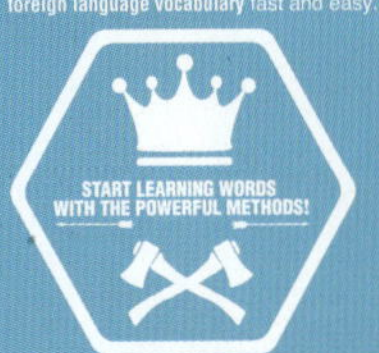

Part 3
상식 기본단어
이탈리아어 상식 기본단어

P3

It's a completely new way to **learn** foreign language vocabulary fast and easy.

p3-11-11	**allegro** [알레그로] 즐거운		p3-11-12	**piacevole** [삐아체볼레] 유쾌한
p3-11-13	**lieto** [리에또] 기쁜		p3-11-14	**triste** [뜨리스떼] 슬픈
p3-11-15	**felice** [펠리체] 행복한		p3-11-16	**infelice** [인펠리체] 불행한
p3-11-17	**deluso** [델루죠] 실망스러운		p3-11-18	**sorpreso** [소르쁘레죠] 놀란
p3-11-19	**sereno** [쎄레노] 평온한		p3-11-20	**teso** [떼조] 긴장한

The **vocabularies**, the most frequently used words will **be with you!**

You'll get most frequently used **vocabularies.**

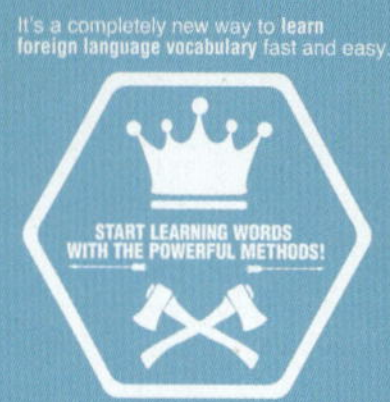

12. 이탈리아어 상식 기본단어 : 가축/동물

이탈리아어의 상식이 되는 기본단어, 가축 및 야생동물명을 정리했습니다.

p3-12-01 **il cane** [일 까네] 개	p3-12-02 **il gatto** [일 가또] 고양이
p3-12-03 **il toro** [일 또로] 수소	p3-12-04 **la mucca** [라 무까] 암소
p3-12-05 **il cinghiale** [일 칭기알레] 돼지	p3-12-06 **il cavallo** [일 까발로] 말
p3-12-07 **il gallo** [일 갈로] 수탉	p3-12-08 **la gallina** [라 갈리나] 암탉
p3-12-09 **l'anatra** [라나트라] 오리	p3-12-10 **la pecora** [라 뻬꼬라] 양

It's a completely new way to learn foreign language vocabulary fast and easy.

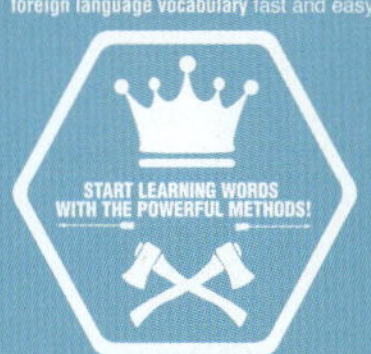

Part 3

It's a completely new way to learn foreign language vocabulary fast and easy.

상식 기본단어
이탈리아어 상식 기본단어

P3

p3-12-11	**il leone** [일 레오네] 사자	p3-12-12	**la tigre** [라 티그레] 호랑이
p3-12-13	**la scimmia** [라 심미아] 원숭이	p3-12-14	**il gorilla** [일 고릴라] 고릴라
p3-12-15	**l'elefante** [렐레판떼] 코끼리	p3-12-16	**l'ippopotamo** [리뽀뽀따모] 하마
p3-12-17	**l'orso** [로르소] 곰	p3-12-18	**la giraffa** [라 지라파] 기린
p3-12-19	**la zebra** [라 제브라] 얼룩말	p3-12-20	**il cervo** [일 체르보] 사슴

The vocabularies, the most frequently used words will be with you!

You'll get most frequently used vocabularies.

It's a completely new way to learn foreign language vocabulary fast and easy.

13. 이탈리아어 상식 기본단어 : 과일

이탈리아어의 상식이 되는 기본단어, 과일명을 정리했습니다.

p3-13-01	**la frutta** [라 프루따] 과일	p3-13-02	**l'anguria** [랑구리아] 수박
p3-13-03	**la mela** [라 멜라] 사과	p3-13-04	**la pera** [라 뻬라] 배
p3-13-05	**la pesca** [라 뻬스까] 복숭아	p3-13-06	**l'uva** [루바] 포도
p3-13-07	**la banana** [라 바나나] 바나나	p3-13-08	**l'ananas** [라나나스] 파인애플
p3-13-09	**l'arancio** [라랑치오] 오렌지	p3-13-10	**il mandarino** [일 만다리노] 귤

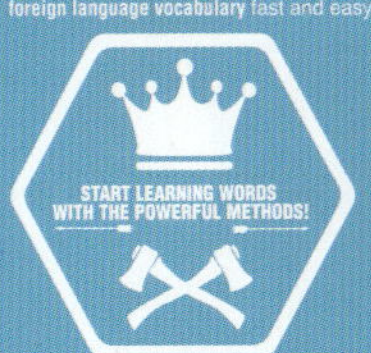

It's a completely new way to **learn** foreign language vocabulary fast and easy.

BASIC

Part 3

상식 기본단어
이탈리아어 상식 기본단어

P3

p3-13-11	**la prugna** [라 프루냐] 자두	p3-13-12	**il melograno** [일 멜로그라노] 석류
p3-13-13	**il limone** [일 리모네] 레몬	p3-13-14	**il melone** [일 멜로네] 멜론
p3-13-15	**la fragola** [라 프라골라] 딸기	p3-13-16	**il mirtillo** [일 미르띨로] 블루베리
p3-13-17	**il mango** [일 망고] 망고	p3-13-18	**la papaya** [라 파파야] 파파야
p3-13-19	**la ciliegia** [라 칠리에지야] 체리	p3-13-20	**il lampone** [일 람뽀네] 라즈베리

The vocabularies, the most frequently used words will **be with you!**

You'll get most frequently used **vocabularies.**

127

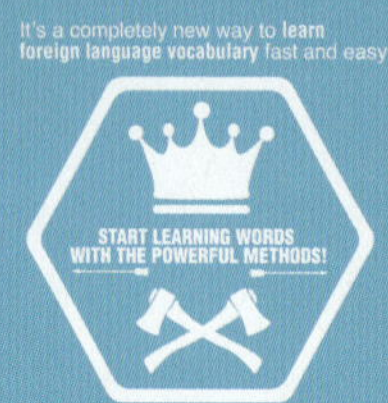

14. 이탈리아어 상식 기본단어 : 곡물/채소

이탈리아어의 상식이 되는 기본단어, 곡물 및 채소명을 정리했습니다.

p3-14-01	**il riso** [일 리죠] 쌀	p3-14-02	**il grano** [일 그라노] 밀
p3-14-03	**il cavolo** [일 까볼로] 양배추	p3-14-04	**il cavolfiore** [일 까볼피오레] 콜리플라워
p3-14-05	**l'insalata** [린살라따] 양상추	p3-14-06	**l'asparago** [라스파라고] 아스파라거스
p3-14-07	**il rafano** [일 라파노] 무	p3-14-08	**la carota** [라 까로따] 당근
p3-14-09	**la zucchina** [라 주끼나] 호박	p3-14-10	**il cetriolo** [일 체뜨리올로] 오이

It's a completely new way to learn foreign language vocabulary fast and easy.

START LEARNING WORDS WITH THE POWERFUL METHODS!

BASIC

Part 3

상식 기본단어

이탈리아어 상식 기본단어

It's a completely new way to learn foreign language vocabulary fast and easy.

P3

p3-14-11	**la cipolla** [라 치뽈라] 양파	p3-14-12	**l'aglio** [랄리오] 마늘
p3-14-13	**il broccolo** [일 브로꼴로] 브로콜리	p3-14-14	**la paprika** [라 파쁘리까] 파프리카
p3-14-15	**il fagiolo** [일 파졸로] 콩	p3-14-16	**il pisello** [일 삐셀로] 완두콩
p3-14-17	**il mais** [일 마이스] 옥수수	p3-14-18	**il pomodoro** [일 뽀모도로] 토마토
p3-14-19	**la patata** [라 빠따따] 감자	p3-14-20	**la melanzana** [라 멜란자나] 가지

The **vocabularies**, the most frequently used words will **be with you!**

You'll get most frequently used **vocabularies.**

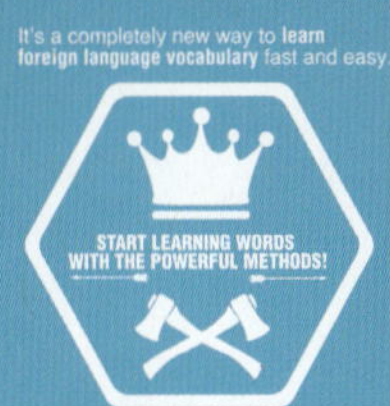

15. 이탈리아어 상식 기본단어 : 지리/지형

이탈리아어의 상식이 되는 기본단어, 지리 및 지형 표현을 정리했습니다.

p3-15-01	**la montagna** [라 몬따냐] 산	p3-15-02	**il mare** [일 마레] 바다
p3-15-03	**il fiume** [일 피우메] 강	p3-15-04	**la valle** [라 발레] 계곡
p3-15-05	**l'oceano** [로체아노] 대양	p3-15-06	**il ghiacciaio** [일 기앗치아이오] 빙하
p3-15-07	**la terra** [라 떼라] 육지/땅	p3-15-08	**il lago** [일 라고] 호수
p3-15-09	**la spiaggia** [라 스삐앗지아] 해변	p3-15-10	**l'isola** [리솔라] 섬

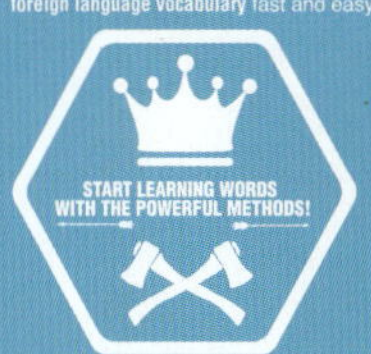

It's a completely new way to learn foreign language vocabulary fast and easy.

BASIC

Part 3
It's a completely new way to learn foreign language vocabulary fast and easy.

상식 기본단어
이탈리아어 상식 기본단어

P3

p3-15-11	**il bosco** [일 보스꼬] 숲	p3-15-12	**la cima** [라 치마] 산꼭대기
p3-15-13	**la cascata** [라 까스까따] 폭포	p3-15-14	**la pianura** [라 삐아누라] 평야
p3-15-15	**il burrone** [일 부로네] 협곡	p3-15-16	**la collina** [라 꼴리나] 언덕
p3-15-17	**il deserto** [일 데제르또] 사막	p3-15-18	**la palude** [라 빨루데] 늪
p3-15-19	**la scogliera** [라 스꼴리에라] 절벽	p3-15-20	**lo stagno** [로 스따뇨] 연못

The vocabularies, the most frequently used words will be with you!

You'll get most frequently used vocabularies.

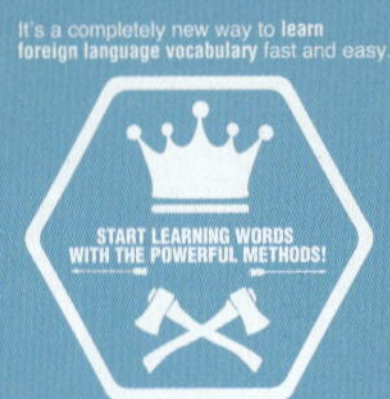

16. 이탈리아어 상식 기본단어 : 시설/기관

이탈리아어의 상식이 되는 기본단어, 시설 및 기관명을 정리했습니다.

p3-16-01	**l'edificio** [레디피치오] 건물	p3-16-02	**il ponte** [일 뽄떼] 다리
p3-16-03	**il municipio** [일 무니치삐오] 시청	p3-16-04	**il mercato** [일 메르까또] 시장
p3-16-05	**la chiesa** [라 끼에자] 교회	p3-16-06	**la chiesa cattolica** [라 끼에자 까똘리까] 성당
p3-16-07	**la questura** [라 꿰스뚜라] 경찰서	p3-16-08	**l'ufficio postale** [루핏치오 뽀스딸레] 우체국
p3-16-09	**il negozio** [일 네고쩨오] 상점	p3-16-10	**il bar** [일 바르] 카페

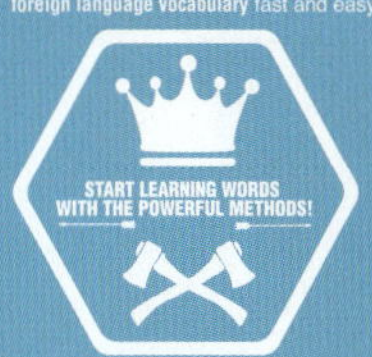

Part 3

상식 기본단어

이탈리아어 상식 기본단어

P3

p3-16-11	**la banca** [라 방까] 은행	p3-16-12	**il supermercato** [일 수뻬르메르까또] 슈퍼마켓
p3-16-13	**l'ospedale** [로스뻬달레] 병원	p3-16-14	**la farmacia** [라 파르마치아] 약국
p3-16-15	**il teatro** [일 떼아뜨로] 극장	p3-16-16	**il cinema** [일 치네마] 영화관
p3-16-17	**la biblioteca** [라 비블리오떼까] 도서관	p3-16-18	**il locale notturno** [일 로깔레 노뚜르노] 나이트클럽
p3-16-19	**il palazzo** [일 팔랏쪼] 궁전	p3-16-20	**il castello** [일 까스뗄로] 성

The **vocabularies**, the most frequently used words will **be with you!**

You'll get most frequently used **vocabularies.**

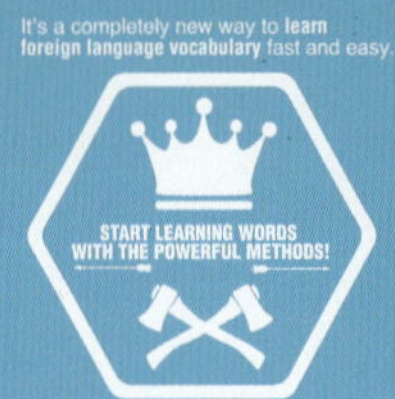

이탈리아어의 상식이 되는 기본단어, 시설 및 기관명을 정리했습니다.

p3-16-21	**la piazza** [라 삐앗짜] 광장	p3-16-22	**la fabbrica** [라 파브리까] 공장
p3-16-23	**il museo d'arte** [일 무세오 다르떼] 미술관	p3-16-24	**il museo** [일 무세오] 박물관
p3-16-25	**lo stadio** [로 스따디오] 체육관	p3-16-26	**il centro sportivo** [일 첸뜨로 스뽀르띠보] 스포츠센터
p3-16-27	**il parco** [일 빠르꼬] 공장	p3-16-28	**la torre** [라 또레] 탑
p3-16-29	**il grattacielo** [일 그라따치엘로] 고층빌딩	p3-16-30	**la lavanderia** [라 라반데리아] 세탁소

Part 3

It's a completely new way to **learn** foreign language vocabulary fast and easy.

상식 기본단어
이탈리아어 상식 기본단어

P3

p3-16-31 **la piscina** [라 삐시나] 수영장	p3-16-32 **la palestra** [라 빨레스뜨라] 헬스장
p3-16-33 **la zona pedonale** [라 조나 뻬도날레] 보행자 구역	p3-16-34 **il centro commerciale** [일 첸뜨로 꼼메르치알레] 쇼핑중심가
p3-16-35 **il locale** [일 로깔레] 주점	p3-16-36 **la bancarella** [라 방까렐라] 간이판매대
p3-16-37 **la fattoria** [라 파또리아] 농장	p3-16-38 **la toilette** [라 뚜알레뜨] 화장실
p3-16-39 **il punto internet** [일 뿐또 인떼르넷] PC방	p3-16-40 **la sala d'attesa** [라 살라 다떼자] 대기실

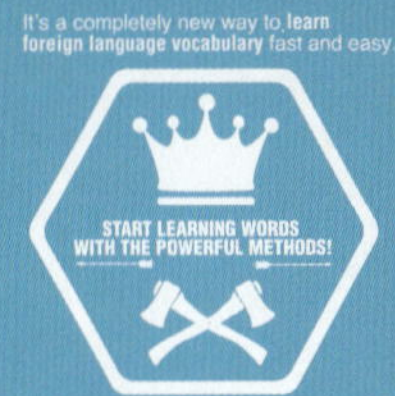

17. 이탈리아어 상식 기본단어 : 스포츠

이탈리아어의 상식이 되는 기본단어, 스포츠 종류를 정리했습니다.

p3-17-01 il calcio [일 깔쵸] 축구	**p3-17-02 la pallacanestro** [라 빨라까네스트로] 농구
p3-17-03 il baseball [일 베이스볼] 야구	**p3-17-04 la pallavolo** [라 빨라볼로] 배구
p3-17-05 il tennis [일 텐니스] 테니스	**p3-17-06 il ping-pong** [일 핑퐁] 탁구
p3-17-07 il golf [일 골프] 골프	**p3-17-08 il biliardo** [일 빌리아르도] 당구
p3-17-09 la boxe [라 복스] 권투	**p3-17-10 la lotta** [라 로따] 레슬링

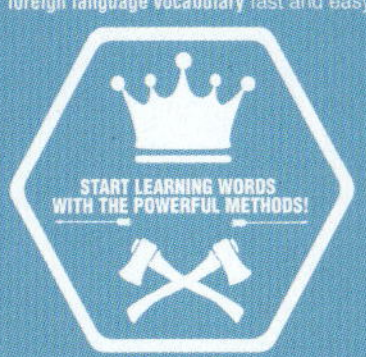

It's a completely new way to **learn** foreign language vocabulary fast and easy.

Part 3

It's a completely new way to **learn** foreign language vocabulary fast and easy.

상식 기본단어
이탈리아어 상식 기본단어

p3-17-11 l'hockey [록키] 하키	**p3-17-12 l'hockey su ghiaccio** [록키 수 기앗치오] 아이스하키
p3-17-13 il rugby [일 럭비] 럭비	**p3-17-14 il cricket** [일 크리켓] 크리켓
p3-17-15 lo sci [로 쉬] 스키	**p3-17-16 il pattinaggio** [일 빠띠낫지오] 스케이팅
p3-17-17 il pattinaggio artistico [일 빠띠낫지오 아르띠스띠꼬] 피겨스케이팅	**p3-17-18 la ginnastica** [라 진나스띠까] 체조
p3-17-19 il tiro con l'arco [일 띠로 꼰 라르꼬] 양궁	**p3-17-20 lo sport** [로 스뽀르트] 스포츠

The **vocabularies**, the most frequently used words will **be with you!**

You'll get most frequently used **vocabularies.**

It's a completely new way to learn foreign language vocabulary fast and easy.
It's a completely new way to learn foreign language vocabulary fast and easy.
START LEARNING WORDS WITH THE POWERFUL METHODS!

Learn foreign language vocabulary

Part 4. 필수 여행단어

이탈리아어 필수 여행단어 100개를 챙기자!

1. 이탈리아 필수 여행단어 : 개인정보
2. 이탈리아 필수 여행단어 : 공항
3. 이탈리아 필수 여행단어 : 호텔
4. 이탈리아 필수 여행단어 : 교통
5. 이탈리아 필수 여행단어 : 식당
6. 이탈리아 필수 여행단어 : 관광
7. 이탈리아 필수 여행단어 : 쇼핑
8. 이탈리아 필수 여행단어 : 전화/우편/은행
9. 이탈리아 필수 여행단어 : 응급상황
10. 이탈리아 필수 여행단어 : 문제상황

Part 4. 필수 여행단어
이탈리아어 필수 여행단어 100개를 챙기자!

당장 이탈리아 여행을 떠나실 분들을 위한 기본 단어 베스트 100가지입니다.
이탈리아 여행에서 만나게 될 10가지 상황의 기본 단어들을 정리했습니다.

상황별로 중요한 표현만 엄선했습니다.
개별 상황의 좀 더 다양한 표현들은 Part 5.에서 추가적으로 학습하시면 됩니다.

아울러 학습하신 여행자용 이탈리아어 단어를 곧바로 사용하실 수 있도록
이탈리아 여행자용 핵심문형 3가지를 소개해 드리겠습니다.
더도 말고 덜도 말고, 핵심문형 딱 3가지만 알면 됩니다.
문장의 빈 곳에 '필수 여행단어'를 넣어 문장을 완성하시면 됩니다.

핵심문형 1.

~, per favore.

[~, 뻬르 파보레.] ~, 부탁합니다.

per favore 는 영어의 **please** 입니다.
'단어 + **per favore.**' 하시면 원하시는 것을 청할 수 있습니다.

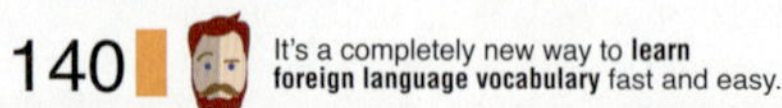

핵심문형 2.

Dove è ~?

[도베 에 ~?] ~은/는 어디입니까?

~ 자리에 '공항, 병원, 경찰서' 등 건물, 장소명을 넣고 말하면
길을 안내받으실 수 있습니다.

핵심문형 3.

Vorrei ~.

[보레이 ~.] 나는 ~을/를 원합니다. / ~ 하고 싶습니다.

~ 자리에 '사물' 이나 '동사의 원형'을 넣으면
여러분이 원하시는 것을 얻거나 하실 수 있습니다.

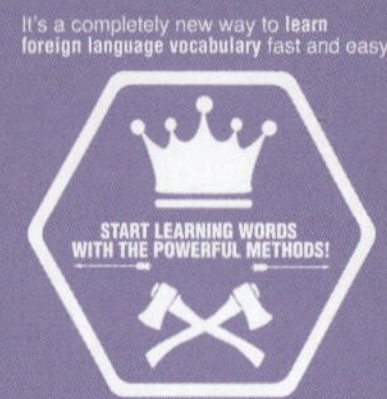

1. 이탈리아 필수 여행단어 : 개인정보

이탈리아 여행에 꼭 필요한 필수단어, 개인정보 관련 표현을 정리했습니다.

p4-01-01
il cognome
[일 꼬뇨메] 성

p4-01-02
il nome
[일 노메] 명 (이름)

p4-01-03
la data di nascita
[라 다따 디 나시따] 생년월일

p4-01-04
la nazionalità
[라 나찌오날리따] 국적

p4-01-05 il numero del passaporto
[일 누메로 델 빠싸뽀르또] 여권번호

p4-01-06 il numero di volo
[일 누메로 디 볼로] 항공편번호

p4-01-07
l'indirizzo
[린디리쪼] 주소

p4-01-08
il numero di contatto
[일 누메로 디 꼰따또] 연락처

p4-01-09
la partenza
[라 빠르뗀짜] 출발지

p4-01-10
la destinazione
[라 데스띠나찌오네] 목적지

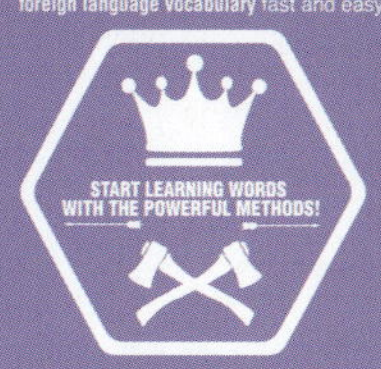

● It's a completely new way to learn foreign language vocabulary fast and easy.

Part 4

필수 여행단어
이탈리아어 필수 여행단어

P4

It's a completely new way to learn foreign language vocabulary fast and easy.

2. 이탈리아 필수 여행단어 : 공항

이탈리아 여행에 꼭 필요한 필수단어, 공항 관련 표현을 정리했습니다.

p4-02-01 **l'aeroporto** [라에로 쁘르또] 공항	**p4-02-02** **il banco check-in** [일 방꼬 체크인] 항공사카운터
p4-02-03 **il passaporto** [일 빠싸쁘르또] 여권	**p4-02-04** **il documento d'identità** [일 도꾸멘또 디덴띠따] 신분증
p4-02-05 **il biglietto aereo** [일 빌리에또 아에레오] 항공권	**p4-02-06** **la carta d'imbarco** [라 까르따 딤바르꼬] 탑승권
p4-02-07 **il gate** [일 게이트] 탑승구	**p4-02-08** **il controllo dell'immigrazione** [일 꼰뜨롤로 델 임미그라찌오네] 입국심사
p4-02-09 **la dogana** [라 도가나] 세관	**p4-02-10** **la partenza** [라 빠르뗀짜] 출국

● The **vocabularies**, the most frequently used words will **be with you!**

● You'll get most frequently used **vocabularies.**

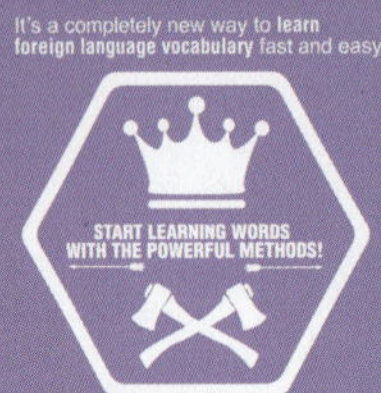

3. 이탈리아 필수 여행단어 : 호텔

이탈리아 여행에 꼭 필요한 필수단어, 호텔에서 필요한 표현을 정리했습니다.

p4-03-01	**l'albergo** [랄베르고] 호텔	p4-03-02	**la prenotazione** [라 쁘레노따찌오네] 예약
p4-03-03	**il check in** [일 체크 인] 체크인	p4-03-04	**il prezzo della camera** [일 쁘렛쪼 델라 까메라] 객실요금
p4-03-05	**il deposito** [일 데뽀지또] 보증금	p4-03-06	**il numero della camera** [일 누메로 델라 까메라] 객실번호
p4-03-07	**l'atrio** [라뜨리오] 로비	p4-03-08	**il servizio in camera** [일 세르비쩨오 인 까메라] 룸서비스
p4-03-09	**servizio sveglia** [세르비쩨오 즈벨리아] 모닝콜	p4-03-10	**il check out** [일 체크 아웃] 체크아웃

It's a completely new way to **learn** foreign language vocabulary fast and easy.

Part 4

TRAVEL

필수 여행단어

이탈리아어 필수 여행단어

P4

4. 이탈리아 필수 여행단어 : 교통

이탈리아 여행에 꼭 필요한 필수단어, 교통 관련 표현을 정리했습니다.

p4-04-01 **l'aereo**
[라에레오] 항공

p4-04-02 **il bus**
[일 부스] 버스

p4-04-03 **il taxi**
[일 탁씨] 택시

p4-04-04 **il treno**
[일 뜨레노] 기차

p4-04-05 **la metropolitana**
[라 메뜨로뽈리따나] 지하철

p4-04-06 **la nave**
[라 나베] 선박

p4-04-07 **la fermata dell'autobus**
[라 페르마따 델 아우또부스] 정류장

p4-04-08 **la stazione ferroviaria**
[라 스따찌오네 페로비아리아] 기차역

p4-04-09 **la biglietteria**
[라 빌리에떼리아] 매표소

p4-04-10 **la patente di guida**
[라 빠뗀떼 디 구이다] 운전면허증

The vocabularies, the most frequently used words will **be with you!**

You'll get most frequently used **vocabularies.**

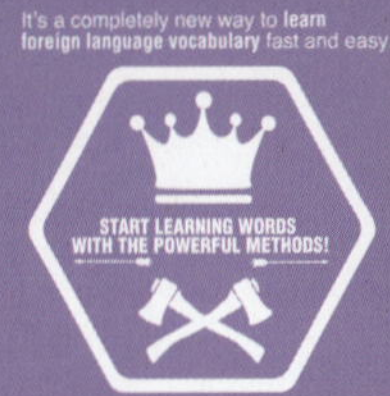

5. 이탈리아 필수 여행단어 : 식당

이탈리아 여행에 꼭 필요한 필수단어, 식당 관련 표현을 정리했습니다.

p4-05-01 **il ristorante** [일 리스또란떼] 식당	**p4-05-02** **il menù** [일 메누] 메뉴
p4-05-03 **ordinare** [오르디나레] 주문하다	**p4-05-04** **la raccomandazione** [라 라꼬만다찌오네] 추천요리
p4-05-05 **à la carte** [아 라 까르뜨] 일품요리	**p4-05-06** **l'antipasto** [란띠빠스또] 전채요리
p4-05-07 **l'insalata** [린살라따] 샐러드	**p4-05-08** **la zuppa** [라 주빠] 수프
p4-05-09 **il piatto principale** [일 삐아또 쁘린치빨레] 주요리	**p4-05-10** **il dessert** [일 데쎄르] 디저트

Part 4
It's a completely new way to learn foreign language vocabulary fast and easy.

필수 여행단어
이탈리아어 필수 여행단어

6. 이탈리아 필수 여행단어 : 관광

이탈리아 여행에 꼭 필요한 필수단어, 관광 관련 표현을 정리했습니다.

p4-06-01 il centro d'informazione [일 첸뜨로 딘포르마찌오네] 안내소	**p4-06-02 la guida** [라 구이다] 가이드
p4-06-03 l'opuscolo [로뿌스꼴로] 팸플릿	**p4-06-04 il luogo da visitare** [일 루오고 다 비지따레] 관광명소
p4-06-05 la mappa turistica [라 마파 뚜리스띠까] 관광지도	**p4-06-06 il viaggio** [일 비앗지오] 여행
p4-06-07 l'agenzia viaggi [라젠찌아 비앗지] 여행사	**p4-06-08 il centro** [일 첸뜨로] 중심가
p4-06-09 il centro commerciale [일 첸뜨로 꼼메르치알레] 쇼핑가	**p4-06-10 la piazza** [라 삐앗짜] 광장

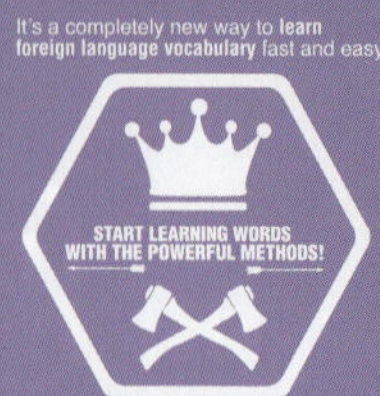

9. 이탈리아 필수 여행단어 : 응급상황

이탈리아 여행에 꼭 필요한 필수단어, 응급상황 관련 표현을 정리했습니다.

p4-09-01 l'ospedale [로스뻬달레] 병원	**p4-09-02** la ferita [라 페리따] 부상
p4-09-03 il mal di testa [일 말 디 떼스따] 두통	**p4-09-04** il mal di stomaco [일 말 디 스또마꼬] 위통
p4-09-05 i dolori mestruali [이 돌로리 메스뜨루알리] 생리통	**p4-09-06** il mal di denti [일 말 디 덴띠] 치통
p4-09-07 la farmacia [라 파르마치아] 약국	**p4-09-08** la ricetta [라 리체따] 처방전
p4-09-09 la medicina digestiva [라 메디치나 디제스띠바] 소화제	**p4-09-10** i farmaci per il raffreddore [이 파르마치 뻬르 일 라프레도레] 감기약

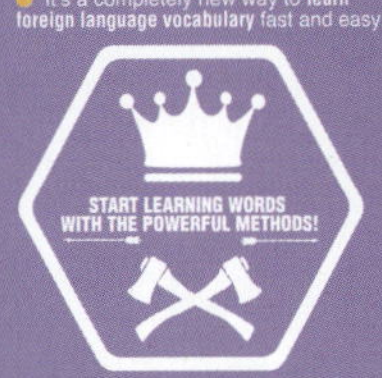

It's a completely new way to **learn** foreign language vocabulary fast and easy.

Part 4

필수 여행단어

이탈리아어 필수 여행단어

It's a completely new way to **learn** foreign language vocabulary fast and easy.

10. 이탈리아 필수 여행단어 : 문제상황

이탈리아 여행에 꼭 필요한 필수단어, 문제상황 관련 표현을 정리했습니다.

p4-10-01	**l'emergenza** [레메르젠짜] 위급상황	p4-10-02	**l'incidente** [린치덴떼] 사고
p4-10-03	**la perdita** [라 뻬르디따] 분실	p4-10-04	**il furto** [일 푸르또] 도난
p4-10-05	**la rapina** [라 라삐나] 강도	p4-10-06	**la questura** [라 꿰스뚜라] 경찰서
p4-10-07	**denunciare** [데눈치아레] 신고하다	p4-10-08	**il certificato** [일 체르띠피까또] 확인서
p4-10-09	**l'ambasciata** [람바시아따] 대사관	p4-10-10	**Aiuto!** [아이우또!] 도와주세요!

It's a completely new way to **learn** foreign language vocabulary fast and easy.

It's a completely new way to **learn foreign language vocabulary** fast and easy.
START LEARNING WORDS
WITH THE POWERFUL METHODS!
POSITIS SIGNIS ET ANA
GLYPHIS TA

Start learning a language with the powerful methods!
Conquer them all!
Learn foreign language vocabulary
Part 5. 테마 생활단어
테마별 이탈리아어 단어로 공간을 장악하라!
1~16. 가정에서 필요한 이탈리아어 단어
17~26. 학교에서 필요한 이탈리아어 단어
27~35. 회사에서 필요한 이탈리아어 단어
36~39. 교통수단 이용에 필요한 이탈리아어 단어
40~44. 식사할 때 필요한 이탈리아어 단어
45~50. 쇼핑할 때 필요한 이탈리아어 단어
51~53. 공공기관에서 필요한 이탈리아어 단어
54~60. 편의시설에서 필요한 이탈리아어 단어

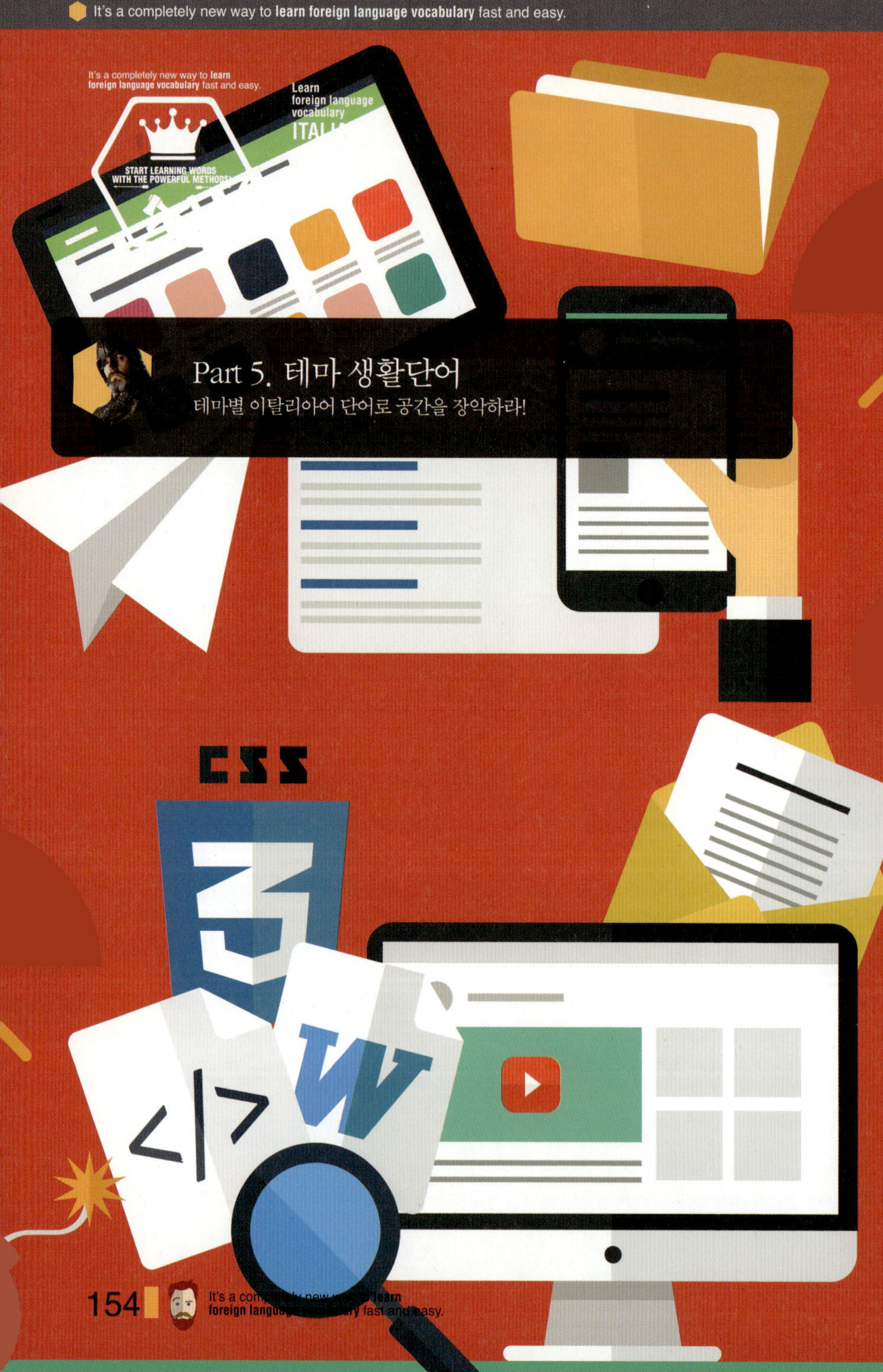
It's a completely new way to learn
foreign language vocabulary fast and easy.
Learn
foreign language
vocabulary
ITALI
START LEARNING WORDS
WITH THE POWERFUL METHODS!
Part 5. 테마 생활단어
테마별 이탈리아어 단어로 공간을 장악하라!
CSS

● It's a completely new way to **learn**
foreign language vocabulary fast and easy.

It's a completely new way to **learn**
foreign language vocabulary fast and easy.

Part 5

테마 생활단어
이탈리아어 테마 생활단어

THEME

START LEARNING WORDS
WITH THE POWERFUL METHODS!

P5

Part 5. 테마 생활단어
테마별 이탈리아어 단어로 공간을 장악하라!

파트 특성 :

Part 5.는 총 60개의 생활 테마를 중심으로 단어를 정리한 파트입니다.
전체 테마는 '가정 / 학교 / 회사 / 교통수단 / 식사 / 쇼핑 / 공공기관 / 편의시설 등
8개의 주요 공간으로 구성되어 있습니다.
아울러 테마 생활단어 코너는
Part 1부터 Part 4까지 앞에서 배운 단어들을 모두 동원하여 함께 활용할 수 있습니다.

파트 구성 :

Part 5.의 각각의 테마는
동사 5개, 명사 10개, 형용사/부사 등 기타 5개
그리고 이들 단어를 활용한 예문 4~5개로 구성되어 있습니다.

학습 방법 :

Part 5.의 학습 방법은
기본적인 인칭대명사(나/너/그 등)을
문장 맨 앞에 그 다음에 '동사 + 명사 또는 형용사 / 부사' 등으로
문장을 만들어 낼 수 있습니다.
이런 방식으로 단어를 교체하면서 다양한 문장을 만들어내면,
이것이 곧바로 이탈리아어 문장력/회화력이 될 것입니다.

● The **vocabularies**, the most frequently used words will **be with you!**

● You'll get most frequently used **vocabularies.**

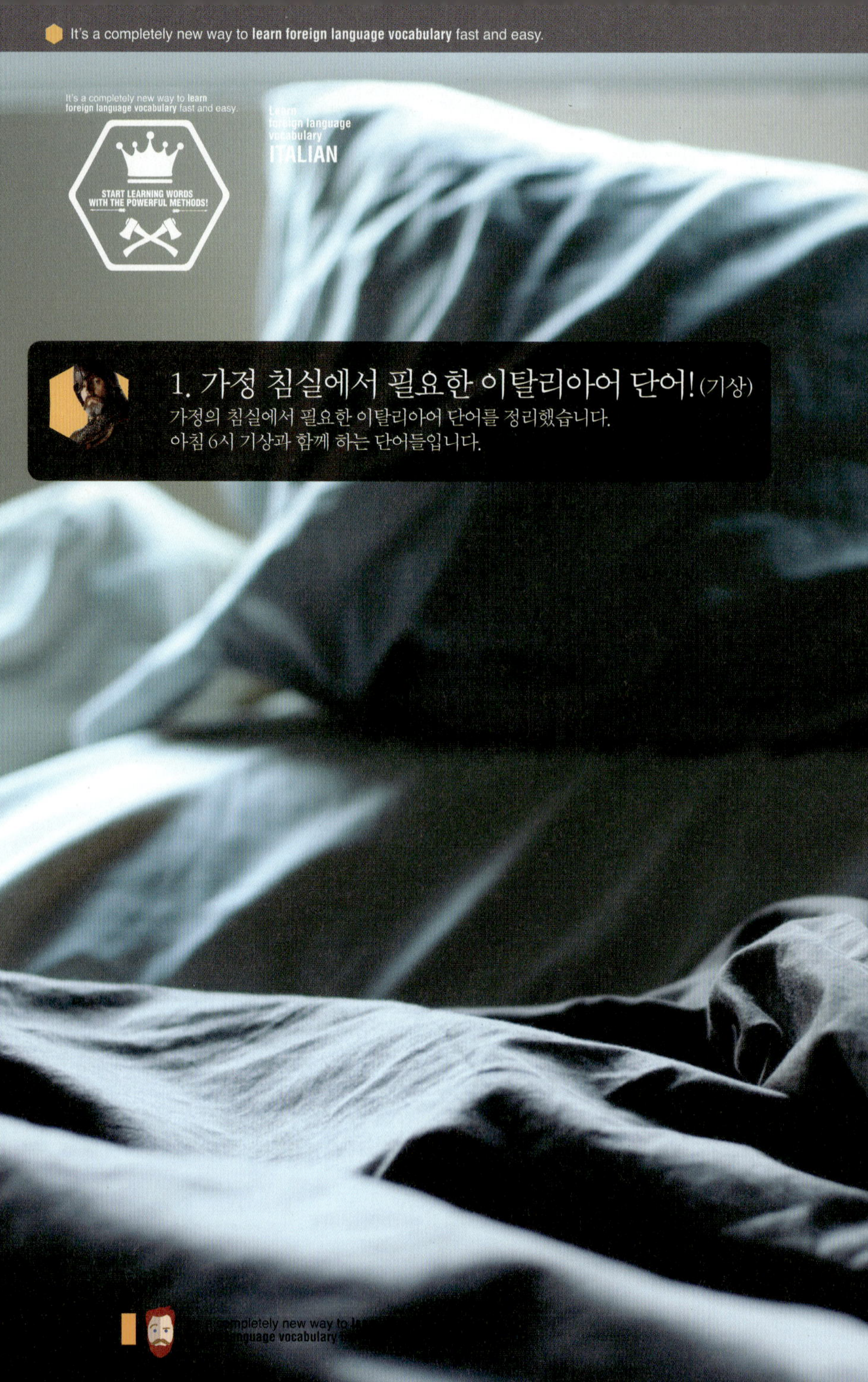
It's a completely new way to learn foreign language vocabulary fast and easy.

It's a completely new way to learn foreign language vocabulary fast and easy.

Learn foreign language vocabulary
ITALIAN

START LEARNING WORDS
WITH THE POWERFUL METHODS!

1. 가정 침실에서 필요한 이탈리아어 단어! (기상)
가정의 침실에서 필요한 이탈리아어 단어를 정리했습니다.
아침 6시 기상과 함께 하는 단어들입니다.

THEME

Part 5
테마 생활단어
이탈리아어 테마 생활단어

P5

꼭 필요한 동사 5개!
이탈리아어 동사는 인칭에 따라 어미를 변화시켜야 합니다.

p5-01-01
alzarsi
[알짜르씨] 일어나다 (재귀동사)　　**mi alzo / ti alzi**

p5-01-02
svegliarsi
[즈벨리아르씨] 잠을 깨다 (재귀동사) **mi sveglio / ti svegli**

p5-01-03
svegliare
[즈벨리아레] ~을 깨우다　　**io sveglio / tu svegli**

p5-01-04
dormire
[도르미레] 잠자다　　**io dormo / tu dormi**

p5-01-05
sognare
[소냐레] 꿈꾸다　　**io sogno / tu sogni**

● **The vocabularies,** the most frequently used words will **be with you!**

● You'll get most frequently used **vocabularies.**

꼭 필요한 명사 10개!
이탈리아어 명사는 정관사와 함께 기억해 주십시오.

p5-01-06	**la camera da letto** [라 까메라 다 렛또] 침실	p5-01-07	**il letto** [일 렛또] 침대
p5-01-08	**il letto matrimoniale** [일 렛또 마뜨리모니알레] 퀸사이즈 침대	p5-01-09	**il letto singolo** [일 렛또 씽골로] 싱글 침대
p5-01-10	**la coperta** [라 꼬뻬르따] 담요	p5-01-11	**le lenzuola** [레 렌주올라] 침대보 세트
p5-01-12	**il guanciale** [일 구안치알레] 베개	p5-01-13	**il cuscino** [일 꾸시노] 베개/쿠션
p5-01-14	**la sveglia** [라 즈벨리아] 자명종	p5-01-15	**il comodino** [일 꼬모디노] 침대 협탁

● It's a completely new way to **learn** foreign language vocabulary fast and easy.

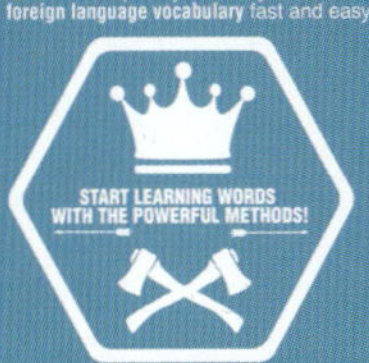

THEME

Part 5

It's a completely new way to **learn** foreign language vocabulary fast and easy.

테마 생활단어
이탈리아어 테마 생활단어

P5

문장을 완성하는 도우미들!

p5-01-16	**presto la mattina** [쁘레스또 라 마띠나] 아침 일찍
p5-01-17	**ancora** [앙꼬라] 아직
p5-01-18	**profondamente** [쁘로폰다멘떼] 깊이
p5-01-19	**mi** [미] 나를

단어에서 회화 실력으로!

p5-01-20 **Mi sveglio presto la mattina.**
[미 즈벨리오 쁘레스또 라 마띠나] 나는 아침 일찍 기상합니다.

p5-01-21 **Lei dorme ancora nel letto.**
[레이 도르메 앙꼬라 넬 렛또] 그녀는 아직 침대에서 잡니다.

p5-01-22 **La sveglia mi sveglia.**
[라 즈벨리아 미 즈벨리아] 자명종이 나를 깨웁니다.

p5-01-23 **Io dormo profondamente nella camera da letto.**
[이오 도르모 쁘로폰다멘떼 넬라 까메라 다 렛또]
나는 침실에서 깊이 잡니다.

● **The vocabulary**, the most frequently used words will **be with you!**

● You'll get most frequently used **vocabularies.**

It's a completely new way to learn
foreign language vocabulary fast and easy.

Learn
foreign language
vocabulary
ITALIAN

START LEARNING WORDS
WITH THE POWERFUL METHODS!

2. 가정 화장실에서 필요한 이탈리아어 단어!
가정의 아침, 화장실에서 필요한 이탈리아어 단어를 정리했습니다.
화장실로 가볼까요?

It's a completely new way to learn
foreign language vocabulary fast and e

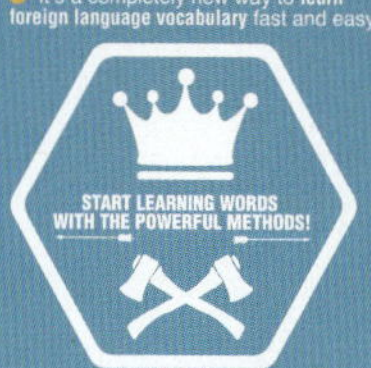

It's a completely new way to **learn** foreign language **vocabulary** fast and easy.

Part 5

It's a completely new way to **learn** foreign language **vocabulary** fast and easy.

테마 생활단어
이탈리아어 테마 생활단어

THEME

P5

꼭 필요한 동사 5개!
이탈리아어 동사는 인칭에 따라 어미를 변화시켜야 합니다.

p5-02-01	**lavarsi** [라바르씨] 씻다 (재귀동사)	mi lavo / ti lavi
p5-02-02	**occupare** [오꾸빠레] 차지하다	io occupo / tu occupi
p5-02-03	**essere** [에쎄레] ~이다/있다	io sono / tu sei
p5-02-04	**volere** [볼레레] 원하다	io voglio / tu vuoi
p5-02-05	**dare** [다레] 주다	io do / tu dai

The **vocabularies**, the most frequently used words will **be with you!**

You'll get most frequently used **vocabularies.**

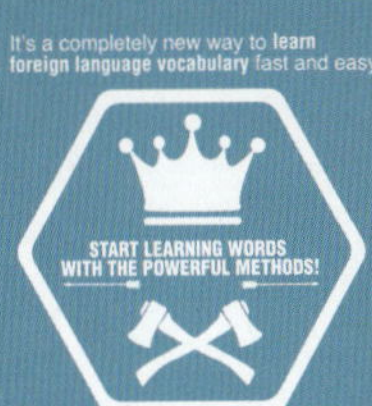

꼭 필요한 명사 10개!
이탈리아어 명사는 정관사와 함께 기억해 주십시오.

p5-02-06 **il bagno** [일 바뇨] 화장실	p5-02-07 **la toilette** [라 뚜알레뜨] 화장실
p5-02-08 **il gabinetto** [일 가비넷또] 변기	p5-02-09 **il bidè** [일 비데] 비데
p5-02-10 **lo specchio** [로 스뻭끼오] 거울	p5-02-11 **il lavandino** [일 라반디노] 개수대
p5-02-12 **la vasca da bagno** [라 바스카 다 바뇨] 욕조	p5-02-13 **la cabina doccia** [라 까비나 돗치아] 샤워부스
p5-02-14 **la portacarta** [라 뽀르따까르따] 휴지걸이	p5-02-15 **la carta igienica** [라 까르따 이지에니까] 화장실 휴지

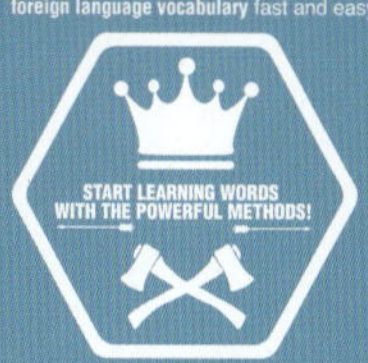

It's a completely new way to learn foreign language vocabulary fast and easy.

Part 5

It's a completely new way to learn foreign language vocabulary fast and easy.

테마 생활단어
이탈리아어 테마 생활단어

P5

 **문장을 완성하는 도우미들!**

p5-02-16	**dove** [도베] 어디	p5-02-17	**occupato** [오꾸빠또] 점유된
p5-02-18	**rotto** [로또] 망가진	p5-02-19	**per cortesia** [뻬르 꼬르떼지아] 부탁합니다

단어에서 회화 실력으로!

p5-02-20 Dov'è il bagno?
[도베에 일 바뇨?] 화장실이 어디에 있습니까?

p5-02-21 È occupato.
[에 오꾸빠또] 사용 중입니다.

p5-02-22 Mi può dare la carta igienica, per cortesia?
[미 뿌오 다레 라 까르따 이지에니까, 뻬르 꼬르떼지아?] 화장지 좀 주실래요?

p5-02-23 Si è rotto il gabinetto.
[씨 에 롯또 일 가비넷또] 변기가 고장 났습니다.

The **vocabularies**, the most frequently used words will be **with you!**

You'll get most frequently used **vocabularies.**

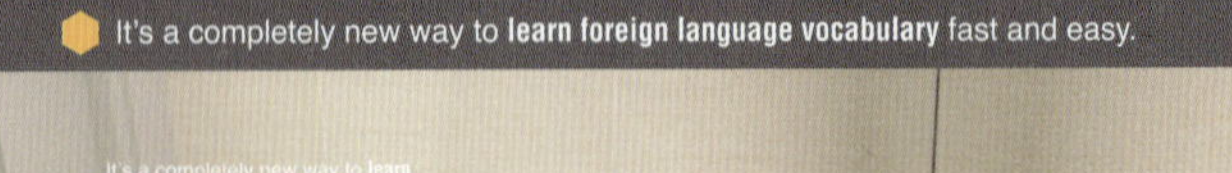

3. 가정 욕실에서 필요한 이탈리아어 단어!

가정의 아침, 욕실에서 필요한 이탈리아어 단어를 정리했습니다.
그러면 욕실로 가볼까요?

Part 5

It's a completely new way to **learn** foreign language vocabulary fast and easy.

테마 생활단어
이탈리아어 테마 생활단어

P5

꼭 필요한 동사 5개!
이탈리아어 동사는 인칭에 따라 어미를 변화시켜야 합니다.

p5-03-01	**fare**	
	[파레] ~하다	io faccio / tu fai

p5-03-02	**lavarsi**	
	[라바르씨] 씻다 (재귀동사)	mi lavo / ti lavi

p5-03-03	**docciarsi**	
	[돗치아르씨] 샤워하다 (재귀동사)	mi doccio / ti docci

p5-03-04	**pulire**	
	[뿔리레] 닦다/청소하다	io pulisco / tu pulisci

p5-03-05	**servire**	
	[세르비레] ~에게 ~이 필요하다	io servo / tu servi

The vocabularies, the most frequently used words will **be with you!**

You'll get most frequently used **vocabularies.**

꼭 필요한 명사 10개!
이탈리아어 명사는 정관사와 함께 기억해 주십시오.

p5-03-06 **il bagno** [일 바뇨] 욕실	p5-03-07 **il lavandino** [일 라반디노] 세면대
p5-03-08 **lo spazzolino da denti** [로 스빠쫄리노 다 덴띠] 칫솔	p5-03-09 **il dentifricio** [일 덴띠프리치오] 치약
p5-03-10 **il bicchiere da bagno** [일 비끼에레 다 바뇨] 양치컵	p5-03-11 **il sapone** [일 사뽀네] 비누
p5-03-12 **il rubinetto** [일 루비넷또] 수도꼭지	p5-03-13 **il rasoio** [일 라조이오] 면도기
p5-03-14 **lo specchio** [로 스빽끼오] 거울	p5-03-15 **l'asciugamano** [라쉬우가마노] 수건

It's a completely new way to **learn** foreign language vocabulary fast and easy.

Part 5

It's a completely new way to **learn** foreign language vocabulary fast and easy.

테마 생활단어
이탈리아어 테마 생활단어

THEME

P5

 **문장을 완성하는 도우미들!**

p5-03-16	**mi**
	[미] 나에게 (간접목적격대명사)

p5-03-17	**da**
	[다] ~용도의

p5-03-18	**mi**
	[미] 나 자신 (재귀대명사)

단어에서 회화 실력으로!

p5-03-19 **Mi serve uno spazzolino da denti.**
[미 세르베 우노 스빠쫄리노 다 덴띠] 나는 칫솔 하나가 필요합니다.

p5-03-20 **Mi lavo le mani.**
[미 라보 레 마니] 나는 내 양손을 씻습니다.

p5-03-21 **Mi lavo i denti.**
[미 라보 이 덴띠.] 나는 이를 닦습니다.

p5-03-22 **Faccio la doccia.**
[팟치오 라 돗치아.] 나는 샤워를 합니다.

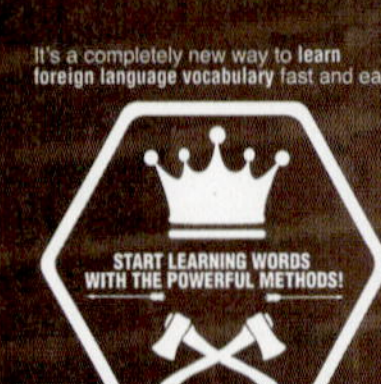

4. 가정 화장대에서 필요한 이탈리아어 단어!

가정의 아침, 화장을 시작합니다.
여러분의 아침 꽃단장에 필요한 이탈리아어 단어를 정리했습니다.

THEME

Part 5

It's a completely new way to learn foreign language vocabulary fast and easy.

테마 생활단어
이탈리아어 테마 생활단어

P5

● It's a completely new way to learn foreign language vocabulary fast and easy.

꼭 필요한 동사 5개!
이탈리아어 동사는 인칭에 따라 어미를 변화시켜야 합니다.

---

p5-04-01
truccarsi
[뜨루까르씨] 화장하다 (재귀동사)　mi trucco / ti trucchi

---

p5-04-02
struccarsi
[스뜨루까르씨] 화장을 지우다 (재귀동사) mi strucco / ti strucchi

---

p5-04-03
spalmarsi
[스빨마르씨] ~을 바르다 (재귀동사)　mi spalmo / ti spalmi

---

p5-04-04
stendere
[스뗀데레] 바르다　io stendo / tu stendi

---

p5-04-05
applicare
[아쁠리까레] 사용하다　io applico / tu applichi

● The vocabularies, the most frequently used words will be with you!

● You'll get most frequently used vocabularies.

꼭 필요한 명사 10개!
이탈리아어 명사는 정관사와 함께 기억해 주십시오.

il trucco p5-04-06 [일 뜨루꼬] 화장	**la crema** p5-04-07 [라 끄레마] 크림
il tonico p5-04-08 [일 또니꼬] 스킨	**la lozione** p5-04-09 [라 로찌오네] 로션
il viso p5-04-10 [일 비조] 얼굴	**le labbra** p5-04-11 [레 랍브라] 입술
gli occhi p5-04-12 [리 옥끼] 눈	**le mani** p5-04-13 [레 마니] 손
i piedi p5-04-14 [이 삐에디] 다리	**il cosmetico** p5-04-15 [일 코즈메띠코] 화장품

한 쌍으로 이루어진 신체 부분은 주로 복수형태로 쓰입니다. 따라서, **il labbro** (윗입술/아랫입술)은 **le labbra**
로 복수형태로 쓰이며 **l'occhio** (눈 한 쪽)은 **gli occhi** (두 눈), **il mano** (손 하나)는 **le mani** (양손)
그리고 **il piede** (다리 한쪽)은 **i piedi** (양다리)로 사용합니다.

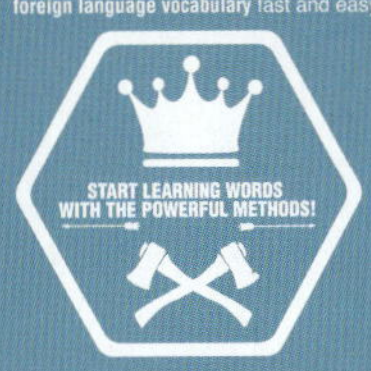

Part 5

It's a completely new way to learn foreign language vocabulary fast and easy.

테마 생활단어
이탈리아어 테마 생활단어

P5

 **문장을 완성하는 도우미들!**

| p5-04-16 | **mi**
[미] 나자신 (재귀대명사) | p5-04-17 | **si**
[씨] 그/그녀 자신 (재귀대명사) |

| p5-04-18 | **come**
[꼬메] 어떻게 | p5-04-19 | **con**
[꼰] ~로/~와 함께 |

단어에서 회화 실력으로!

p5-04-20
Mi trucco il viso.
[미 뜨루꼬 일 비조.] 나는 얼굴 화장을 합니다.

p5-04-21
Mi strucco con il sapone.
[미 스뜨루꼬 꼰 일 사뽀네] 나는 비누로 화장을 지웁니다.

p5-04-22
Lei stende la crema sul corpo.
[레이 스뗀데 라 끄레마 술 꼬르뽀] 그녀는 몸에 크림을 바릅니다.

p5-04-23
Lui si spalma la lozione.
[루이 씨 스빨마 라 로찌오네] 그는 로션을 바릅니다.

p5-04-24
Come si applica la crema?
[꼬메 씨 아쁠리까 라 끄레마?] 크림은 어떻게 사용합니까?

5. 가정 드레스룸에서 필요한 이탈리아어 단어!

가정의 아침, 드레스룸에서 필요한 이탈리아어 단어를 정리했습니다.

 **꼭 필요한 동사 5개!**
이탈리아어 동사는 인칭에 따라 어미를 변화시켜야 합니다.

p5-05-01	**vestirsi**
●	[베스띠르씨] (옷을) 입다 (재귀동사) **mi vesto / ti vesti**

p5-05-02	**togliersi**
●	[똘리에르씨] (옷을) 벗다 (재귀동사) **mi tolgo / ti togli**

p5-05-03	**cambiarsi**
●	[깜비아르씨] (옷을) 갈아입다 (재귀동사) **mi cambio / ti cambi**

p5-05-04	**mettersi**
●	[메떼르씨] 신다/입다/쓰다 (재귀동사) **mi metto / ti metti**

p5-05-05	**piacere**
●	[삐아체레] ~에게 ~이 좋다 **io piaccio / tu piaci**

● **The vocabularies**, the most frequently used words will **be with you!**

● You'll get most frequently used **vocabularies.**

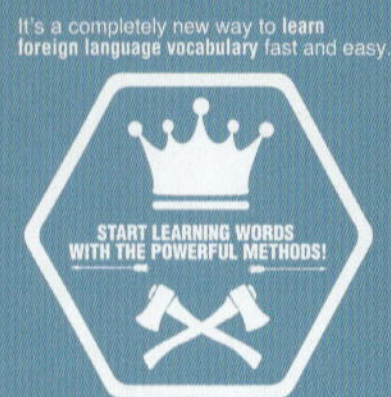

꼭 필요한 명사 10개!

이탈리아어 명사는 정관사와 함께 기억해 주십시오.

p5-05-06 **il pigiama** [일 삐쟈마] 잠옷	**p5-05-07** **le mutande** [레 무딴데] 팬티
p5-05-08 **la canottiera** [라 까노띠에라] 러닝셔츠	**p5-05-09** **il collant** [일 꼴랑] 팬티스타킹
p5-05-10 **i pantaloni** [이 빤딸로니] 바지	**p5-05-11** **la gonna** [라 곤나] 치마
p5-05-12 **la camicia** [라 까미치야] 셔츠	**p5-05-13** **il giubbotto** [일 쥬봇또] 재킷
p5-05-14 **le calze** [레 깔쩨] 양말	**p5-05-15** **le scarpe** [레 스까르뻬] 구두

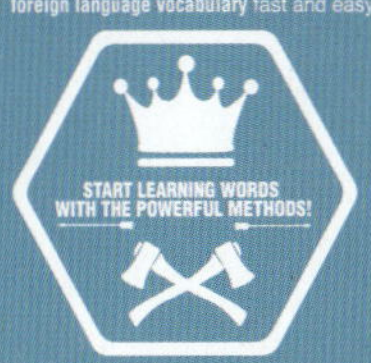

Part 5
It's a completely new way to **learn** foreign language vocabulary fast and easy.

테마 생활단어
이탈리아어 테마 생활단어

P5

문장을 완성하는 도우미들!

p5-05-16	**mi** [미] 나 자신 (재귀대명사)
p5-05-17	**non** [논] 아니다 (부정부사)
p5-05-18	**sempre** [쌤쁘레] 항상

단어에서 회화 실력으로!

p5-05-19
Mi tolgo il pigiama.
[미 똘고 일 삐쟈마] 나는 잠옷을 벗습니다.

p5-05-20
Mi metto i pantaloni.
[미 메또 이 빤딸로니] 나는 바지를 입습니다.

p5-05-21
Lui non si mette sempre le calze.
[루이 논 씨 메떼 쌤쁘레 레 깔쩨] 그는 항상 양말을 신지 않습니다.

p5-05-22
Mi piace il giubbotto.
[미 삐아체 일 쥬봇또] 나는 그 재킷을 좋아합니다.

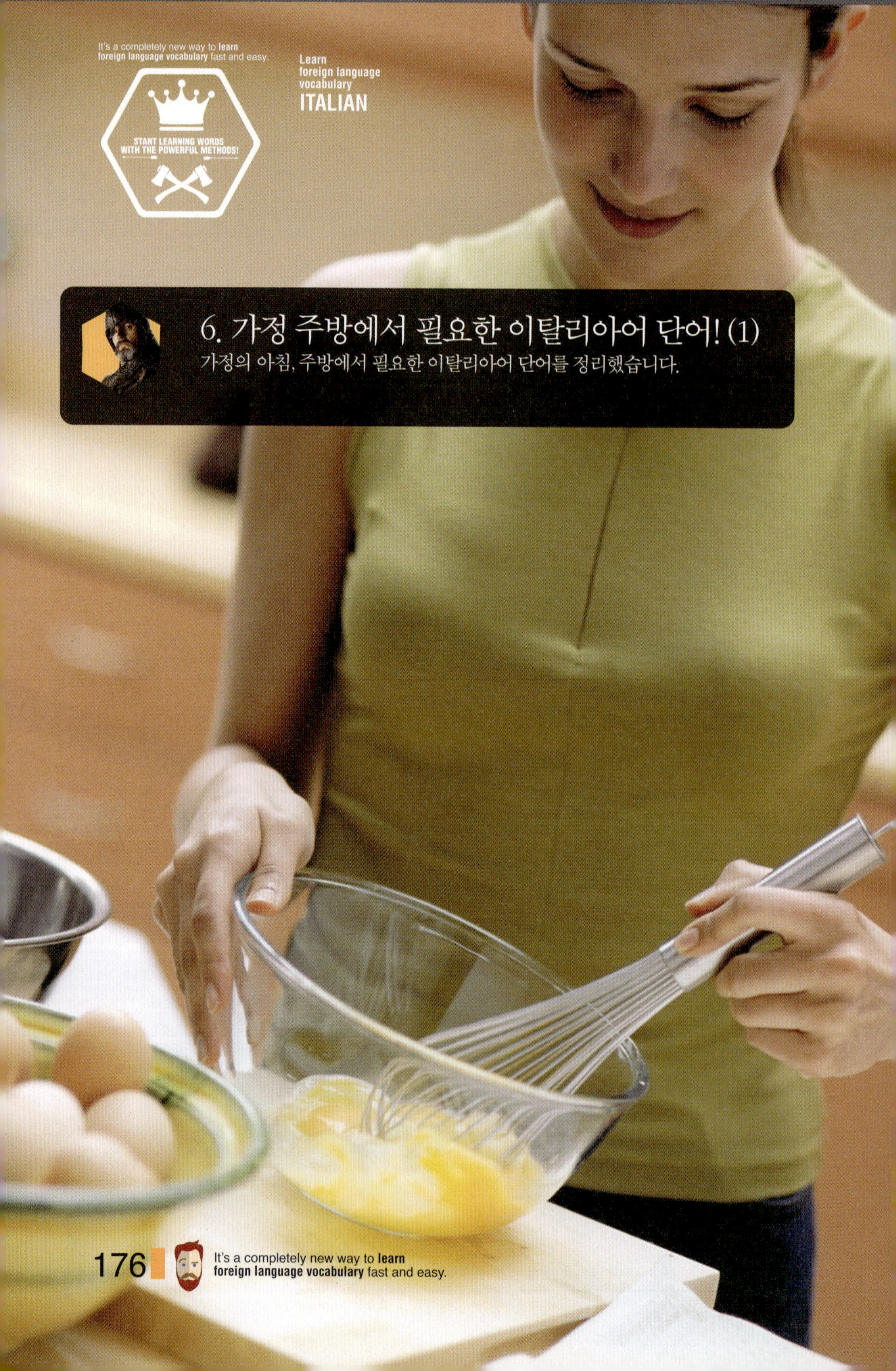

Learn
foreign language
vocabulary
ITALIAN

6. 가정 주방에서 필요한 이탈리아어 단어! (1)

가정의 아침, 주방에서 필요한 이탈리아어 단어를 정리했습니다.

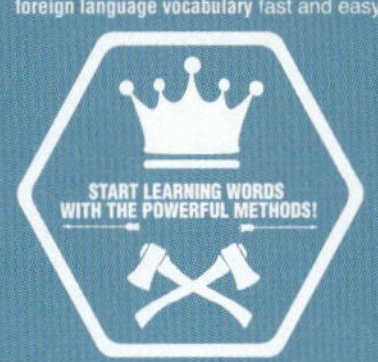

Part 5

It's a completely new way to learn foreign language vocabulary fast and easy.

테마 생활단어
이탈리아어 테마 생활단어

P5

꼭 필요한 동사 5개!
이탈리아어 동사는 인칭에 따라 어미를 변화시켜야 합니다.

p5-06-01	**bere**	
	[베레] 마시다	io bevo / tu bevi

p5-06-02	**cucinare**	
	[꾸치나레] 요리하다	io cucino / tu cucini

p5-06-03	**versare**	
	[베르사레] 붓다/따르다	io verso / tu versi

p5-06-04	**prendere**	
	[쁘렌데레] 먹다/마시다	io prendo / tu prendi

p5-06-05	**fare**	
	[파레] 만들다	io faccio / tu fai

꼭 필요한 명사 10개!
이탈리아어 명사는 정관사와 함께 기억해 주십시오.

p5-06-06	**il caffè** [일 카페] 커피	p5-06-07	**il tè** [일 떼] 차
p5-06-08	**il latte** [일 라떼] 우유	p5-06-09	**il succo** [일 수꼬] 주스
p5-06-10	**l'acqua** [락꾸아] 물	p5-06-11	**lo zucchero** [로 주께로] 설탕
p5-06-12	**la macchina del caffè** [라 막끼나 델 까페] 커피머신	p5-06-13	**la moka** [라 모카] 모카 (커피포트)
p5-06-14	**la tazza** [라 따짜] 잔	p5-06-15	**il frigorifero** [일 프리고리페로] 냉장고

It's a completely new way to **learn** foreign language vocabulary fast and easy.

Part 5

It's a completely new way to **learn** foreign language vocabulary fast and easy.

테마 생활단어
이탈리아어 테마 생활단어

P5

 **문장을 완성하는 도우미들!**

p5-06-16	**con** [꼰] ~와 함께	p5-06-17	**con lo zucchero** [꼰 로 주께로] 설탕과 함께
p5-06-18	**senza** [쎈짜] ~없이	p5-06-19	**ancora** [앙꼬라] 더/다시
p5-06-20	**qualcosa** [꾸알꼬자] 어떤 것		

단어에서 회화 실력으로!

p5-06-21 **Io bevo una tazza di caffè.**
[이오 베보 우나 따짜 디 까페] 나는 커피 한 잔을 마십니다.

p5-06-22 **Tu bevi il caffè con lo zucchero?**
[뚜 베비 일 까페 꼰 로 주께로?] 너는 커피에 설탕을 넣어 마시니?

p5-06-23 **Io bevo il caffè senza lo zucchero.**
[이오 베보 일 까페 쎈짜 로 주께로] 나는 설탕 없이 커피를 마십니다.

p5-06-24 **Vuoi bere ancora qualcosa?**
[부오이 베레 앙꼬라 꾸알꼬자?] 무엇을 더 마시길 원하니?

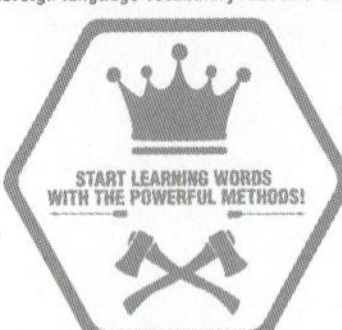

Learn
foreign language
vocabulary
ITALIAN

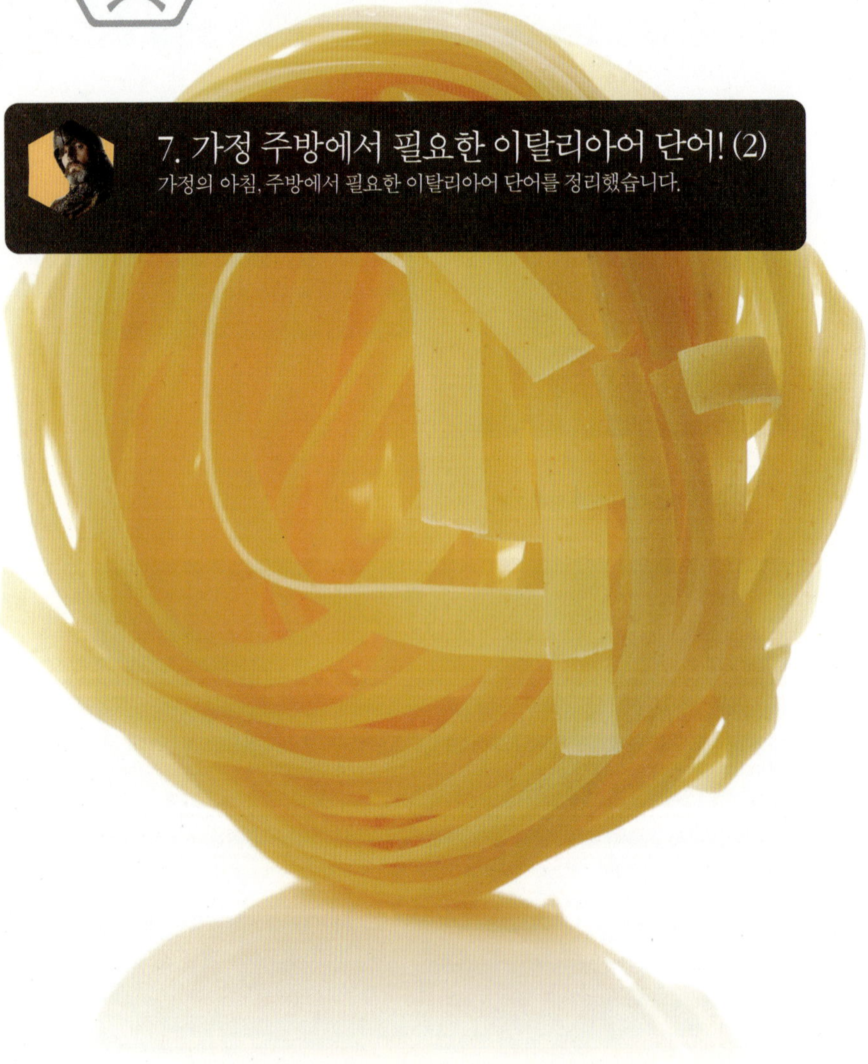

7. 가정 주방에서 필요한 이탈리아어 단어! (2)
가정의 아침, 주방에서 필요한 이탈리아어 단어를 정리했습니다.

● It's a completely new way to **learn** foreign language vocabulary fast and easy.

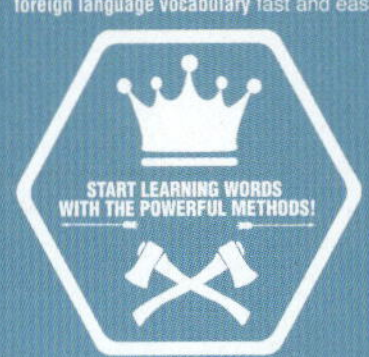

START LEARNING WORDS WITH THE POWERFUL METHODS!

THEME

Part 5
It's a completely new way to **learn** foreign language vocabulary fast and easy.

테마 생활단어
이탈리아어 테마 생활단어

P5

 **꼭 필요한 동사 5개!**
이탈리아어 동사는 인칭에 따라 어미를 변화시켜야 합니다.

---

p5-07-01 ● **fare**
[파레] ~하다   io faccio / tu fai

---

p5-07-02 ● **mangiare**
[만자레] 먹다   io mangio / tu mangi

---

p5-07-03 ● **piacere**
[삐아체레] ~에게 ~이 좋다   io piaccio / tu piaci

---

p5-07-04 ● **tostare**
[토스따레] 토스트를 만들다   io tosto / tu tosti

---

p5-07-05 ● **cuocere**
[꾸오체레] (열을 가해) 요리하다   io cuocio / tu cuoci

● **The vocabularies**, the most frequently used words will **be with you!**

● **You'll get most frequently used vocabularies.**

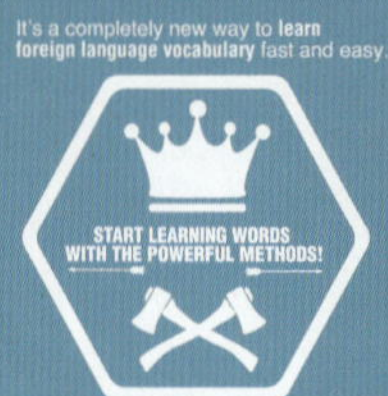

꼭 필요한 명사 10개!

이탈리아어 명사는 정관사와 함께 기억해 주십시오.

p5-07-06	**il pane** [일 빠네] 빵	p5-07-07	**il dolce** [일 돌체] 케이크/디저트
p5-07-08	**il panino** [일 빠니노] 빠니노	p5-07-09	**il formaggio** [일 포르마죠] 치즈
p5-07-10	**la colazione** [라 꼴라찌오네] 아침식사	p5-07-11	**il burro** [일 부로] 버터
p5-07-12	**la marmellata** [라 마르멜라따] 잼	p5-07-13	**il prosciutto** [일 쁘로쉬우또] 햄
p5-07-14	**il tramezzino** [일 뜨라메쩨노] 샌드위치	p5-07-15	**la brioche** [라 브리오쉬] 크루아상

Part 5

테마 생활단어

이탈리아어 테마 생활단어

P5

문장을 완성하는 도우미들!

p5-07-16	**con** [꼰] ~와 함께
p5-07-17	**e** [에] 그리고
p5-07-18	**con panna** [꼰 빤나] 생크림과 함께
p5-07-19	**solo** [솔로] 오직/~만

단어에서 회화 실력으로!

p5-07-20

Io faccio colazione.

[이오 파치오 꼴라쩨오네] 나는 아침식사를 합니다.

p5-07-21

Io faccio colazione con cappuccino e brioche.

[이오 파치오 꼴라쩨오네 꼰 까푸치노 에 브리오쉬]
나는 아침식사로 카푸치노와 크루아상을 먹습니다.

p5-07-22

Io mangio solo dolci.

[이오 만조 솔로 돌치] 나는 디저트류만 먹습니다.

p5-07-23

Voglio un espresso con panna.

[볼리오 운 에스프레쏘 꼰 빤나] 생크림을 얹은 에스프레소를 원합니다.

8. 가정 주방에서 필요한 이탈리아어 단어! (3)

가정의 아침, 식탁에서 필요한 이탈리아어 단어를 정리했습니다.

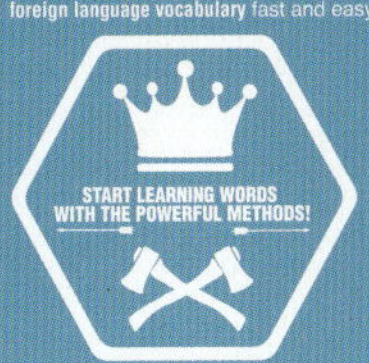

Part 5

It's a completely new way to **learn** foreign language vocabulary fast and easy.

테마 생활단어
이탈리아어 테마 생활단어

P5

꼭 필요한 동사 5개!
이탈리아어 동사는 인칭에 따라 어미를 변화시켜야 합니다.

The **vocabularies**, the most frequently used words will **be with you!**

p5-08-01	**mangiare**	
	[만자레] 먹다	io mangio / tu mangi

p5-08-02	**mettere**	
	[메떼레] 놓다/두다	io metto / tu metti

p5-08-03	**posare**	
	[뽀사레] 놓다	io poso / tu posi

p5-08-04	**tagliare**	
	[딸리아레] 자르다	io taglio / tu tagli

p5-08-05	**sparecchiare**	
	[스빠레끼아레] 치우다	io sparecchio / tu sparecchi

You'll get most frequently used **vocabularies.**

꼭 필요한 명사 10개!

이탈리아어 명사는 정관사와 함께 기억해 주십시오.

p5-08-06 **la forchetta** [라 포르께따] 포크	**p5-08-07** **il coltello** [일 꼴뗄로] 나이프
p5-08-08 **il cucchiaio** [일 꾸끼아이오] 스푼	**p5-08-09** **le bacchette** [레 바껫떼] 젓가락
p5-08-10 **il tavolo** [일 따볼로] 테이블	**p5-08-11** **il bicchiere** [일 비끼에레] 컵/잔
p5-08-12 **il piatto** [일 삐아또] 접시	**p5-08-13** **la pentola** [라 뺀똘라] 냄비
p5-08-14 **la padella** [라 빠델라] 프라이팬	**p5-08-15** **le posate** [레 뽀자떼] 식기

It's a completely new way to **learn** foreign language vocabulary fast and easy.

Part 5

It's a completely new way to **learn** foreign language vocabulary fast and easy.

테마 생활단어
이탈리아어 테마 생활단어

P5

문장을 완성하는 도우미들!

p5-08-16	**con** [꼰] ~로 / ~함께
p5-08-17	**su** [쉬] 위에
p5-08-18	**ci** [치] 여기/거기
p5-08-19	**un/una** [운/우나] 어떤/하나의
p5-08-20	**e** [에] ~와

단어에서 회화 실력으로!

p5-08-21 Mangio con coltello e forchetta.
[만조 꼰 꼴뗄로 에 포르께따.] 나는 나이프와 포크로 먹습니다.

p5-08-22 C'è un cucchiaio sul tavolo.
[체 운 꾸끼아이오 술 따볼로.] 테이블 위에 수저 하나가 있습니다.

p5-08-23 Lei mette le posate in tavola.
[레이 메떼 레 뽀자떼 인 따볼라.] 그녀는 식기를 테이블에 놓습니다.

p5-08-24 Lui sparecchia la tavola.
[루이 스빠레끼아 라 따볼라.] 그는 테이블을 치웁니다.

9. 가정에서 요리할 때 필요한 이탈리아어 단어! (1)

가정의 주방에서 필요한 이탈리아어 단어를 정리했습니다.

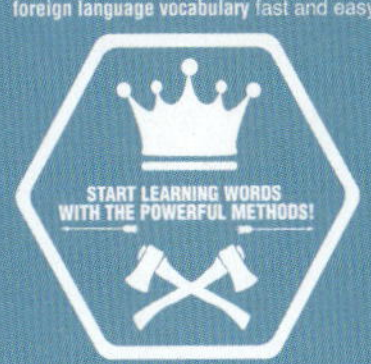

It's a completely new way to learn foreign language vocabulary fast and easy.

Part 5

It's a completely new way to learn foreign language vocabulary fast and easy.

테마 생활단어
이탈리아어 테마 생활단어

P5

꼭 필요한 동사 5개!
이탈리아어 동사는 인칭에 따라 어미를 변화시켜야 합니다.

p5-09-01	**bollire**	
	[볼리레] 끓이다	io bollo / tu bolli

p5-09-02	**arrostire**	
	[아로스띠레] 굽다	io arrosto / tu arrosti

p5-09-03	**friggere**	
	[프릿제레] 튀기다	io friggo / tu friggi

p5-09-04	**tagliare**	
	[딸리아레] 자르다	io taglio / tu tagli

p5-09-05	**cuocere a vapore**	
	[꾸오체레 아 바포레] 삶다	io cuocio / tu cuoci

The vocabularies, the most frequently used words will be with you!

You'll get most frequently used vocabularies.

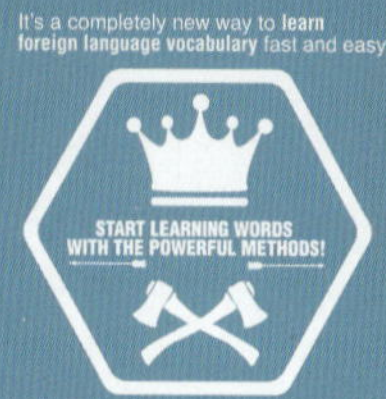

꼭 필요한 명사 10개!
이탈리아어 명사는 정관사와 함께 기억해 주십시오.

p5-09-06 **la carne** [라 까르네] 고기	p5-09-07 **il pesce** [일 뻬셰] 생선
p5-09-08 **il manzo** [일 만쪼] 소고기	p5-09-09 **il maiale** [일 마이알레] 돼지고기
p5-09-10 **il pollo** [일 뽈로] 닭	p5-09-11 **l'agnello** [라녤로] 양
p5-09-12 **l'uovo** [루오보] 계란	p5-09-13 **il riso** [일 리쪼] 쌀
p5-09-14 **gli spaghetti** [리 스파게띠] 스파게티	p5-09-15 **la patata** [라 빠따따] 감자

It's a completely new way to **learn** foreign language vocabulary fast and easy.

Part 5

It's a completely new way to **learn** foreign language vocabulary fast and easy.

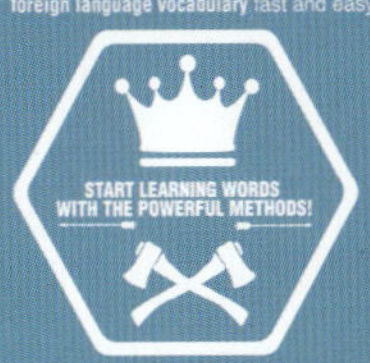

테마 생활단어
이탈리아어 테마 생활단어

P5

문장을 완성하는 도우미들!

p5-09-16	**in** [인] 안에
p5-09-17	**come** [꼬메] 어떻게
p5-09-18	**bene** [베네] 잘

단어에서 회화 실력으로!

p5-09-19

Io bollo le patate in pentola.
[이오 볼로 레 빠따떼 인 뺀똘라]
나는 냄비에 감자들을 끓입니다.

p5-09-20

Lui arrostisce il pesce in padella.
[루이 아로스띠셰 일 뻬셰 인 빠델라]
그는 프라이팬에 생선을 굽습니다.

p5-09-21

Come cuocere bene la carne?
[꼬메 꾸오체레 베네 라 까르네?]
고기를 어떻게 잘 굽습니까?

10. 가정에서 요리할 때 필요한 이탈리아어 단어! (2)

가정의 주방에서 맛을 낼 때 필요한 이탈리아어 단어를 정리했습니다.

It's a completely new way to **learn** foreign language vocabulary fast and easy.

THEME

It's a completely new way to **learn** foreign language vocabulary fast and easy.

Part 5

테마 생활단어

이탈리아어 테마 생활단어

P5

 **꼭 필요한 동사 5개!**

이탈리아어 동사는 인칭에 따라 어미를 변화시켜야 합니다.

---

p5-10-01 **potere**
[뽀떼레] ~할 수 있다   *io posso / tu puoi*

p5-10-02 **assaggiare**
[앗싸지아레] 맛보다   *io assaggio / tu assaggi*

p5-10-03 **avere bisogno di ~**
[아베레 비소뇨 디 ~] ~이 필요하다   *io ho bisogno di~ / tu hai bisogno di~*

p5-10-04 **passare**
[빠싸레] 건네다   *io passo / tu passi*

p5-10-05 **chiedere**
[끼에데레] 부탁하다   *io chiedo / tu chiedi*

The vocabularies, the most frequently used words will be **with you!**

You'll get most frequently used **vocabularies.**

꼭 필요한 명사 10개!
이탈리아어 명사는 정관사와 함께 기억해 주십시오.

p5-10-06 **le spezie** [레 스뻬찌에] 양념	p5-10-07 **il sale** [일 살레] 소금
p5-10-08 **il pepe** [일 뻬뻬] 후추	p5-10-09 **la senape** [라 쎄나뻬] 겨자
p5-10-10 **il peperoncino** [일 뻬뻬론치노] 고추	p5-10-11 **la salsa di soia** [라 살싸 디 소이아] 간장
p5-10-12 **l'aglio** [랄리오] 마늘	p5-10-13 **l'olio** [롤리오] 기름
p5-10-14 **la maionese** [라 마이오네제] 마요네즈	p5-10-15 **il ketchup** [일 케첩] 케첩

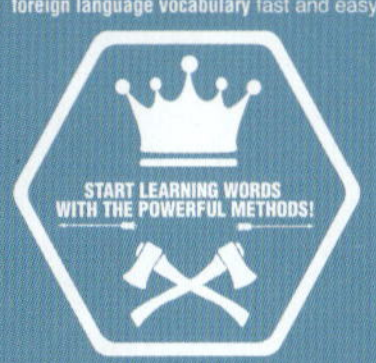

It's a completely new way to **learn** foreign language vocabulary fast and easy.

Part 5
테마 생활단어
이탈리아어 테마 생활단어

It's a completely new way to **learn** foreign language vocabulary fast and easy.

P5

문장을 완성하는 도우미들!

p5-10-16	**un po' di** [운 뽀 디] 약간의
p5-10-17	**per favore** [뻬르 파보레] 부탁합니다
p5-10-18	**mi** [미] 나를
p5-10-19	**per cortesia** [뻬르 꼬르떼지아] 부탁합니다
p5-10-20	**con** [꼰] ~와 함께	

단어에서 회화 실력으로!

p5-10-21

Ho bisogno di un po' di spezie.
[오 비소뇨 디 운 뽀 디 스뻬찌에.]
나는 양념이 좀 더 필요합니다.

p5-10-22

Con Ketchup, per favore!
[꼰 케첩, 뻬르 파보레!]
케첩이랑 같이 주세요.

p5-10-23

Mi può passare il sale, per cortesia?
[미 뿌오 빠싸레 일 살레, 뻬르 꼬르떼지아?]
저에게 소금을 건네 주실래요?

11. 가정 가사에서 필요한 이탈리아어 단어! (청소/설거지)
가사에서 특히 청소와 설거지할 때 필요한 이탈리아어 단어를 정리했습니다.

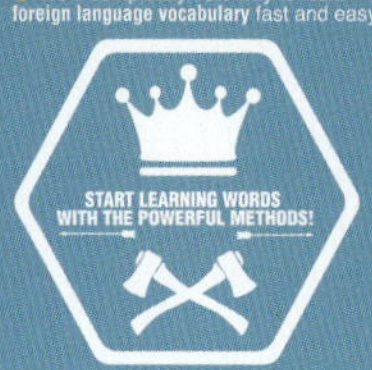

It's a completely new way to learn foreign language vocabulary fast and easy.

Part 5
테마 생활단어
이탈리아어 테마 생활단어

It's a completely new way to learn foreign language vocabulary fast and easy.

P5

꼭 필요한 동사 5개!
이탈리아어 동사는 인칭에 따라 어미를 변화시켜야 합니다.

p5-11-01	**pulire**	
	[뿔리레] 청소하다	io pulisco / tu pulisci

p5-11-02	**sistemare**	
	[씨스떼마레] 정돈하다	io sistemo / tu sistemi

p5-11-03	**passare**	
	[빠싸레] 통과하다	io passo / tu passi

p5-11-04	**lucidare**	
	[루치다레] 광내다	io lucido / tu lucidi

p5-11-05	**purificare**	
	[뿌리피까레] 깨끗하게 하다	io purifico / tu purifichi

The vocabularies, the most frequently used words will be with you!

You'll get most frequently used vocabularies.

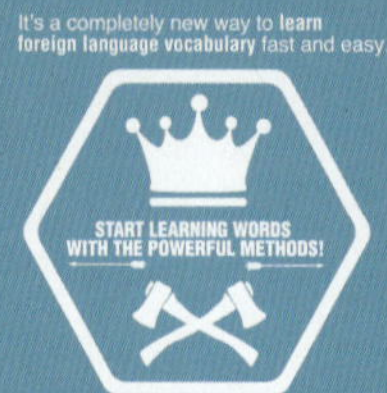

꼭 필요한 명사 10개!
이탈리아어 명사는 정관사와 함께 기억해 주십시오.

p5-11-06 **l'aspirapolvere** [라스삐라뿔베레] 진공청소기	**p5-11-07** **lo straccio** [로 스뜨랏치오] 걸레
p5-11-08 **il mocio** [일 모치오] 대걸레	**p5-11-09** **la polvere** [라 뿔베레] 먼지
p5-11-10 **la mensola** [라 멘솔라] 식기장	**p5-11-11** **la lavastoviglie** [라 라바스토빌리에] 식기세척기
p5-11-12 **la finestra** [라 피네스트라] 창문	**p5-11-13** **la porta** [라 뽀르따] 문
p5-11-14 **il giardino** [일 자르디노] 정원	**p5-11-15** **la cucina** [라 꾸치나] 주방

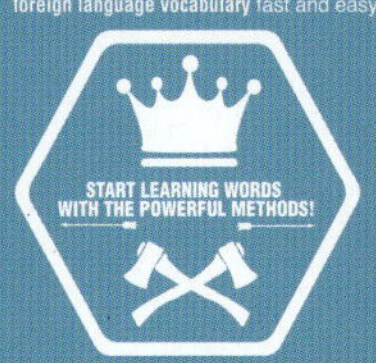

Part 5

테마 생활단어

이탈리아어 테마 생활단어

P5

● It's a completely new way to **learn** foreign language vocabulary fast and easy.

It's a completely new way to **learn** foreign language vocabulary fast and easy.

문장을 완성하는 도우미들!

p5-11-16 **mio**
● [미오] 나의 (소유형용사)

p5-11-17 **ogni giorno**
● [온니 조르노] 매일

p5-11-18 **rotto**
● [롯또] 고장난

단어에서 회화 실력으로!

p5-11-19 **Pulisco la mia camera.**
[뿔리스꼬 라 미아 까메라.] 나는 나의 방을 청소합니다.

p5-11-20 **Lei fa le pulizie di casa.**
[레이 파 레 뿔리찌에 디 까사.] 그녀는 집을 깨끗이 치웁니다.

p5-11-21 **Mi si è rotta l'aspirapolvere.**
[미 씨 에 롯따 라스삐라뽈베레.] 나의 진공청소기는 고장났습니다.

p5-11-22 **Lui passa l'aspirapolvere.**
[루이 빠싸 라스삐라뽈베레.]
그는 진공청소기로 청소합니다.

p5-11-23 **Io pulisco la finestra.**
[이오 뿔리스꼬 라 피네스트라.] 나는 창문을 닦습니다.

Cotton

Cottons Stains

12. 가정 가사에서 필요한 이탈리아어 단어! (세탁/다림질)
가사에서 특히 세탁과 다림질할 때 필요한 이탈리아어 단어를 정리했습니다.

Easy-Care

Mixed Load

Delicate/Silk

Wool

Rinse/Freshen Up

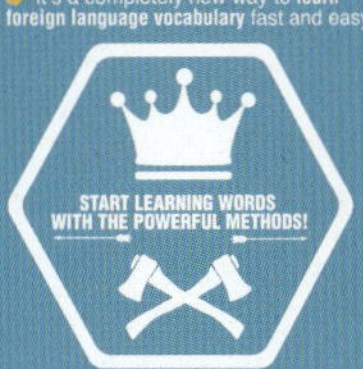

Part 5

It's a completely new way to **learn** foreign language vocabulary fast and easy.

테마 생활단어
이탈리아어 테마 생활단어

꼭 필요한 동사 5개!
이탈리아어 동사는 인칭에 따라 어미를 변화시켜야 합니다.

p5-12-01	**fare**	
	[파레] 하다/만들다	io faccio / tu fai

p5-12-02	**lavare**	
	[라바레] 씻다/씻기다	io lavo / tu lavi

p5-12-03	**stendere**	
	[스뗀데레] 걸다/널다	io stendo / tu stendi

p5-12-04	**asciugare**	
	[아쉬우가레] 건조시키다	io asciugo / tu asciughi

p5-12-05	**stirare**	
	[스띠라레] 다림질하다	io stiro / tu stiri

The vocabularies, the most frequently used words will **be with you!**

You'll get most frequently used **vocabularies.**

꼭 필요한 명사 10개!
이탈리아어 명사는 정관사와 함께 기억해 주십시오.

p5-12-06	**la lavatrice** [라 라바뜨리체] 세탁기	p5-12-07	**il bucato** [일 부까또] 빨래
p5-12-08	**l'asciugabiancheria** [라쉬우가비앙께리아] 건조기	p5-12-09	**la stendibiancheria** [라 스뗀디비앙께리아] 빨래건조대
p5-12-10	**il lavasecco** [일 라바섹꼬] 드라이클리닝	p5-12-11	**l'appendino** [라뺀디노] 옷걸이
p5-12-12	**il ferro da stiro** [일 페로 다 스티로] 다리미	p5-12-13	**l'asse da stiro** [라쎄 다 스티로] 다리미판
p5-12-14	**la corda per il bucato** [라 꼬르다 뻬르 일 부까또] 빨랫줄	p5-12-15	**il detersivo** [일 데떼르씨보] 세탁세제

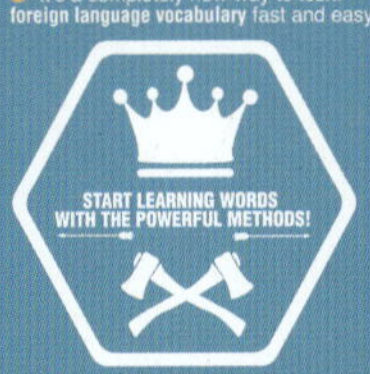

Part 5

It's a completely new way to **learn** foreign language vocabulary fast and easy.

테마 생활단어
이탈리아어 테마 생활단어

P5

● It's a completely new way to **learn** foreign language vocabulary fast and easy.

문장을 완성하는 도우미들!

p5-12-16
su
[수] ~위에

p5-12-17
in quanto tempo
[인 꾸안또 뗌뽀] 얼마 만의 시간에

p5-12-18
da
[다] ~에

단어에서 회화 실력으로!

p5-12-19
Io faccio il bucato.
[이오 팟치오 일 부까또]
나는 빨래를 합니다.

p5-12-20
In quanto tempo si asciuga il bucato?
[인 꾸안또 뗌뽀 씨 아쉬우가 일 부까또?]
빨래는 얼마나 빨리 마릅니까?

p5-12-21
Lei stende il bucato sulla corda da bucato.
[레이 스뗀데 일 부까또 술라 꼬르다 다 부까또.]
그녀는 빨래를 빨랫줄에 넙니다.

● **The vocabularies**, the most frequently used words will **be with you!**

● You'll get most frequently used **vocabularies.**

13. 가정 서재에서 필요한 이탈리아어 단어!

가정의 서재에서 필요한 이탈리아어 단어를 정리했습니다.

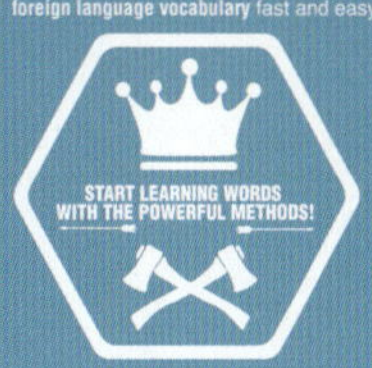

Part 5
It's a completely new way to **learn** foreign language vocabulary fast and easy.

테마 생활단어
이탈리아어 테마 생활단어

P5

It's a completely new way to **learn** foreign language vocabulary fast and easy.

꼭 필요한 동사 5개!
이탈리아어 동사는 인칭에 따라 어미를 변화시켜야 합니다.

---

p5-13-01
leggere
[레쩨레] 읽다
io leggo / tu leggi

p5-13-02
scrivere
[스끄리베레] 쓰다
io scrivo / tu scrivi

p5-13-03
disegnare
[디제냐레] 그리다
io disegno / tu disegni

p5-13-04
aprire
[아쁘리레] 열다
io apro / tu apri

p5-13-05
mettere
[메떼레] 놓다
io metto / tu metti

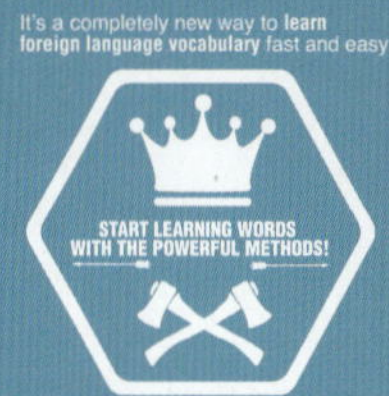

꼭 필요한 명사 10개!

이탈리아어 명사는 정관사와 함께 기억해 주십시오.

p5-13-06	**la libreria** [라 리브레리아] 책장	p5-13-07	**la scrivania** [라 스끄리바니아] 책상
p5-13-08	**la sedia** [라 쎄디아] 의자	p5-13-09	**la lampada** [라 람빠다] 스탠드/램프
p5-13-10	**il libro** [일 리브로] 책	p5-13-11	**il dizionario** [일 디찌오나리오] 사전
p5-13-12	**il giornale** [일 조르날레] 신문	p5-13-13	**la rivista** [라 리비스따] 잡지
p5-13-14	**la penna** [라 뻰나] 볼펜	p5-13-15	**la matita** [라 마띠따] 연필

It's a completely new way to **learn** foreign language vocabulary fast and easy.

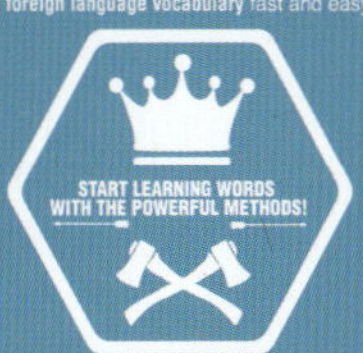

Part 5

It's a completely new way to **learn** foreign language vocabulary fast and easy.

테마 생활단어
이탈리아어 테마 생활단어

문장을 완성하는 도우미들!

p5-13-16	**che cosa** [께 꼬자] 무엇
p5-13-17	**su** [수] ~위에
p5-13-18	**in italiano** [인 이딸리아노] 이탈리아어로	

단어에서 회화 실력으로!

p5-13-19 **Che cosa leggi?**
[께 꼬자 렛지?] (너) 뭐 읽니?

p5-13-20 **Lei scrive un libro in italiano.**
[레이 스끄리베 운 리브로 인 이딸리아노.]
그녀는 이탈리아어로 책을 씁니다.

p5-13-21 **Lui apre una rivista.**
[루이 아쁘레 우나 리비스따.]
그는 잡지를 펼칩니다.

p5-13-22 **Lei mette il giornale sulla scrivania.**
[레이 메떼 일 조르날레 술라 스끄리바니아.]
그녀는 신문을 책상 위에 놓습니다.

It's a completely new way to learn
foreign language vocabulary fast and easy.

Learn
foreign language
vocabulary
ITALIAN

START LEARNING WORDS
WITH THE POWERFUL METHODS!

14. 가정 거실에서 필요한 이탈리아어 단어!
가정의 거실에서 필요한 이탈리아어 단어를 정리했습니다.

It's a completely new way to learn
foreign language vocabulary fast and easy.

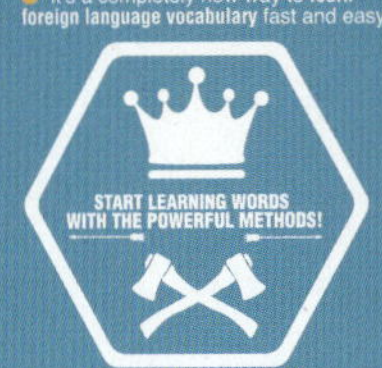

Part 5

It's a completely new way to **learn** foreign language vocabulary fast and easy.

테마 생활단어
이탈리아어 테마 생활단어

P5

꼭 필요한 동사 5개!
이탈리아어 동사는 인칭에 따라 어미를 변화시켜야 합니다.

p5-14-01	**guardare**	
	[구아르다레] 보다/시청하다	io guardo / tu guardi

p5-14-02	**ascoltare**	
	[아스꼴따레] 듣다	io ascolto / tu ascolti

p5-14-03	**accendere**	
	[아첸데레] 켜다	io accendo / tu accendi

p5-14-04	**spegnere**	
	[스뻬녜레] 끄다	io spengo / tu spegni

p5-14-05	**cambiare**	
	[깜비아레] 바꾸다	io cambio / tu cambi

The **vocabularies**, the most frequently used words will **be with you!**

You'll get most frequently used **vocabularies.**

꼭 필요한 명사 10개!

이탈리아어 명사는 정관사와 함께 기억해 주십시오.

p5-14-06 **il mobile** [일 모빌레] 가구	**p5-14-07** **il divano** [일 디바노] 소파
p5-14-08 **il tavolo** [일 따볼로] 테이블	**p5-14-09** **la poltrona** [라 뽈뜨로나] 안락의자
p5-14-10 **l'armadio** [라르마디오] 옷장	**p5-14-11** **il tappeto** [일 따뻬또] 양탄자
p5-14-12 **il televisore** [일 뗄레비소레] TV	**p5-14-13** **il telecomando** [일 뗄레꼬만도] 리모컨
p5-14-14 **il lampadario** [일 람빠다리오] 전등	**p5-14-15** **la tenda** [라 뗀다] 커튼

It's a completely new way to **learn** foreign language vocabulary fast and easy.

Part 5

It's a completely new way to **learn** foreign language vocabulary fast and easy.

테마 생활단어
이탈리아어 테마 생활단어

P5

 **문장을 완성하는 도우미들!**

p5-14-16	**molto** [몰또] 매우
p5-14-17	**comodo** [꼬모도] 편안한
p5-14-18	**sopra** [소쁘라] ~ 위에
p5-14-19	**la** [라] 그/이 (여성단수 정관사)

단어에서 회화 실력으로!

p5-14-20 **Il telecomando è sopra il tavolo.**
[일 뗄레꼬만도 에 소쁘라 일 따볼로.] 리모컨은 테이블 위에 있습니다.

p5-14-21 **La poltrona è molto comoda.**
[라 뽈뜨로나 에 몰또 꼬모다.] 안락의자는 매우 편안합니다.

p5-14-22 **Accendo la TV.**
[아첸도 라 티부.] (나는) TV를 켭니다.

p5-14-23 **Lui spegne il televisore.**
[루이 스뻬녜 일 뗄레비소레.] 그는 TV를 끕니다.

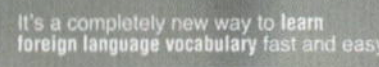

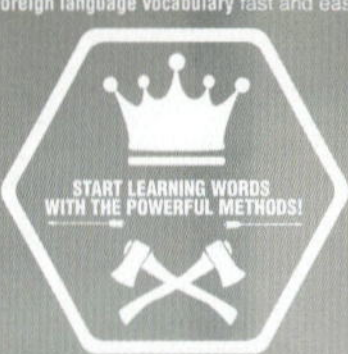

15. 가정 샤워실에서 필요한 이탈리아어 단어!

가정의 샤워실에서 필요한 이탈리아어 단어를 정리했습니다.

Part 5

It's a completely new way to learn foreign language vocabulary fast and easy.

테마 생활단어

이탈리아어 테마 생활단어

P5

꼭 필요한 동사 5개!

이탈리아어 동사는 인칭에 따라 어미를 변화시켜야 합니다.

---

p5-15-01

fare

[파레] ~하다   io faccio / tu fai

---

p5-15-02

lavarsi

[라바르씨] 씻다 (재귀동사)   mi lavo / ti lavi

---

p5-15-03

andare

[안다레] 가다   io vado / tu vai

---

p5-15-04

lavare

[라바레] 씻다   io lavo / tu lavi

---

p5-15-05

asciugare

[아쉬우가레] 말리다/닦다   io asciugo / tu asciughi

The **vocabularies**, the most frequently used words will **be with you!**

You'll get most frequently used **vocabularies.**

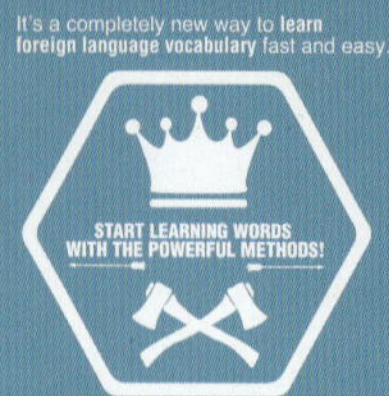

꼭 필요한 명사 10개!

이탈리아어 명사는 정관사와 함께 기억해 주십시오.

p5-15-06 **il bagno** [일 바뇨] 욕실	**p5-15-07** **la vasca da bagno** [라 바스카 다 바뇨] 욕조
p5-15-08 **la doccia** [라 돗치아] 샤워	**p5-15-09** **la cabina della doccia** [라 까비나 델라 돗치아] 샤워부스
p5-15-10 **il sapone** [일 사뽀네] 비누	**p5-15-11** **l'asciugamano** [라쉬우가마노] 수건
p5-15-12 **il docciaschiuma** [일 돗치아스키우마] 보디워시	**p5-15-13** **lo shampoo** [로 샴푸] 샴푸
p5-15-14 **la sauna** [라 싸우나] 사우나	**p5-15-15** **il massaggio** [일 마싸지오] 마사지

It's a completely new way to **learn** foreign language vocabulary fast and easy.

Part 5

It's a completely new way to **learn** foreign language vocabulary fast and easy.

테마 생활단어
이탈리아어 테마 생활단어

P5

 문장을 완성하는 도우미들!

p5-15-16	**ogni notte** [온니 노떼] 매일 밤
p5-15-17	**a** [아] ~하러
p5-15-18	**caldo** [깔도] 따듯한
p5-15-19	**con** [꼰] ~로/~와 함께
p5-15-20	**mi** [미] 나 자신 (재귀대명사)

단어에서 회화 실력으로!

p5-15-21 Faccio la doccia ogni notte.
[팟치오 라 돗치아 온니 노떼.] (나는) 매일 밤 샤워합니다.

p5-15-22 Lei va a fare la doccia.
[레이 바 아 파레 라 돗치아.] 그녀는 샤워하러 갑니다.

p5-15-23 Lui fa un bagno caldo.
[루이 파 운 바뇨 깔도.] 그는 목욕합니다. (온수욕)

p5-15-24 Mi asciugo con l'asciugamano.
[미 아쉬우고 꼰 라쉬우가마노.] 나는 물기를 수건으로 닦아냅니다.

The **vocabularies**, the most frequently used words will **be with you!**

You'll get most frequently used **vocabularies.**

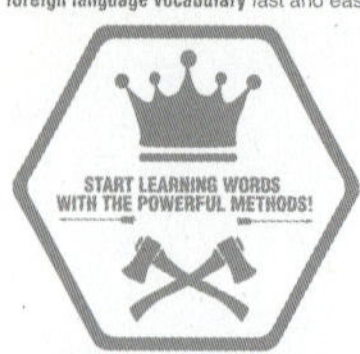

Learn
foreign language
vocabulary
ITALIAN

16. 가정 침실에서 필요한 이탈리아어 단어! (취침)

가정의 침실에서 필요한 이탈리아어 단어를 정리했습니다.
하루를 마무리하는 표현들입니다.

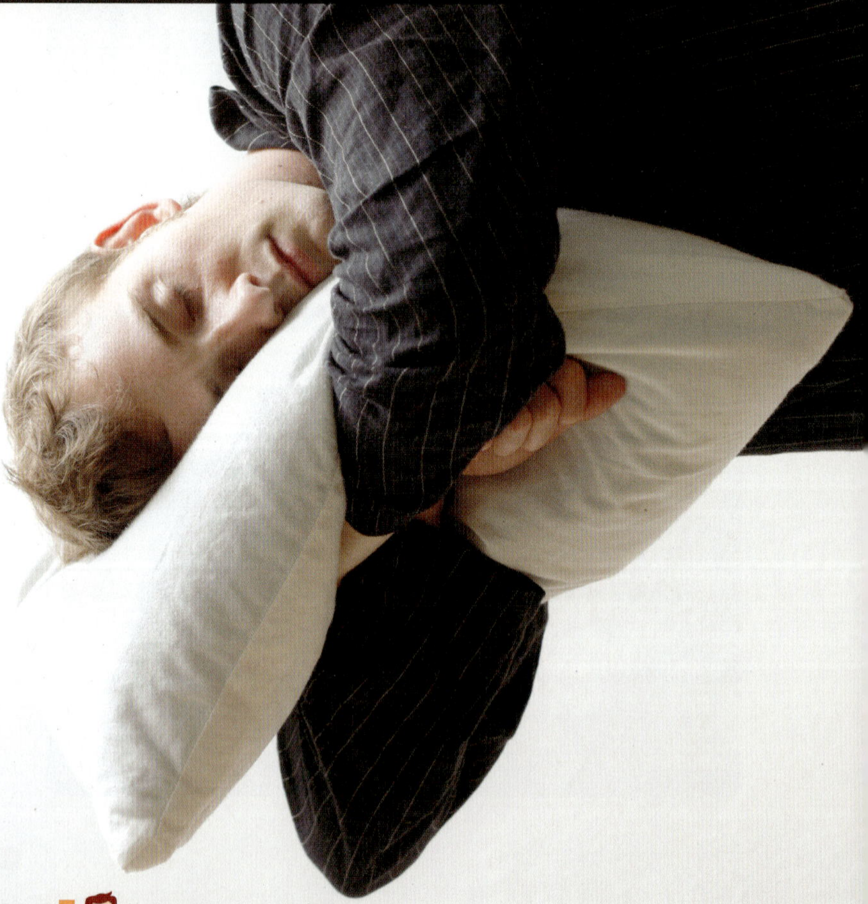

Part 5

It's a completely new way to learn
foreign language vocabulary fast and easy.

테마 생활단어
이탈리아어 테마 생활단어

It's a completely new way to learn
foreign language vocabulary fast and easy.

꼭 필요한 동사 5개!
이탈리아어 동사는 인칭에 따라 어미를 변화시켜야 합니다.

p5-16-01	**dormire** [도르미레] 잠자다	io dormo / tu dormi
p5-16-02	**sognare** [소냐레] 꿈꾸다	io sogno / tu sogni
p5-16-03	**addormentarsi** [아도르멘따르씨] 잠들다 (재귀동사)	mi addormento / ti addormenti
p5-16-04	**rimanere** [리마네레] 머물다	io rimango / tu rimani
p5-16-05	**sdraiarsi** [즈드라이아르씨] 눕다 (재귀동사)	mi sdraio / ti sdrai

The **vocabularies**, the most frequently used words will **be with you!**

You'll get most frequently used **vocabularies.**

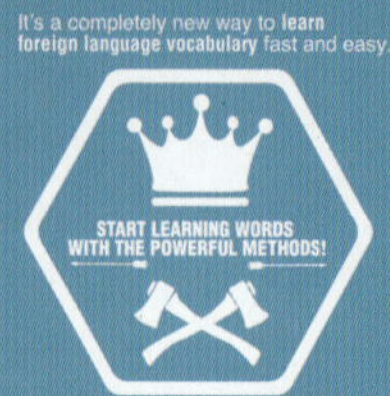

꼭 필요한 명사 10개!
이탈리아어 명사는 정관사와 함께 기억해 주십시오.

il sonno p5-16-06 [일 손노] 잠	**il letto** p5-16-07 [일 레또] 침대
la coperta p5-16-08 [라 꼬뻬르따] 이불	**le lenzuola** p5-16-09 [레 렌주올라] 침대보
il sogno p5-16-10 [일 소뇨] 꿈	**la notte** p5-16-11 [라 노떼] 밤
il pigiama p5-16-12 [일 피쟈마] 잠옷	**la sonnolenza** p5-16-13 [라 손놀렌짜] 졸음
l'insonnia p5-16-14 [린손니아] 불면증	**l'incubo** p5-16-15 [린쿠보] 악몽

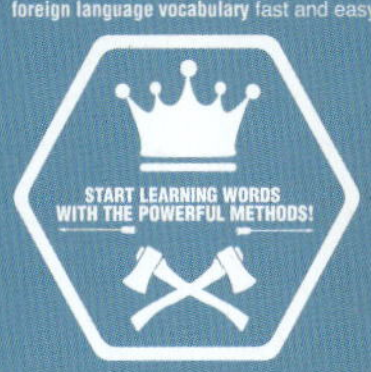

● It's a completely new way to **learn** foreign language vocabulary fast and easy.

Part 5

It's a completely new way to **learn** foreign language vocabulary fast and easy.

테마 생활단어
이탈리아어 테마 생활단어

P5

문장을 완성하는 도우미들!

p5-16-16	**stanco**	p5-16-17	**d'oro**
●	[스땅꼬] 피곤한	●	[도로] 금빛의
p5-16-18	**molto**	p5-16-19	**buono**
●	[몰또] 매우	●	[부오노] 좋은
p5-16-20	**di**	p5-16-21	**a**
●	[디] ~대해	●	[아] ~에

단어에서 회화 실력으로!

p5-16-22 **Sono molto stanco.**
[소노 몰또 스땅꼬.] (나는) 매우 피곤합니다.

p5-16-23 **Lui va al letto.**
[루이 바 알 레또.] 그는 침대로 갑니다.

p5-16-24 **Voglio dormire.**
[볼리오 도르미레.] (나는) 자고 싶습니다.

p5-16-25 **Lui sogna di lei.**
[루이 소냐 디 레이.] 그는 그녀의 꿈을 꿉니다.

p5-16-26 **Buona notte! / Sogni d'oro!**
[부오나 노떼! / 소니 도로!] 잘 자. / 좋은 꿈 꿔.

● **The vocabularies**, the most frequently used words will **be with you!**

● You'll get most frequently used **vocabularies**.

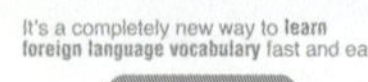

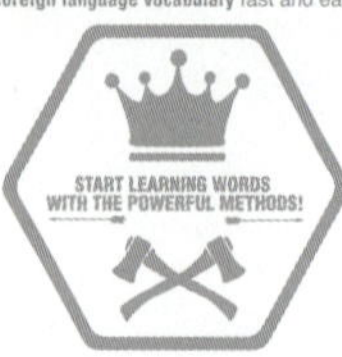

Learn
foreign language
vocabulary
ITALIAN

17. 학교에서 필요한 이탈리아어 단어! (학교제도)

학교의 제도와 관련된 이탈리아어 단어를 정리했습니다.

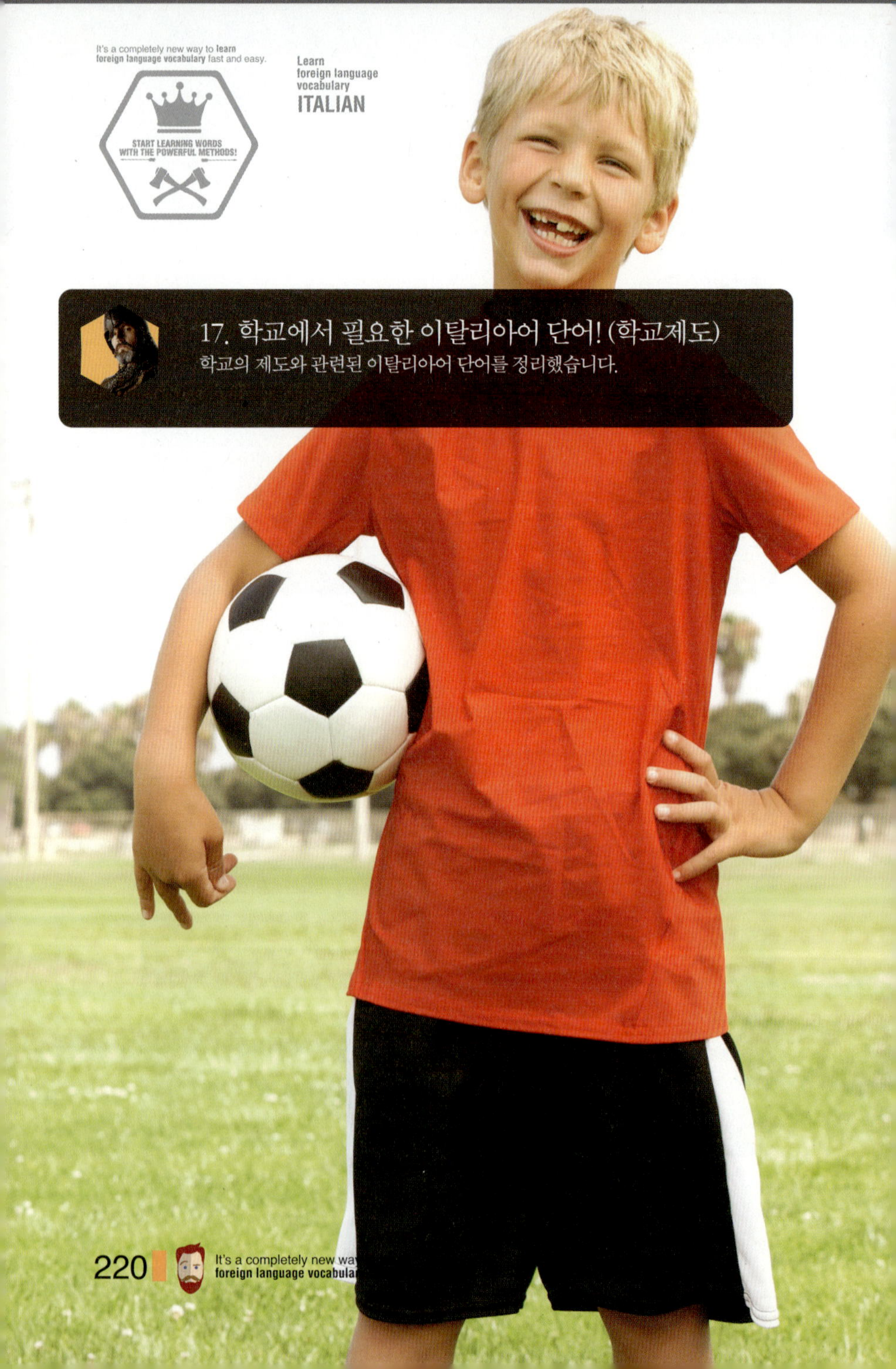

THEME

Part 5

It's a completely new way to learn foreign language vocabulary fast and easy.

테마 생활단어
이탈리아어 테마 생활단어

P5

꼭 필요한 동사 5개!
이탈리아어 동사는 인칭에 따라 어미를 변화시켜야 합니다.

| p5-17-01 | **frequentare** | |
| | [프레꾸엔따레] 다니다 | io frequento / tu frequenti |

| p5-17-02 | **studiare** | |
| | [스뚜디아레] 공부하다 | io studio / tu studi |

| p5-17-03 | **entrare** | |
| | [엔뜨라레] 들어가다 | io entro / tu entri |

| p5-17-04 | **iscriversi** | |
| | [이스끄리베르씨] 등록하다 (재귀동사) | mi iscrivo / ti iscrivi |

| p5-17-05 | **laurearsi** | |
| | [라우레아르씨] 졸업하다 (재귀동사) | mi laureo / ti laurei |

● The **vocabularies**, the most frequently used words will **be with you!**

● You'll get most frequently used **vocabularies.**

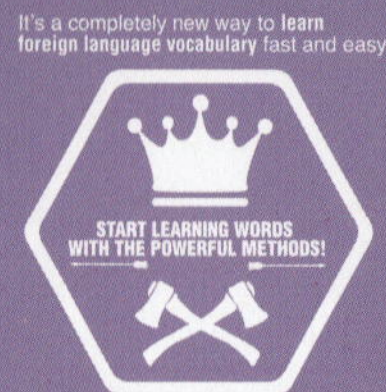

꼭 필요한 명사 10개!
이탈리아어 명사는 정관사와 함께 기억해 주십시오.

p5-17-06 **il sistema scolastico** [일 씨스떼마 스꼴라스띠꼬] 학제	p5-17-07 **la cultura generale** [라 꿀뚜라 제네랄레] 교양
p5-17-08 **lo studio** [로 스뚜디오] 학업	p5-17-09 **la scuola** [라 스꾸올라] 학교
p5-17-10 **la scuola materna** [라 스꾸올라 마떼르나] 유치원	p5-17-11 **la scuola elementare** [라 스꾸올라 엘레멘따레] 초등학교
p5-17-12 **la scuola media** [라 스꾸올라 메디아] 중학교	p5-17-13 **il liceo** [일 리체오] 고등학교
p5-17-14 **l'istituto** [리스띠뚜또] 전문학교	p5-17-15 **l'università** [루니베르씨타] 대학교

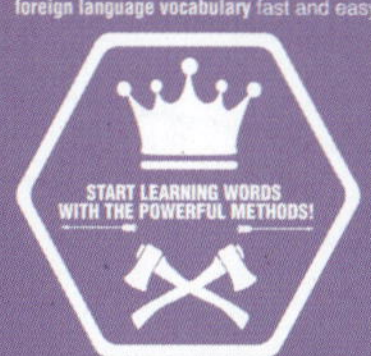

🟡 It's a completely new way to **learn** foreign language vocabulary fast and easy.

THEME

Part 5

It's a completely new way to **learn** foreign language vocabulary fast and easy.

테마 생활단어
이탈리아어 테마 생활단어

P5

🟤 문장을 완성하는 도우미들!

p5-17-16	**a** [아] ~에
p5-17-17	**all'università** [알루니베르씨따] 대학에(서)
p5-17-18	**un / una** [운 / 우나] 어떤/하나의
p5-17-19	**all'estero** [알 에스떼로] 외국에(서)

🟤 단어에서 회화 실력으로!

p5-17-20 Il bambino frequenta la scuola materna.
[일 밤비노 프레꾸엔따 라 스꾸올라 마떼르나.] 아이는 유치원에 다닙니다.

p5-17-21 Lui entra al liceo.
[루이 엔뜨라 알 리체오.] 그는 고등학교에 들어갑니다.

p5-17-22 Lei frequenta un liceo all'estero.
[레이 프레꾸엔따 운 리체오 알레스떼로.]
그녀는 외국에서 고등학교에 다닙니다.

p5-17-23 Lei studia all'università.
[레이 스뚜디아 알루니베르씨따.] 그녀는 대학교에서 공부합니다.

18. 학교 교실에서 필요한 이탈리아어 단어! (교실)

학교의 교실에서 필요한 이탈리아어 단어를 정리했습니다.

Part 5

It's a completely new way to **learn** foreign language vocabulary fast and easy.

테마 생활단어
이탈리아어 테마 생활단어

P5

꼭 필요한 동사 5개!
이탈리아어 동사는 인칭에 따라 어미를 변화시켜야 합니다.

---

p5-18-01
insegnare
[인세냐레] 가르치다
io insegno / tu insegni

---

p5-18-02
imparare
[임빠라레] 배우다
io imparo / tu impari

---

p5-18-03
fare
[파레] 하다/만들다
io faccio / tu fai

---

p5-18-04
scrivere
[스끄리베레] 쓰다
io scrivo / tu scrivi

---

p5-18-05
leggere
[레쩨레] 읽다
io leggo / tu leggi

The vocabularies, the most frequently used words will **be with you!**

You'll get most frequently used **vocabularies.**

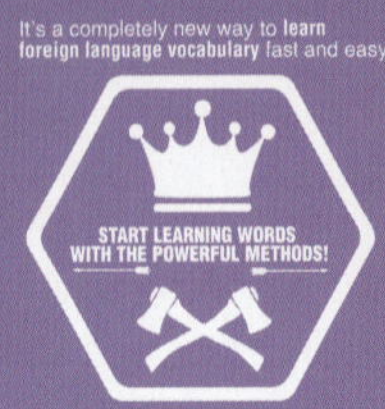

꼭 필요한 명사 10개!

이탈리아어 명사는 정관사와 함께 기억해 주십시오.

p5-18-06 **la classe** [라 끌라쎄] 학급	**p5-18-07** **l'aula** [라울라] 교실
p5-18-08 **la lezione** [라 레찌오네] 수업	**p5-18-09** **la pausa** [라 빠우자] 휴식시간
p5-18-10 **l'insegnante** [린세냔떼] 교사	**p5-18-11** **lo studente / la studentessa** [로 스뚜덴떼/ 라 스뚜덴떼써] 학생/여학생
p5-18-12 **la lavagna** [라 라바냐] 칠판	**p5-18-13** **il gesso** [일 젯쏘] 분필
p5-18-14 **la scrivania** [라 스끄리바니아] 책상	**p5-18-15** **la sedia** [라 쎄디아] 의자

THEME

Part 5

It's a completely new way to **learn** foreign language vocabulary fast and easy.

테마 생활단어
이탈리아어 테마 생활단어

P5

문장을 완성하는 도우미들!

p5-18-16	**in seconda media** [인 쎄꼰다 메디아] 중2학년에
p5-18-17	**un** [운] 하나의
p5-18-18	**su** [수] ~ 위에
p5-18-19	**finalmente** [피날멘떼] 마침내

단어에서 회화 실력으로!

p5-18-20
Mio figlio è in seconda media.
[미오 필리오 에 인 쎄꼰다 메디아.] 내 아들은 중2입니다.

p5-18-21
L'insegnante scrive sulla lavagna.
[린세냔떼 스끄리베 술라 라바냐] 선생님은 칠판에 씁니다.

p5-18-22
La studentessa legge un libro.
[라 스뚜덴떼싸 레쩨 운 리브로] 여학생은 책을 읽습니다.

p5-18-23
Finalmente possiamo fare una pausa.
[피날멘떼 뽀씨아모 파레 우나 빠우자.]
우리는 마침내 휴식시간을 갖습니다.

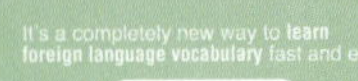

Learn
foreign language
vocabulary
ITALIAN

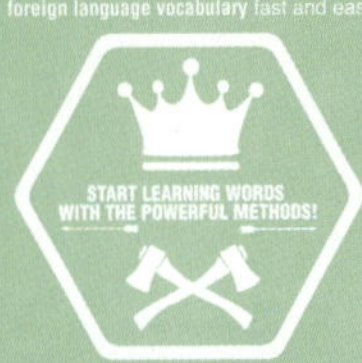

19. 학교 교실에서 필요한 이탈리아어 단어! (수업)

학교의 교실, 수업시간에 필요한 이탈리아어 단어를 정리했습니다.

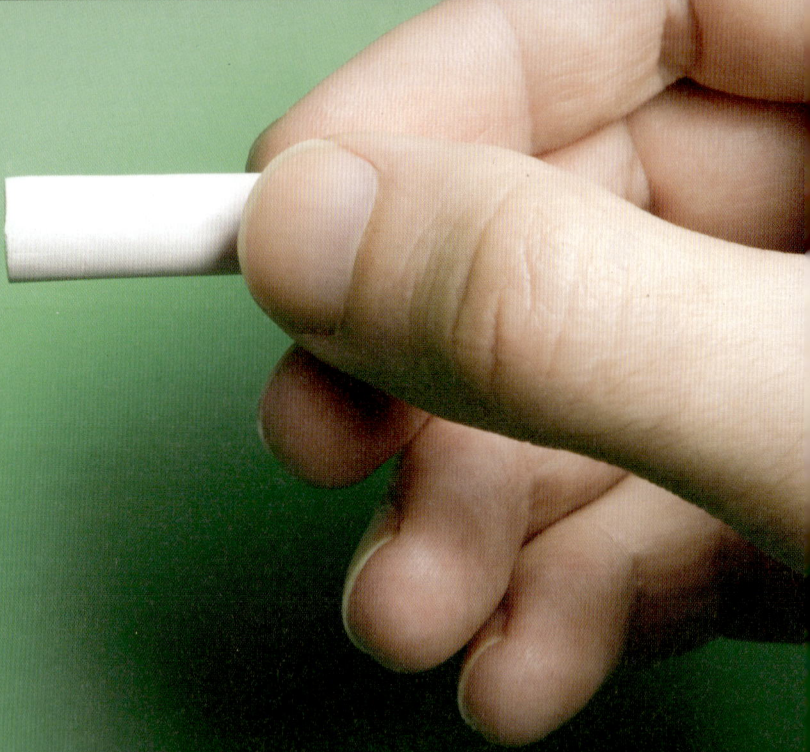

● It's a completely new way to learn foreign language vocabulary fast and easy.

Part 5
It's a completely new way to learn foreign language vocabulary fast and easy.

테마 생활단어
이탈리아어 테마 생활단어

P5

꼭 필요한 동사 5개!
이탈리아어 동사는 인칭에 따라 어미를 변화시켜야 합니다.

p5-19-01	**insegnare**	
●	[인세냐레] 수업하다	io insegno / tu insegni

p5-19-02	**spiegare**	
●	[스삐에가레] 설명하다	io spiego / tu spieghi

p5-19-03	**pensare**	
●	[뺀사레] 생각하다	io penso / tu pensi

p5-19-04	**ripetere**	
●	[리뻬떼레] 반복하다	io ripeto / tu ripeti

p5-19-05	**capire**	
●	[까삐레] 이해하다	io capisco / tu capisci

● **The vocabularies**, the most frequently used words will **be with you!**

● You'll get most frequently used **vocabularies.**

꼭 필요한 명사 10개!

이탈리아어 명사는 정관사와 함께 기억해 주십시오.

p5-19-06 **il capitolo** [일 까삐똘로] 과	**p5-19-07** **la parola** [라 빠롤라] 단어
p5-19-08 **il testo** [일 떼스또] 텍스트	**p5-19-09** **la frase** [라 프라제] 문장
p5-19-10 **l'argomento** [라르고멘또] 주제	**p5-19-11** **l'esempio** [레젬삐오] 예제
p5-19-12 **la pagina** [라 빠지나] 페이지	**p5-19-13** **l'esercizio** [레세르치찌오] 연습
p5-19-14 **la domanda** [라 도만다] 질문	**p5-19-15** **la risposta** [라 리스뽀스따] 대답

It's a completely new way to **learn** foreign language vocabulary fast and easy.

Part 5

테마 생활단어
이탈리아어 테마 생활단어

P5

문장을 완성하는 도우미들!

p5-19-16	**ancora** [앙꼬라] 더/다시	p5-19-17	**una volta** [우나 볼따] 한 번
p5-19-18	**gli** [리] 그 (정관사 남성복수)	p5-19-19	**altro** [알뜨로] 다른
p5-19-20	**non** [논] 아니다		

단어에서 회화 실력으로!

p5-19-21 L'insegnante insegna l'italiano.
[린세냔떼 인세냐 리딸리아노.] 여선생님은 이탈리아어를 강의합니다.

p5-19-22 L'insegnante spiega ancora un'altra volta.
[린세냔떼 스삐에가 앙꼬라 운알뜨라 볼따.] 선생님은 한 번 더 설명합니다.

p5-19-23 Lui ripete gli esercizi.
[루이 리뻬떼 리 에쎄르치찌.] 그는 연습을 반복합니다.

p5-19-24 Io non capisco la frase.
[이오 논 까삐스꼬 라 프라제.] 나는 그 문장을 이해하지 못합니다.

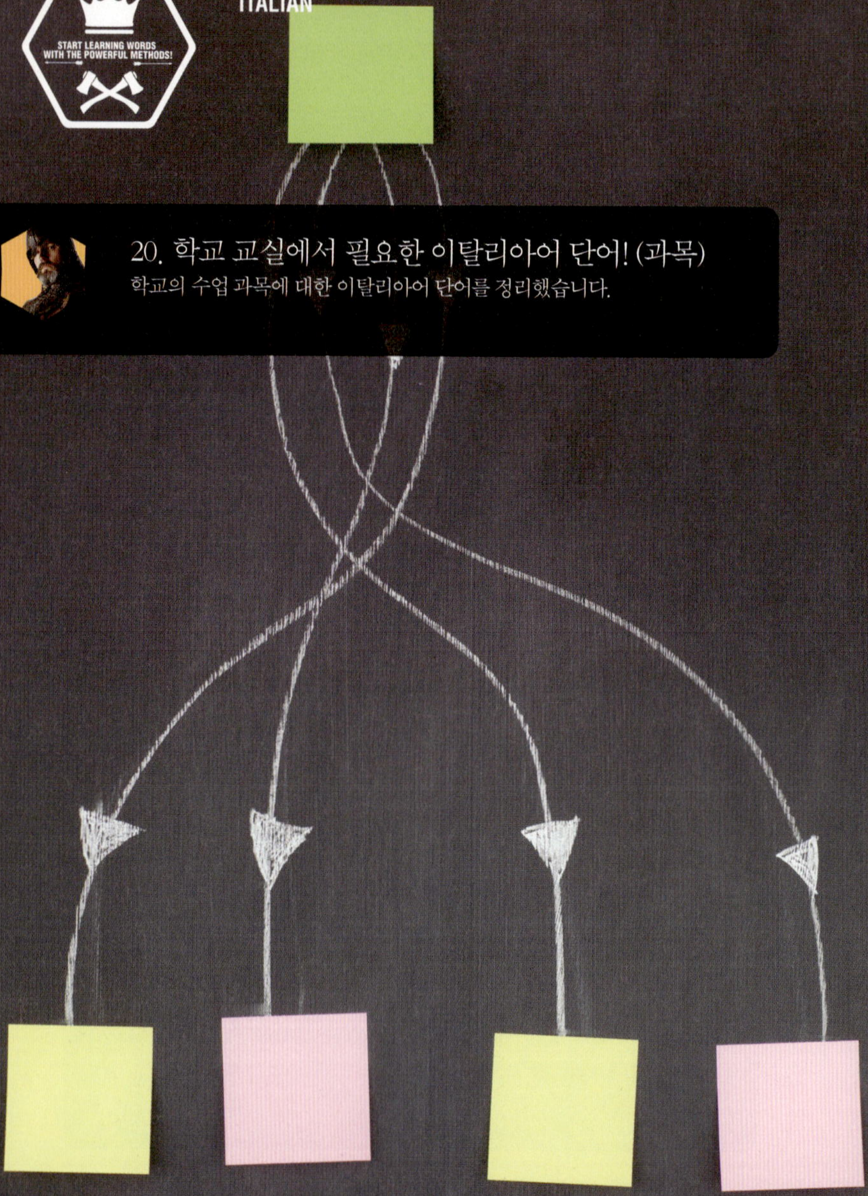

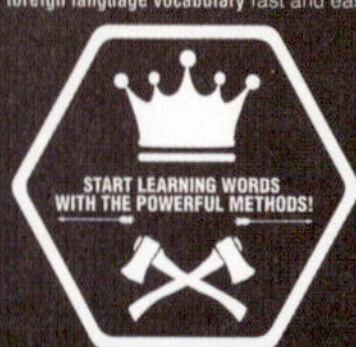

20. 학교 교실에서 필요한 이탈리아어 단어! (과목)

학교의 수업 과목에 대한 이탈리아어 단어를 정리했습니다.

Part 5

THEME

테마 생활단어
이탈리아어 테마 생활단어

● It's a completely new way to **learn** foreign language vocabulary fast and easy.

P5

꼭 필요한 동사 5개!
이탈리아어 동사는 인칭에 따라 어미를 변화시켜야 합니다.

p5-20-01	**imparare**	
	[임빠라레] 배우다	io imparo / tu impari

p5-20-02	**insegnare**	
	[인세냐레] 가르치다	io insegno / tu insegni

p5-20-03	**avere**	
	[아베레] 가지고 있다	io ho / tu hai

p5-20-04	**prendere**	
	[쁘렌데레] 가지다/지니다	io prendo / tu prendi

p5-20-05	**discutere**	
	[디스꾸떼레] 토의하다	io discuto / tu discuti

● **The vocabularies**, the most frequently used words will **be with you!**

● You'll get most frequently used **vocabularies.**

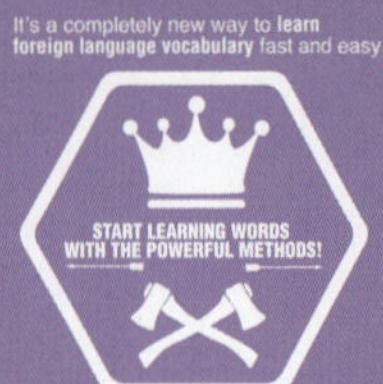

꼭 필요한 명사 10개!

이탈리아어 명사는 정관사와 함께 기억해 주십시오.

p5-20-06	**l'appunto** [라뿐또] 필기	p5-20-07	**il compito** [일 꼼삐또] 숙제
p5-20-08	**la madre lingua** [라 마드레 링구아] 모국어	p5-20-09	**il coreano** [일 꼬레아노] 한국어
p5-20-10	**la lingua straniera** [라 링구아 스뜨라니에라] 외국어	p5-20-11	**l'inglese** [링글레제] 영어
p5-20-12	**la matematica** [라 마떼마띠까] 수학	p5-20-13	**la fisica** [라 피지까] 물리
p5-20-14	**la chimica** [라 끼미까] 화학	p5-20-15	**la storia** [라 스또리아] 역사

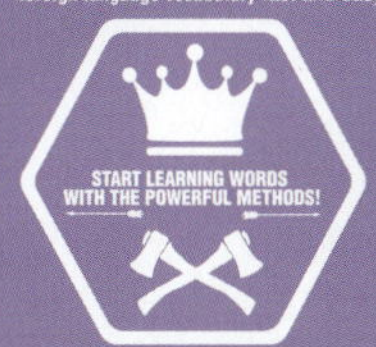

Part 5

테마 생활단어
이탈리아어 테마 생활단어

● It's a completely new way to **learn** foreign language vocabulary fast and easy.

It's a completely new way to **learn** foreign language **vocabulary** fast and easy.

문장을 완성하는 도우미들!

p5-20-16	**sempre** [쌤쁘레] 항상	p5-20-17	**già** [쟈] 이미
p5-20-18	**fino a** [피노 아] ~까지	p5-20-19	**domani** [도마니] 내일
p5-20-20	**all'università** [알루니베르씨따] 대학에서		

단어에서 회화 실력으로!

p5-20-21 **Io studio sempre l'italiano.**
[이오 스뚜디오 쌤쁘레 리딸리아노] 나는 이탈리아어를 항상 공부합니다.

p5-20-22 **Lui insegna chimica all'università.**
[루이 인세냐 끼미까 알루니베르씨따] 그는 대학에서 화학을 가르칩니다.

p5-20-23 **Noi abbiamo già i compiti di matematica e di inglese.**
[노이 압비아모 쟈 이 꼼삐띠 디 마떼마띠까 에 디 잉글레제]
우리는 이미 수학과 영어 과제가 있다.

p5-20-24 **Non posso fare i compiti fino a domani.**
[논 뽀쏘 파레 이 꼼삐띠 피노 아 도마니]
(나는) 내일까지 숙제를 못합니다.

● The **vocabularies**, the most frequently used words will **be with you!**

● You'll get most frequently used **vocabularies.**

21. 학교에서 필요한 이탈리아어 단어! (대학시설)

대학교의 시설 관련 이탈리아어 단어를 정리했습니다.

Part 5

It's a completely new way to **learn** foreign language vocabulary fast and easy.

테마 생활단어
이탈리아어 테마 생활단어

 **꼭 필요한 동사 5개!**
이탈리아어 동사는 인칭에 따라 어미를 변화시켜야 합니다.

p5-21-01	**essere** [에쎄레] ~이다	io sono / tu sei
p5-21-02	**stare** [스따레] ~이다/있다	io sto / tu stai
p5-21-03	**dare** [다레] 주다	io do / tu dai
p5-21-04	**trovare** [뜨로바레] 찾다	io trovo / tu trovi
p5-21-05	**abitare** [아비따레] 살다	io abito / tu abiti

🔶 The **vocabularies**, the most frequently used words will **be with you!**

🔴 You'll get most frequently used **vocabularies.**

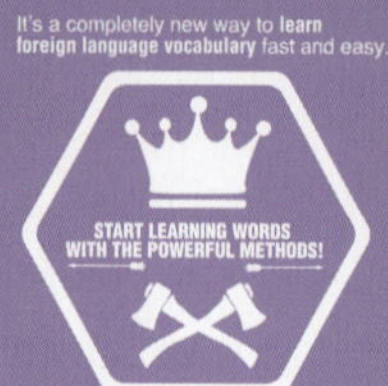

꼭 필요한 명사 10개!

이탈리아어 명사는 정관사와 함께 기억해 주십시오.

p5-21-06	**l'università**
	[루니베르씨따] 대학교

p5-21-07	**l'Uni.**
	[루니] 대학교 (약자)

p5-21-08	**la facoltà**
	[라 파꼴따] 학부

p5-21-09	**il dipartimento**
	[일 디빠르띠멘또] 과/학부

p5-21-10	**il laboratorio**
	[일 라보라또리오] 실험실

p5-21-11	**l'aula**
	[라울라] 강의실

p5-21-12	**la biblioteca**
	[라 비블리오떼까] 도서관

p5-21-13	**la matricola**
	[라 마뜨리꼴라] 학번

p5-21-14	**la mensa**
	[라 멘사] 학생 식당

p5-21-15	**il dormitorio**
	[일 도르미또리오] 학생기숙사

THEME

Part 5

It's a completely new way to **learn** foreign language vocabulary fast and easy.

테마 생활단어
이탈리아어 테마 생활단어

P5

 **문장을 완성하는 도우미들!**

| p5-21-16 | **dove** [도베] 어디 |
| p5-21-17 | **accanto a** [아깐또 아] 옆에 |

| p5-21-18 | **si** [씨] 재귀대명사 3인칭단수 |
| p5-21-19 | **in** [인] ~안에 |

| p5-21-20 | **qui** [뀌] 여기 |

단어에서 회화 실력으로!

p5-21-21 Dove si trova il dormitorio?
[도베 씨 뜨로바 일 도르미또리오?] 학생기숙사는 어디입니까?

p5-21-22 La biblioteca si trova accanto alla mensa.
[라 비블리오떼까 씨 뜨로바 아깐또 알라 멘사.] 도서관은 학생식당 옆에 있습니다.

p5-21-23 Il laboratorio non si trova qui.
[일 라보라또리오 논 씨 뜨로바 뀌.] 실험실은 여기에 없습니다.

p5-21-24 Lui abita in dormitorio.
[루이 아비따 인 도르미또리오.] 그는 학생기숙사에서 삽니다.

Learn
foreign language
vocabulary
ITALIAN

22. 학교에서 필요한 이탈리아어 단어! (대학전공)
대학교의 전공과 관련된 이탈리아어 단어를 정리했습니다.

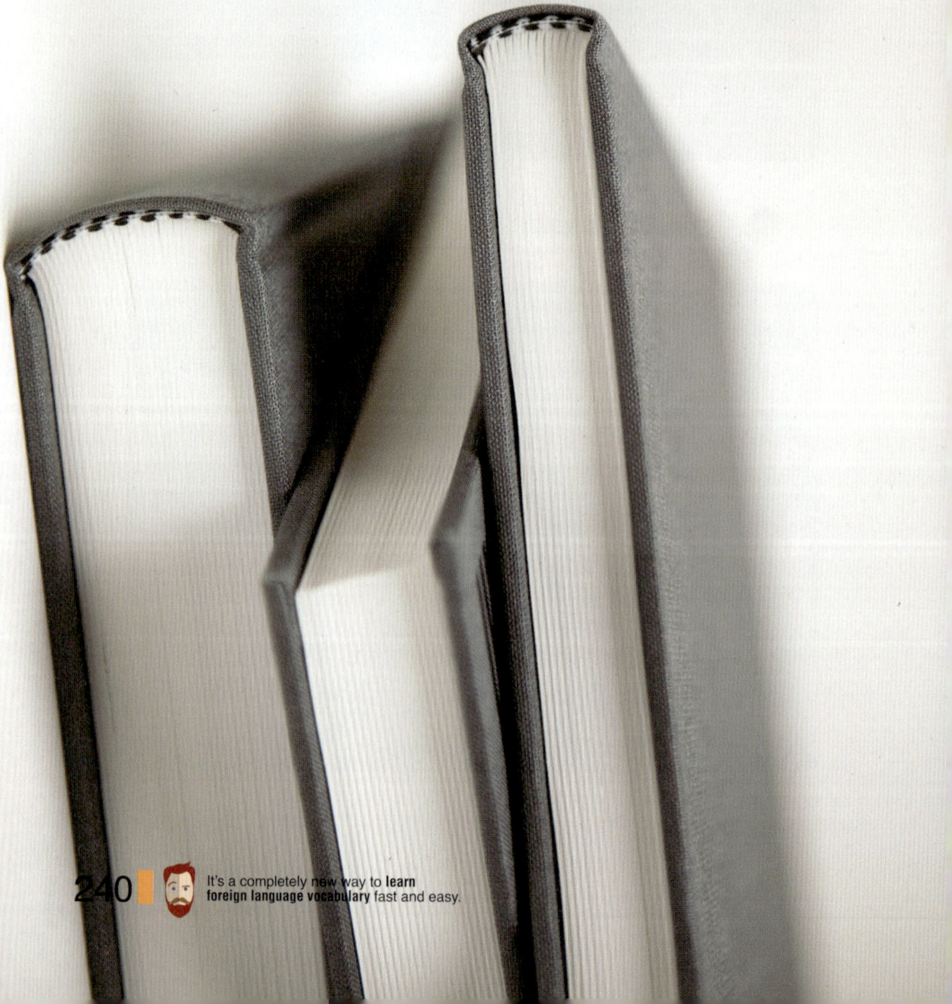

Part 5

It's a completely new way to **learn** foreign language vocabulary fast and easy.

THEME

테마 생활단어
이탈리아어 테마 생활단어

P5

꼭 필요한 동사 5개!
이탈리아어 동사는 인칭에 따라 어미를 변화시켜야 합니다.

| p5-22-01 | **essere** | |
| | [에쎄레] ~이다 | io sono / tu sei |

| p5-22-02 | **studiare** | |
| | [스뚜디아레] 공부하다 | io studio / tu studi |

| p5-22-03 | **ricercare** | |
| | [리체르까레] 연구하다 | io ricerco / tu ricerchi |

| p5-22-04 | **educare** | |
| | [에두까레] 가르치다/교육시키다 | io educo / tu educhi |

| p5-22-05 | **imparare** | |
| | [임빠라레] 배우다 | io imparo / tu impari |

The vocabularies, the most frequently used words will **be with you!**

You'll get most frequently used **vocabularies.**

꼭 필요한 명사 10개!

이탈리아어 명사는 정관사와 함께 기억해 주십시오.

p5-22-06 la materia principale [라 마떼리아 쁘린치빨레] 전공	**p5-22-07** la materia secondaria [라 마떼리아 쎄꼰다리아] 부전공
p5-22-08 la filosofia [라 필로소피아] 철학	**p5-22-09** la sociologia [라 쏘치올로지아] 사회학
p5-22-10 la pedagogia [라 페다고지아] 교육학	**p5-22-11** l'architettura [라르끼떼뚜라] 건축학
p5-22-12 la giurisprudenza [라 쥬리스쁘루덴짜] 법학	**p5-22-13** l'informatica [린포르마띠까] 정보학
p5-22-14 l'economia aziendale [레꼬노미아 아찌엔달레] 경영학	**p5-22-15** l'economia [레꼬노미아] 경제학

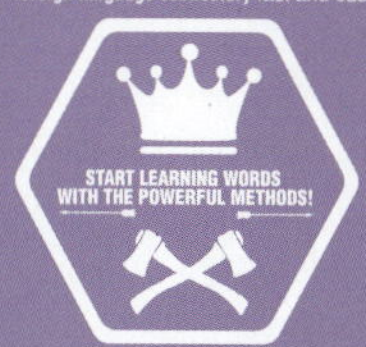

It's a completely new way to **learn** foreign language vocabulary fast and easy.

Part 5

It's a completely new way to **learn** foreign language vocabulary fast and easy.

테마 생활단어
이탈리아어 테마 생활단어

P5

문장을 완성하는 도우미들!

p5-22-16 **mio** [미오] 나의	**p5-22-17** **di** [디] ~의
p5-22-18 **che cosa** [께 꼬자] 무엇	**p5-22-19** **come** [꼬메] 어떻게

단어에서 회화 실력으로!

p5-22-20 **La sociologia è la mia materia principale all'università.**
[라 쏘치올로지아 에 라 미아 마떼리아 쁘린치빨레 알루니베르씨따.]
사회학이 나의 대학전공입니다.

p5-22-21 **Lui è un professore di giurisprudenza.**
[루이 에 운 쁘로페쏘레 디 쥬리스쁘루덴짜.] 그는 법학 교수입니다.

p5-22-22 **Che cosa studi?**
[께 꼬자 스뚜디?] (너는) 무엇을 공부하니?

p5-22-23 **Io studio architettura all'Università.**
[이오 스뚜디오 아르끼떼뚜라 알루니베르씨따.]
나는 대학에서 건축학을 공부합니다.

p5-22-24 **Lei studia filosofia come materia secondaria.**
[레이 스뚜디아 필로소피아 꼬메 마떼라이 쎄꼰다리아.]
그녀는 철학을 부전공으로 공부합니다.

It's a completely new way to learn foreign language vocabulary fast and easy.

It's a completely new way to learn foreign language vocabulary fast and easy.

Learn
foreign language
vocabulary
ITALIAN

START LEARNING WORDS
WITH THE POWERFUL METHODS!

23. 학교에서 필요한 이탈리아어 단어! (대학수업)
대학교의 수업과 관련된 이탈리아어 단어를 정리했습니다.

It's a completely new way to learn
foreign language vocabulary fast and easy.

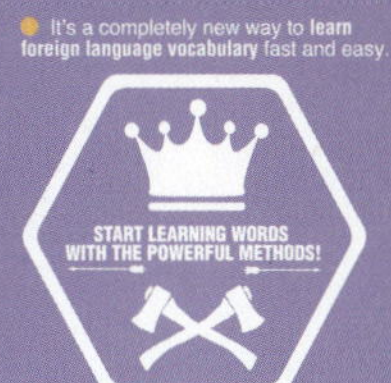

It's a completely new way to **learn** foreign language vocabulary fast and easy.

Part 5

It's a completely new way to **learn** foreign language vocabulary fast and easy.

테마 생활단어
이탈리아어 테마 생활단어

P5

 **꼭 필요한 동사 5개!**

이탈리아어 동사는 인칭에 따라 어미를 변화시켜야 합니다.

---

p5-23-01

avere

[아베레] 가지고 있다   io ho / tu hai

---

p5-23-02

preparare

[쁘레빠라레] 준비하다   io preparo / tu prepari

---

p5-23-03

fare

[파레] 하다   io faccio / tu fai

---

p5-23-04

mantenere

[만떼네레] 유지하다   io mantengo / tu mantieni

---

p5-23-05

studiare

[스뚜디아레] 연구하다/공부하다   io studio / tu studi

The **vocabularies**, the most frequently used words will **be with you!**

You'll get most frequently used **vocabularies.**

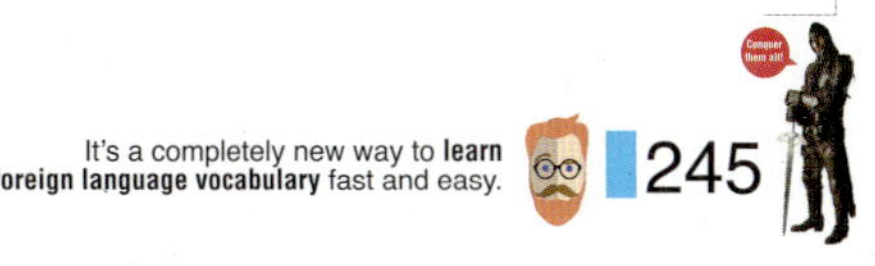

It's a completely new way to **learn** foreign language vocabulary fast and easy.

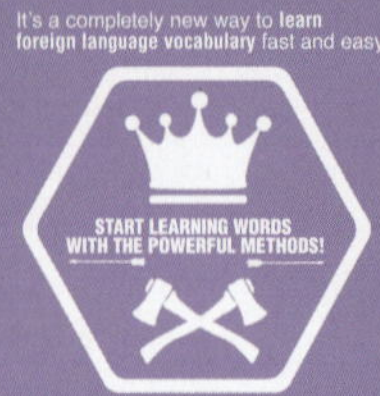

꼭 필요한 명사 10개!

이탈리아어 명사는 정관사와 함께 기억해 주십시오.

p5-23-06	**il professore** [일 프로페쏘레] 교수 (남자)	p5-23-07	**la professoressa** [라 프로페쏘레싸] 교수 (여자)
p5-23-08	**lo studente universitario** [로 스뚜덴떼 우니베르씨따리오] 대학생	p5-23-09	**la studentessa universitaria** [라 스뚜덴떼싸 우니베르씨따리아] 여대생
p5-23-10	**Il ricercatore** [일 리체르까또레] 연구자	p5-23-11	**la conferenza** [라 콘페렌짜] 발표
p5-23-12	**la lezione** [라 레찌오네] 강의	p5-23-13	**il seminario** [일 세미나리오] 세미나
p5-23-14	**la laurea** [라 라우레아] 졸업	p5-23-15	**l'esame** [레자메] 시험

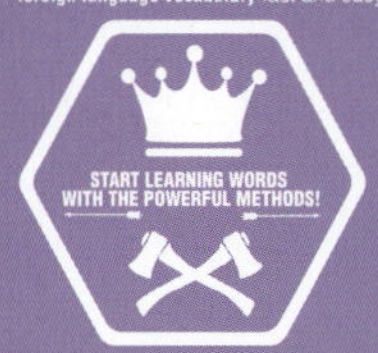

It's a completely new way to **learn** foreign language vocabulary fast and easy.

Part 5

It's a completely new way to **learn** foreign language vocabulary fast and easy.

테마 생활단어
이탈리아어 테마 생활단어

P5

 ### 문장을 완성하는 도우미들!

p5-23-16	**oggi** [옷지] 오늘	p5-23-17	**per** [뻬르] ~을 위하여
p5-23-18	**domani** [도마니] 내일	p5-23-19	**dopodomani** [도뽀도마니] 모레

단어에서 회화 실력으로!

p5-23-20 **Oggi ho una lezione.**
[옷지 오 우나 레찌오네.]
(나는) 오늘 강의가 있습니다.

p5-23-21 **Domani ho un seminario sulla filosofia.**
[도마니 오 운 세미나리오 술라 필로소피아.]
(나는) 내일 철학 세미나가 있습니다.

p5-23-22 **Dopodomani faccio una conferenza sulla storia.**
[도뽀도마니 파치오 우나 콘페렌짜 술라 스또리아.]
(나는) 모레 역사학에 대한 발표를 합니다.

p5-23-23 **Ho un esame domani.**
[오 운 에자메 도마니.]
(나는) 내일 시험이 있습니다.

24. 학교에서 필요한 이탈리아어 단어! (대학생활)
대학교의 일상 생활과 관련된 이탈리아어 단어를 정리했습니다.

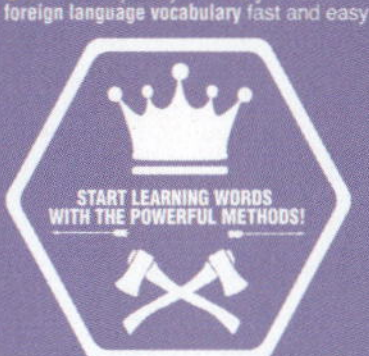

Part 5

It's a completely new way to **learn** foreign language vocabulary fast and easy.

테마 생활단어
이탈리아어 테마 생활단어

P5

꼭 필요한 동사 5개!
이탈리아어 동사는 인칭에 따라 어미를 변화시켜야 합니다.

p5-24-01	**studiare**	
	[스뚜디아레] 공부하다	io studio / tu studi

p5-24-02	**essere**	
	[에쎄레] ~이다	io sono / tu sei

p5-24-03	**ottenere**	
	[오떼네레] 획득하다/얻다	io ottengo / tu ottieni

p5-24-04	**lavorare**	
	[라보라레] 일하다	io lavoro / tu lavori

p5-24-05	**fare**	
	[파레] 하다	io faccio / tu fai

The **vocabularies**, the most frequently used words will **be with you!**

You'll get most frequently used **vocabularies.**

꼭 필요한 명사 10개!
이탈리아어 명사는 정관사와 함께 기억해 주십시오.

p5-24-06 **l'anno accademico** [란노 아까데미꼬] 학년	p5-24-07 **il semestre** [일 쎄메스뜨레] 학기
p5-24-08 **l'orario delle lezioni** [로라리오 델레 레찌오니] 수업시간표	p5-24-09 **il diploma** [일 디쁠로마] 학위
p5-24-10 **le tasse universitarie** [레 따쎄 우니베르씨따리에] 등록금	p5-24-11 **la borsa di studio** [라 보르사 디 스뚜디오] 장학금
p5-24-12 **studiare all'estero** [스뚜디아레 알레스떼로] 유학	p5-24-13 **l'esame di laurea** [레자메 디 라우레아] 졸업시험
p5-24-14 **la vacanza** [라 바깐짜] 방학	p5-24-15 **lo stage** [로 스테이지] 인턴십

It's a completely new way to learn foreign language vocabulary fast and easy.

THEME

Part 5

It's a completely new way to learn foreign language vocabulary fast and easy.

테마 생활단어
이탈리아어 테마 생활단어

P5

문장을 완성하는 도우미들!

| p5-24-16 | **in** [인] ~안에 |
| p5-24-17 | **quanto** [꾸안또] 얼마 |

| p5-24-18 | **durante** [두란떼] 동안에 |
| p5-24-19 | **a** [아] ~에 |

| p5-24-20 | **secondo** [쎄꼰도] 두 번째 |

단어에서 회화 실력으로!

p5-24-21 **Lei lavora part-time durante le vacanze scolastiche.**
[레이 라보라 팔트-타임 두란떼 레 바깐쩨 스꼴라스띠께]
그녀는 방학 동안 아르바이트를 합니다.

p5-24-22 **Sono al secondo anno.**
[소노 알 쎄꼰도 안노] (나는) 지금 2학년입니다.

p5-24-23 **Come posso ottenere una borsa di studio?**
[꼬메 뽀쏘 오떼네레 우나 보르사 디 스뚜디오?] 장학금은 어떻게 받습니까?

p5-24-24 **Lui fa uno stage all'estero.**
[루이 파 우노 스테이지 알레스떼로.]
그는 해외에서 인턴을 합니다.

It's a completely new way to learn foreign language vocabulary fast and easy.

Learn
foreign language
vocabulary
ITALIAN

START LEARNING WORDS
WITH THE POWERFUL METHODS

25. 학교 도서관에서 필요한 이탈리아어 단어!
학교 도서관에서 필요한 이탈리아어 단어를 정리했습니다.

It's a completely new way to learn
foreign language vocabulary fast and easy.

It's a completely new way to **learn** foreign language vocabulary fast and easy.

Part 5

It's a completely new way to **learn** foreign language vocabulary fast and easy.

THEME

테마 생활단어
이탈리아어 테마 생활단어

P5

꼭 필요한 동사 5개!
이탈리아어 동사는 인칭에 따라 어미를 변화시켜야 합니다.

---

p5-25-01
leggere
[레쩨레] 읽다   io leggo / tu leggi

---

p5-25-02
cercare
[체르까레] 찾다   io cerco / tu cerchi

---

p5-25-03
prendere
[쁘렌데레] 가지다   io prendo / tu prendi

---

p5-25-04
restituire
[레스띠뚜이레] 반납하다   io restituisco / tu restituisci

---

p5-25-05
comprare
[꼼쁘라레] 사다   io compro / tu compri

• **The vocabularies**, the most frequently used words will **be with you!**

• You'll get most frequently used **vocabularies.**

꼭 필요한 명사 10개!
이탈리아어 명사는 정관사와 함께 기억해 주십시오.

p5-25-06 **la biblioteca** [라 비블리오떼카] 도서관	p5-25-07 **la libreria** [라 리브레리아] 책장
p5-25-08 **la sala di lettura** [라 살라 디 레뚜라] 열람실	p5-25-09 **il dizionario** [일 디찌오나리오] 사전
p5-25-10 **il libro** [일 리브로] 책	p5-25-11 **la tesi** [라 떼지] 논문
p5-25-12 **il giornale** [일 죠르날레] 신문	p5-25-13 **la rivista** [라 리비스따] 잡지
p5-25-14 **il periodico** [일 뻬리오디꼬] 정기간행물	p5-25-15 **l'articolo** [라르띠꼴로] 기사

It's a completely new way to **learn** foreign language vocabulary fast and easy.

Part 5

It's a completely new way to **learn** foreign language vocabulary fast and easy.

THEME

테마 생활단어
이탈리아어 테마 생활단어

P5

문장을 완성하는 도우미들!

p5-25-16	**spesso** [스뻬쏘] 종종/자주
p5-25-17	**invece di** [인베체 디] 대신에
p5-25-18	**un** [운] 어떤/하나의
p5-25-19	**interessante** [인떼레싼떼] 흥미로운

단어에서 회화 실력으로!

p5-25-20

Io leggo spesso gli articoli di giornale.
[이오 레꼬 스뻬쏘 리 아르띠꼴리 디 조르날레.]
나는 신문 기사를 자주 읽습니다.

p5-25-21

Prendiamo in prestito libri invece di comprare.
[쁘렌디아모 인 쁘레스띠또 리브리 인베체 디 꼼쁘라레.]
(우리는) 책을 사지 않고 빌립니다.

p5-25-22

Lui cerca un libro interessante.
[루이 체르까 운 리브로 인떼레싼떼.] 그는 재미있는 책을 찾는다.

p5-25-23

Lei restituisce il libro.
[레이 레스띠뚜이셰 일 리브로.] 그녀는 그 책을 반납합니다.

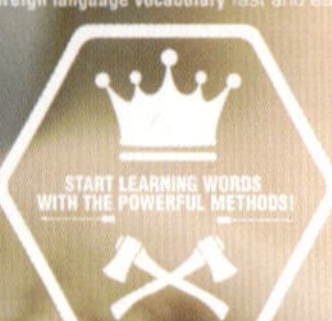

26. 학교 체육관에서 필요한 이탈리아어 단어!

학교 체육관에서 필요한 이탈리아어 단어를 정리했습니다.

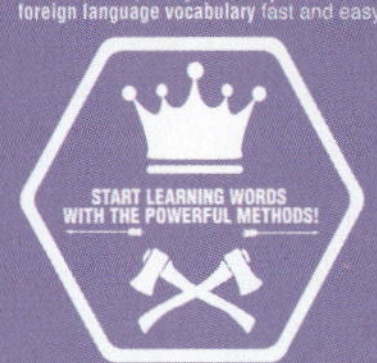

Part 5

It's a completely new way to learn foreign language vocabulary fast and easy.

테마 생활단어
이탈리아어 테마 생활단어

P5

꼭 필요한 동사 5개!
이탈리아어 동사는 인칭에 따라 어미를 변화시켜야 합니다.

p5-26-01 giocare
[죠까레] 운동하다/놀다   io gioco / tu giochi

p5-26-02 piacere
[삐아체레] ~에게 ~이 좋다   io piaccio / tu piaci

p5-26-03 vincere
[빈체레] 이기다   io vinco / tu vinci

p5-26-04 perdere
[뻬르데레] 지다   io perdo / tu perdi

p5-26-05 allenarsi
[알레나르씨] 훈련하다 (재귀동사)   mi alleno / ti alleni

꼭 필요한 명사 10개!

이탈리아어 명사는 정관사와 함께 기억해 주십시오.

p5-26-06 **lo sport** [로 스뽀르뜨] 스포츠	**p5-26-07** **il campo sportivo** [일 깜뽀 스뽀르띠보] 체육관
p5-26-08 **lo stadio** [로 스타디오] 경기장	**p5-26-09** **la palestra** [라 빨레스뜨라] 실내체육관
p5-26-10 **il gioco** [일 죠꼬] 경기/놀이	**p5-26-11** **il giocatore** [일 죠까또레] 선수
p5-26-12 **il gruppo** [일 그루뽀] 그룹	**p5-26-13** **la squadra** [라 스꾸아드라] 팀/선수단
p5-26-14 **la palla** [라 빨라] 공	**p5-26-15** **la ginnastica** [라 진나스띠까] 체조

It's a completely new way to **learn** foreign language vocabulary fast and easy.

Part 5

It's a completely new way to **learn** foreign language vocabulary fast and easy.

THEME

테마 생활단어
이탈리아어 테마 생활단어

P5

문장을 완성하는 도우미들!

| p5-26-16 | **quale** |
| | [꾸알레] 어떤 |

| p5-26-17 | **con** |
| | [꼰] ~로/~와 함께 |

| p5-26-18 | **adesso** |
| | [아데쏘] 지금 |

| p5-26-19 | **duramente** |
| | [두라멘떼] 혹독하게/열심히 |

단어에서 회화 실력으로!

p5-26-20 **Quale sport ti piace?**
[꾸알레 스뽀르뜨 띠 삐아체?] 너 어떤 운동이 좋니?

p5-26-21 **Gioco al calcio.**
[죠꼬 알 깔쵸.] (나는) 축구해.

p5-26-22 **Quale squadra vince adesso?**
[꾸알레 스꾸아드라 빈체 아데쏘?] 지금 어느 팀이 이깁니까?

p5-26-23 **Lei si allena duramente con la ginnastica.**
[레이 씨 알레나 두라멘떼 꼰 라 진나스띠까.]
그녀는 체조를 열심히 훈련합니다.

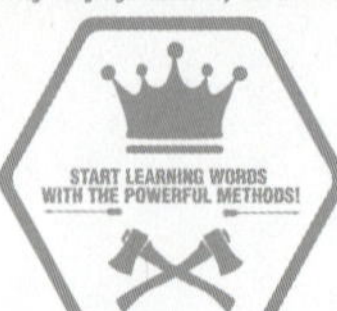

Learn
foreign language
vocabulary
ITALIAN

27. 회사에서 필요한 이탈리아어 단어! (구직활동)
회사에 들어갈 때 필요한 이탈리아어 단어를 정리했습니다.

It's a completely new way to learn foreign language vocabulary fast and easy.

Part 5

It's a completely new way to learn foreign language vocabulary fast and easy.

THEME

테마 생활단어
이탈리아어 테마 생활단어

P5

꼭 필요한 동사 5개!
이탈리아어 동사는 인칭에 따라 어미를 변화시켜야 합니다.

---

p5-27-01 · **cercare**
[체르까레] 찾다 — io cerco / tu cerchi

p5-27-02 · **trovare**
[뜨로바레] 찾다/발견하다 — io trovo / tu trovi

p5-27-03 · **proporsi**
[쁘로뿌르씨] 지원하다 (재귀동사) — mi propongo / ti proponi

p5-27-04 · **lasciare**
[라쉬아레] (일을) 그만두다 — io lascio / tu lasci

p5-27-05 · **bisognare**
[비소냐레] 필요하다 — io bisogno / tu bisogni

The vocabularies, the most frequently used words will be with you!

You'll get most frequently used vocabularies.

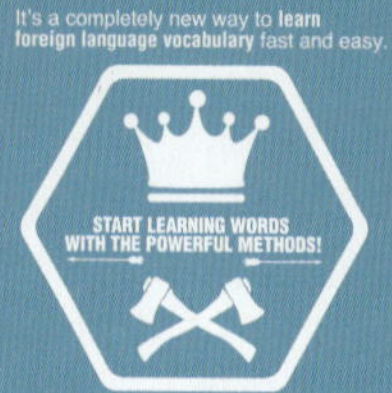

꼭 필요한 명사 10개!
이탈리아어 명사는 정관사와 함께 기억해 주십시오.

p5-27-06 **il lavoro** [일 라보로] 직업	**p5-27-07** **la ricerca di lavoro** [라 리체르까 디 라보로] 구직
p5-27-08 **l'annuncio** [란눈치오] 공고	**p5-27-09** **la disoccupazione** [라 디스오꾸빠찌오네] 실업
p5-27-10 **la carriera** [라 까리에라] 경력	**p5-27-11** **le offerte di lavoro** [레 오페르떼 디 라보로] 일자리
p5-27-12 **i curriculum vitae** [이 꾸리꿀룸 비따에] 이력서	**p5-27-13** **la foto** [라 포또] 사진
p5-27-14 **la domanda di lavoro** [라 도만다 디 라보로] 지원서	**p5-27-15** **il colloquio** [일 꼴로뀌오] 면접

THEME

Part 5

It's a completely new way to **learn** foreign language vocabulary fast and easy.

P5

테마 생활단어
이탈리아어 테마 생활단어

문장을 완성하는 도우미들!

p5-27-16 **cercare di**
[체르까레 디] ~하기 위해 노력하다

p5-27-17 **per**
[뻬르] ~을 위해

p5-27-18 **un**
[운] 어떤/하나의 (부정관사)

단어에서 회화 실력으로!

p5-27-19 **Faccio una domanda di lavoro.**
[팟치오 우나 도만다 디 라보로.]
나는 일자리를 위해 지원합니다.

p5-27-20 **Lui cerca di fare carriera.**
[루이 체르까 디 파레 까리에라]
그는 경력을 쌓으려고 노력합니다.

p5-27-21 **Ho bisogno di un lavoro.**
[오 비소뇨 디 운 라보로]
나는 일자리가 필요합니다.

It's a completely new way to learn
foreign language vocabulary fast and easy.

START LEARNING WORDS
WITH THE POWERFUL METHODS!

Learn
foreign language
vocabulary
ITALIAN

28. 회사에서 필요한 이탈리아어 단어! (급료)
회사에서 급료와 관련된 이탈리아어 단어를 정리했습니다.

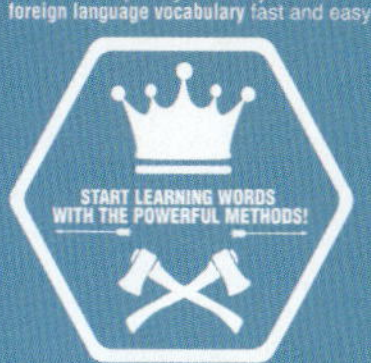

It's a completely new way to **learn** foreign language vocabulary fast and easy.

Part 5

It's a completely new way to **learn** foreign language vocabulary fast and easy.

테마 생활단어
이탈리아어 테마 생활단어

꼭 필요한 동사 5개!
이탈리아어 동사는 인칭에 따라 어미를 변화시켜야 합니다.

---

p5-28-01

essere

[에쎄레] ~이다　　　io sono / tu sei

---

p5-28-02

guadagnare

[구아다나레] 벌다　　　io guadagno / tu guadagni

---

p5-28-03

ricevere

[리체베레] 받다　　　io ricevo / tu ricevi

---

p5-28-04

ottenere

[오떼네레] 획득하다　　　io ottengo / tu ottieni

---

p5-28-05

ritirarsi

[리띠라르씨] 퇴직하다 (재귀동사)　mi ritiro / ti ritiri

The **vocabularies**, the most frequently used words will **be with you!**

You'll get most frequently used **vocabularies.**

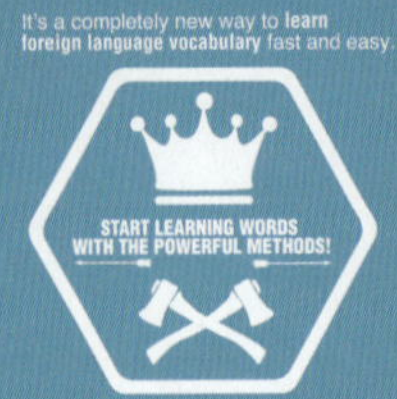

꼭 필요한 명사 10개!
이탈리아어 명사는 정관사와 함께 기억해 주십시오.

p5-28-06	**lo stipendio** [로 스띠뺀디오] 급여	p5-28-07	**lo stipendio annuo** [로 스띠뺀디오 안누오] 연봉
p5-28-08	**la mensilità** [라 멘실리따] 월급	p5-28-09	**il bonus** [일 보누스] 보너스
p5-28-10	**la tassa** [라 따싸] 세금	p5-28-11	**il pensionamento** [일 뺀시오나멘또] 정년퇴직
p5-28-12	**la promozione** [라 쁘로모쩨오네] 승진	p5-28-13	**il salario** [일 살라리오] 급여
p5-28-14	**la pensione** [라 뺀시오네] 연금	p5-28-15	**il pensionato** [일 뺀시오나또] 연금생활자

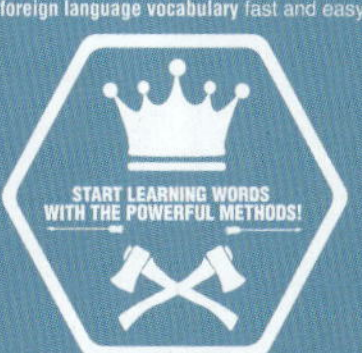

It's a completely new way to **learn** foreign language vocabulary fast and easy.

Part 5

It's a completely new way to **learn** foreign language vocabulary fast and easy.

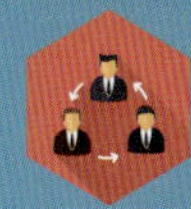

테마 생활단어
이탈리아어 테마 생활단어

P5

문장을 완성하는 도우미들!

p5-28-16 **come** [꼬메] 어떻게	p5-28-17 **quale** [꾸알레] 어떤
p5-28-18 **quanto** [꾸안또] 얼마나	p5-28-19 **al mese** [알 메제] 한 달에
p5-28-20 **tuo** [뚜오] 너의 (소유형용사)	p5-28-21 **mio** [미오] 나의

단어에서 회화 실력으로!

p5-28-22 **Quanto guadagni al mese?**
[꾸안또 구아다니 알 메제?] (너는) 한 달에 얼마나 버니?

p5-28-23 **Qual è il tuo stipendio annuo?**
[꾸알 에 일 뚜오 스띠뺀디오 안누오?] 너의 연봉은 얼마니?

p5-28-24 **Come posso ottenere la promozione?**
[꼬메 뽀쏘 오떼네레 라 쁘로모쩨오네?]
(내가) 어떻게 하면 승진할 수 있을까요?

p5-28-25 **Mio padre è un pensionato.**
[미오 빠드레 에 운 뺀시오나또] 나의 아버지는 연금생활자입니다.

29. 회사에서 필요한 이탈리아어 단어! (회사의 조직과 직책)
회사의 조직과 직책에 관련된 이탈리아어 단어를 정리했습니다.

It's a completely new way to **learn** foreign language vocabulary fast and easy.

Part 5

It's a completely new way to **learn** foreign language vocabulary fast and easy.

테마 생활단어
이탈리아어 테마 생활단어

THEME

P5

꼭 필요한 동사 5개!
이탈리아어 동사는 인칭에 따라 어미를 변화시켜야 합니다.

---

p5-29-01

informare
[인포르마레] 보고하다   io informo / tu informi

---

p5-29-02

potere
[뽀떼레] ~할 수 있다/~해도 된다   io posso / tu puoi

---

p5-29-03

visitare
[비지따레] 방문하다   io visito / tu visiti

---

p5-29-04

organizzare
[오르가니짜레] 조직하다   io organizzo / tu organizzi

---

p5-29-05

lavorare
[라보라레] 일하다   io lavoro / tu lavori

The **vocabularies**, the most frequently used words will **be with you!**

You'll get most frequently used **vocabularies.**

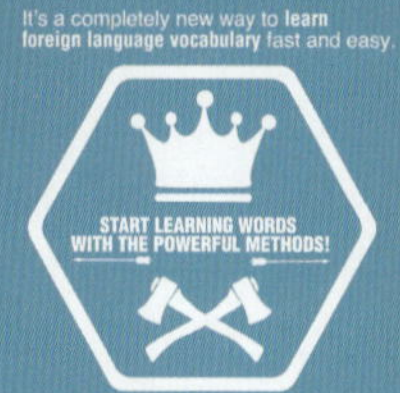

꼭 필요한 명사 10개!
이탈리아어 명사는 정관사와 함께 기억해 주십시오.

p5-29-06	**il direttore** [일 디레또레] 사장	p5-29-07	**il fondatore** [일 폰다또레] 창업자
p5-29-08	**l'imprenditore** [림쁘렌디또레] 경영자	p5-29-09	**il caporeparto** [일 까뽀레빠르또] 부장/팀장
p5-29-10	**il datore di lavoro** [일 다또레 디 라보로] 고용주	p5-29-11	**l'impiegato** [림삐에가또] 피고용자/사원
p5-29-12	**la ditta** [라 디따] 회사	p5-29-13	**l'impresa** [림쁘레자] 기업
p5-29-14	**la società** [라 쏘씨에따] 주식회사	p5-29-15	**il collega** [일 꼴레가] 동료

It's a completely new way to **learn** foreign language vocabulary fast and easy.

Part 5

It's a completely new way to **learn** foreign language vocabulary fast and easy.

테마 생활단어
이탈리아어 테마 생활단어

P5

 **문장을 완성하는 도우미들!**

p5-29-16	**mio**	p5-29-17	**suo**
	[미오] 나의 (소유형용사)		[수오] 그의 (소유형용사)

p5-29-18	**a**	p5-29-19	**talvolta**
	[아] ~에게		[딸볼따] 때때로/이따금

p5-29-20	**con**
	[꼰] ~와 함께

 **단어에서 회화 실력으로!**

p5-29-21 **Lui è il mio caporeparto.**
[루이 에 일 미오 까뽀레빠르또.]
그는 나의 부장님입니다.

p5-29-22 **Posso visitare la sua ditta?**
[뽀쏘 비지따레 라 수아 디따?]
(내가) 그의 회사를 방문해도 되겠습니까?

p5-29-23 **Talvolta lei lavora con i colleghi.**
[딸볼따 레이 라보라 꼰 이 꼴레기.]
그녀는 때때로 동료들과 함께 일합니다.

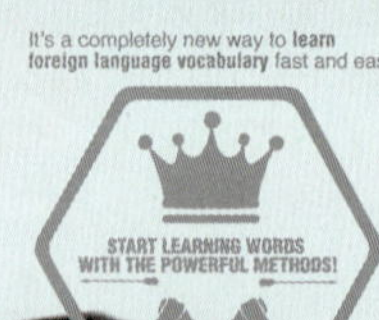

Learn
foreign language
vocabulary
ITALIAN

30. 회사에서 필요한 이탈리아어 단어! (회사업무)
회사의 업무와 관련하여 필요한 이탈리아어 단어를 정리했습니다.

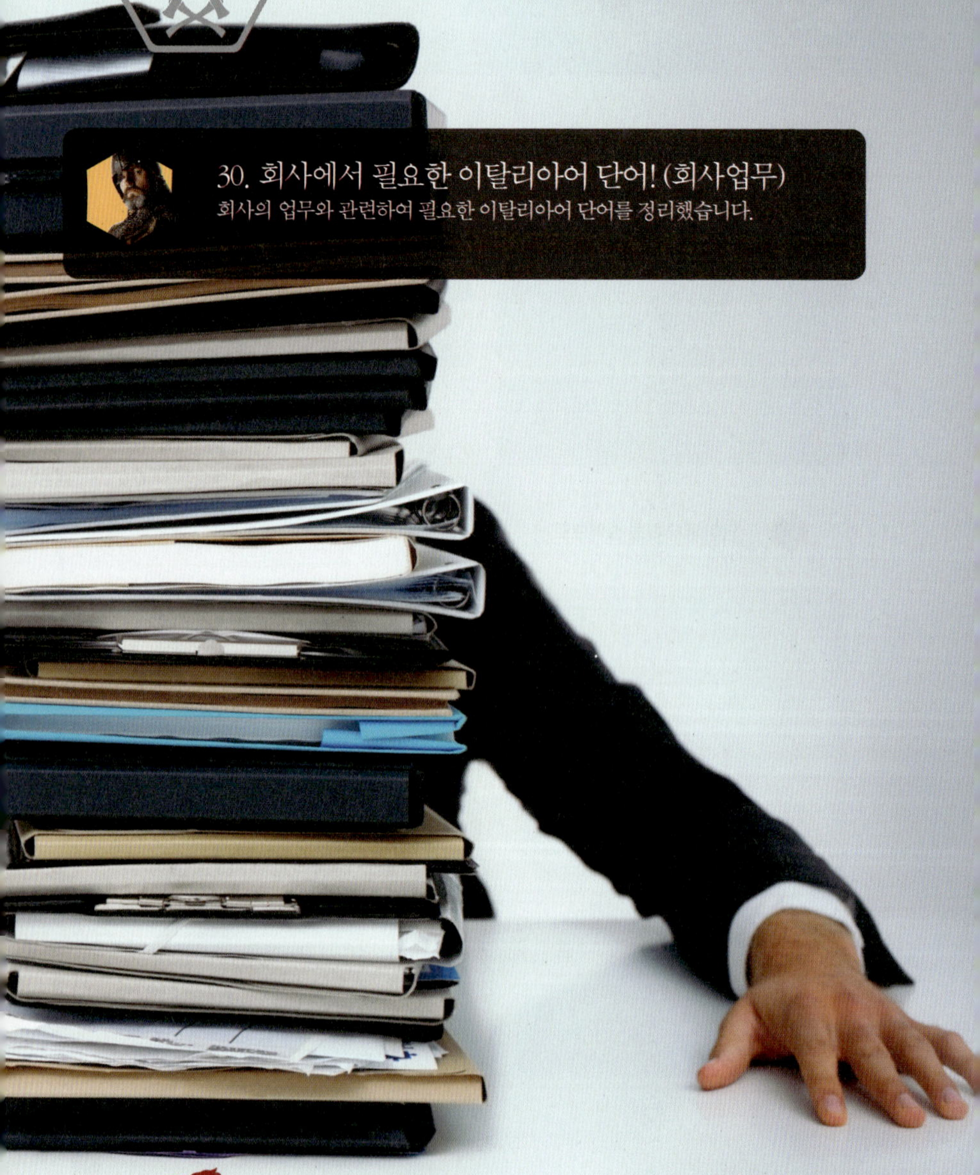

It's a completely new way to **learn** foreign language vocabulary fast and easy.

Part 5

It's a completely new way to **learn** foreign language vocabulary fast and easy.

테마 생활단어
이탈리아어 테마 생활단어

P5

 **꼭 필요한 동사 5개!**
이탈리아어 동사는 인칭에 따라 어미를 변화시켜야 합니다.

---

p5-30-01 — **scrivere**
[스끄리베레] 쓰다 — io scrivo / tu scrivi

p5-30-02 — **chiamare**
[끼아마레] 전화하다 — io chiamo / tu chiami

p5-30-03 — **avere**
[아베레] 가지고 있다 — io ho / tu hai

p5-30-04 — **dovere**
[도베레] ~해야하다 — io devo / tu devi

p5-30-05 — **fissare**
[핏싸레] 확립하다/정하다 — io fisso / tu fissi

The vocabularies, the most frequently used words will **be with you!**

You'll get most frequently used vocabularies.

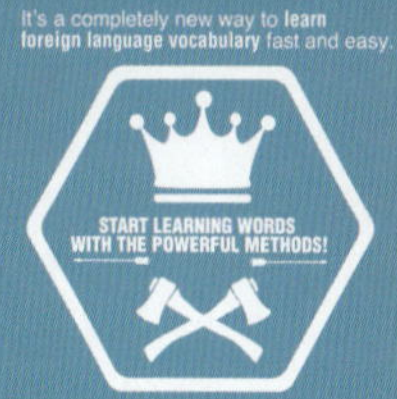

꼭 필요한 명사 10개!
이탈리아어 명사는 정관사와 함께 기억해 주십시오.

p5-30-06 **la compagnia** [라 꼼빠니아] 회사	**p5-30-07** **la catena** [라 까떼나] 체인(점)
p5-30-08 **l'orario di lavoro** [로라리오 디 라보로] 근무시간	**p5-30-09** **lo straordinario** [로 스뜨라오르디나리오] 잔업/야근
p5-30-10 **il lavoro** [일 라보로] 업무	**p5-30-11** **il viaggio d'affari** [일 비앗지오 다파리] 출장
p5-30-12 **la riunione** [라 리우니오네] 회의/모임	**p5-30-13** **il rapporto** [일 라뽀르또] 보고/보고서
p5-30-14 **l'appuntamento** [라뿐따멘또] 약속	**p5-30-15** **la conferenza** [라 꼰페렌짜] 회의/총회

It's a completely new way to learn foreign language vocabulary fast and easy.

Part 5

It's a completely new way to learn foreign language vocabulary fast and easy.

테마 생활단어
이탈리아어 테마 생활단어

P5

THEME

START LEARNING WORDS WITH THE POWERFUL METHODS!

문장을 완성하는 도우미들!

p5-30-16	**un** [운] 하나의 (부정관사)
p5-30-17	**d'affari** [다파리] 업무적으로
p5-30-18	**oggi** [옷찌] 오늘
p5-30-19	**domani** [도마니] 내일

단어에서 회화 실력으로!

p5-30-20 Lei scrive un rapporto.
[레이 스끄리베 운 라쁘르또] 그녀는 보고서를 씁니다.

p5-30-21 Sono in viaggio d'affari.
[소노 인 비앗지오 다파리.] (나는) 출장 중입니다.

p5-30-22 Oggi ho un appuntamento.
[옷지 오 운 아뿐따멘또.] (나는) 오늘 약속이 있습니다.

p5-30-23 Domani abbiamo una riunione.
[도마니 압비아모 우나 리우니오네.] (우리는) 내일 회의가 있습니다.

p5-30-24 Devo fissare un appuntamento.
[데보 핏싸레 운 아뿐따멘또.] 만나는 약속을 정해야 한다.

It's a completely new way to learn
foreign language vocabulary fast and easy.

Learn
foreign language
vocabulary
ITALIAN

START LEARNING WORDS
WITH THE POWERFUL METHODS!

31. 회사에서 필요한 이탈리아어 단어! (사무용품)
회사의 사무용품과 관련된 이탈리아어 단어를 정리했습니다.

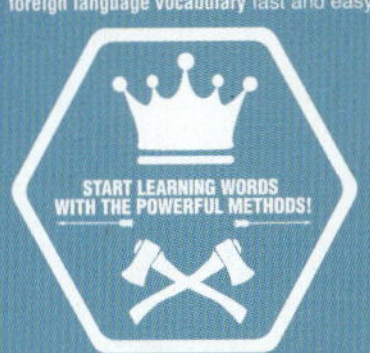

Part 5

테마 생활단어

이탈리아어 테마 생활단어

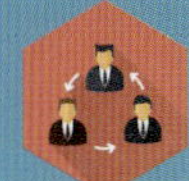

P5

꼭 필요한 동사 5개!
이탈리아어 동사는 인칭에 따라 어미를 변화시켜야 합니다.

| p5-31-01 | **sistemare** | |
| | [씨스떼마레] 정돈하다 | io sistemo / tu sistemi |

| p5-31-02 | **chiedere** | |
| | [끼에데레] 부탁하다/요청하다 | io chiedo / tu chiedi |

| p5-31-03 | **usare** | |
| | [우사레] 사용하다 | io uso / tu usi |

| p5-31-04 | **portare** | |
| | [뽀르따레] 가져오다/가져가다 | io porto / tu porti |

| p5-31-05 | **svuotare** | |
| | [즈부오따레] 비우다 | io svuoto / tu svuoti |

The **vocabularies**, the most frequently used words will **be with you!**

You'll get most frequently used **vocabularies.**

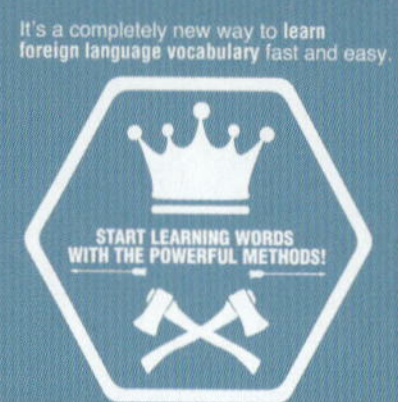

꼭 필요한 명사 10개!

이탈리아어 명사는 정관사와 함께 기억해 주십시오.

p5-31-06 **la scrivania** [라 스끄리바니아] 책상	**p5-31-07** **l'archivio** [라르끼비오] 서류캐비닛
p5-31-08 **il documento** [일 도꾸멘또] 서류/자료	**p5-31-09** **il classificatore** [일 끌라씨피까또레] 서류보관함
p5-31-10 **la bacheca** [라 바께까] 알림판	**p5-31-11** **la cartella** [라 까르뗄라] 서류철
p5-31-12 **l'agenda** [라젠다] 스케줄 달력	**p5-31-13** **la penna** [라 뺀나] 볼펜
p5-31-14 **la carta** [라 까르따] 용지	**p5-31-15** **il cestino** [일 체스띠노] 쓰레기통

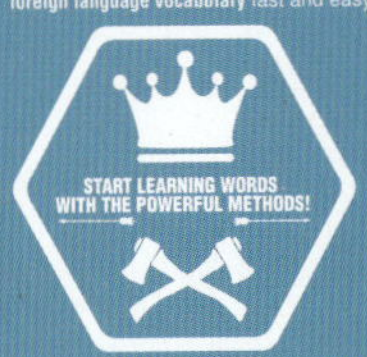

It's a completely new way to **learn** foreign language vocabulary fast and easy.

Part 5

It's a completely new way to **learn** foreign language vocabulary fast and easy.

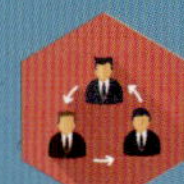

테마 생활단어
이탈리아어 테마 생활단어

P5

 문장을 완성하는 도우미들!

p5-31-16	**spesso** [스뻬쏘] 자주
p5-31-17	**di** [디] ~의
p5-31-18	**mi** [미] 나에게 (간접목적격대명사)
p5-31-19	**con** [꼰] ~와 함께/~으로
p5-31-20	**non ~ mai** [논 ~ 마이] 전혀 ~ 아니다

단어에서 회화 실력으로!

p5-31-21 Lei sistema spesso la scrivania.
[레이 씨스떼마 스뻬쏘 라 스끄리바니아.] 그녀는 자주 책상을 정리합니다.

p5-31-22 Mi può portare la cartella dei documenti?
[미 뿌오 뽀르따레 라 까르뗄라 데이 도꾸멘띠?]
서류철 좀 나에게 가져다주세요.

p5-31-23 Lui scrive con una penna.
[루이 스끄리베 꼰 우나 뺀나.] 그는 볼펜으로 씁니다.

p5-31-24 Lui non svuota mai il suo cestino.
[루이 논 즈부오따 마이 일 수오 체스띠노.]
그는 자신의 쓰레기통을 전혀 치우지 않습니다.

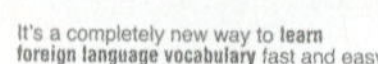

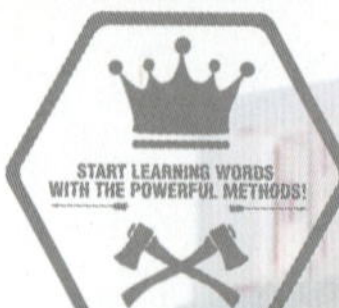

Learn
foreign language
vocabulary
ITALIAN

32. 회사에서 필요한 이탈리아어 단어! (사무기기)
회사의 사무기기와 관련된 이탈리아어 단어를 정리했습니다.

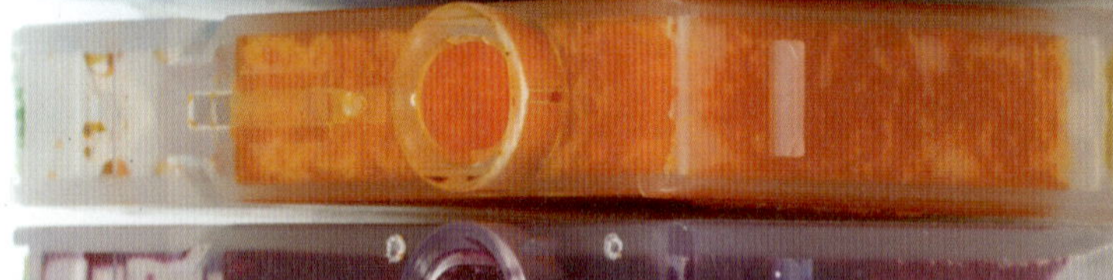

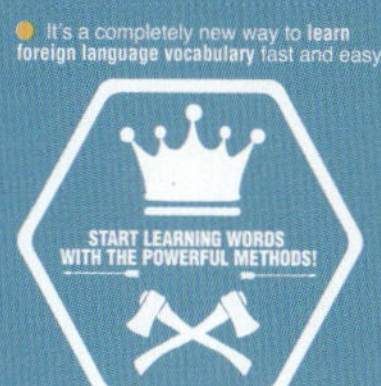

Part 5

It's a completely new way to learn foreign language vocabulary fast and easy.

THEME

테마 생활단어
이탈리아어 테마 생활단어

P5

 꼭 필요한 동사 5개!
이탈리아어 동사는 인칭에 따라 어미를 변화시켜야 합니다.

p5-32-01	**stampare**	
	[스땀빠레] 출력하다	io stampo / tu stampi

p5-32-02	**spedire**	
	[스뻬디레] 보내다	io spedisco / tu spedisci

p5-32-03	**copiare**	
	[꼬삐아레] 복사하다	io copio / tu copi

p5-32-04	**scannerizzare**	
	[스깐네리짜레] 스캔하다	io scannerizzo / tu scannerizzi

p5-32-05	**usare**	
	[우사레] 다루다/사용하다	io uso / tu usi

The vocabularies, the most frequently used words will be with you!

You'll get most frequently used vocabularies.

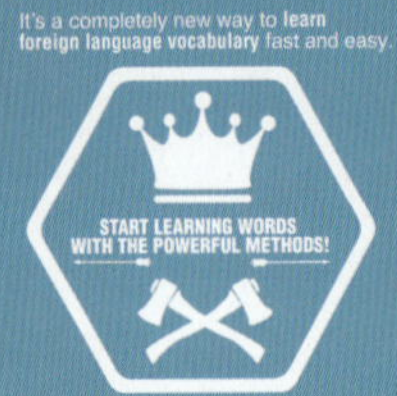

꼭 필요한 명사 10개!
이탈리아어 명사는 정관사와 함께 기억해 주십시오.

p5-32-06	**la stampante** [라 스땀빤떼] 인쇄기	p5-32-07	**la fotocopiatrice** [라 포또꼬삐아뜨리체] 복사기
p5-32-08	**il fax** [일 팍스] 팩스	p5-32-09	**lo scanner** [로 스깐네르] 스캐너
p5-32-10	**il computer** [일 콤퓨떼르] 컴퓨터	p5-32-11	**il portatile** [일 뽀르따띨레] 노트북
p5-32-12	**la calcolatrice** [라 깔꼴라뜨리체] 계산기	p5-32-13	**il dizionario elettronico** [일 디찌오나리오 엘레뜨로니꼬] 전자사전
p5-32-14	**il tablet PC** [일 타블렛 피치] 태블릿	p5-32-15	**la chiavetta** [라 끼아베따] 저장장치 USB

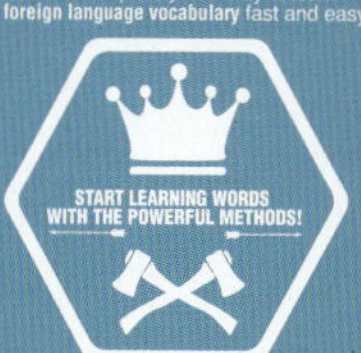

It's a completely new way to learn foreign language vocabulary fast and easy.

Part 5

It's a completely new way to learn foreign language vocabulary fast and easy.

테마 생활단어
이탈리아어 테마 생활단어

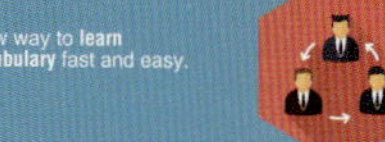

P5

 **문장을 완성하는 도우미들!**

p5-32-16	**mi**	p5-32-17	**un**
	[미] 나에게		[운] 하나의 (부정관사)

p5-32-18	**bene**
	[베네] 잘/좋게

단어에서 회화 실력으로!

p5-32-19 **Lui mi spedisce un fax.**
[루이 미 스뻬디셰 운 팍스] 그는 나에게 팩스를 보낸다.

p5-32-20 **Lei copia i documenti.**
[레이 꼬뻬아 이 도꾸멘띠] 그녀는 서류를 복사합니다.

p5-32-21 **Lei sa usare bene la stampante.**
[레이 사 우사레 베네 라 스땀빤떼] 그녀는 프린터를 잘 다룹니다.

p5-32-22 **Per stampare si usa lo stampante e per scannerizzare si usa lo scanner.**
[뻬르 스땀빠레 씨 우사 로 스땀빤떼 에 뻬르 스깐네리짜레 씨 우사 로 스깐네르]
인쇄기는 인쇄를 하고 스캐너는 스캔을 합니다.

The **vocabularies**, the most frequently used words will **be with you!**

You'll get most frequently used **vocabularies.**

33. 회사에서 필요한 이탈리아어 단어! (컴퓨터 업무)

회사의 컴퓨터 업무와 관련된 이탈리아어 단어를 정리했습니다.

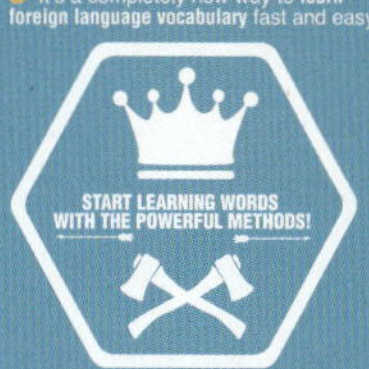

Part 5

It's a completely new way to **learn** foreign language vocabulary fast and easy.

테마 생활단어
이탈리아어 테마 생활단어

P5

꼭 필요한 동사 5개!
이탈리아어 동사는 인칭에 따라 어미를 변화시켜야 합니다.

p5-33-01	**cliccare**	
	[끌리까레] 클릭하다	io clicco / tu clicchi

p5-33-02	**scrivere**	
	[스끄리베레] 쓰다/입력하다	io scrivo / tu scrivi

p5-33-03	**salvare**	
	[살바레] 저장하다	io salvo / tu salvi

p5-33-04	**installare**	
	[인스딸라레] 설치하다	io installo / tu installi

p5-33-05	**scaricare**	
	[스까리까레] 다운로드하다	io scarico/ tu scarichi

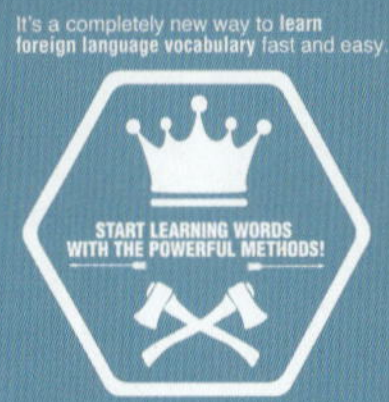

꼭 필요한 명사 10개!

이탈리아어 명사는 정관사와 함께 기억해 주십시오.

p5-33-06	**il PC** [일 피치] 퍼스널컴퓨터	p5-33-07	**lo schermo** [로 스께르모] 모니터
p5-33-08	**la tastiera** [라 따스띠에라] 키보드	p5-33-09	**il mouse** [일 마우스] 마우스
p5-33-10	**il programma** [일 쁘로그람마] 프로그램	p5-33-11	**i dati** [이 다띠] 데이터
p5-33-12	**il software** [일 소프트웨어] 소프트웨어	p5-33-13	**il documento** [일 도꾸멘또] 문서
p5-33-14	**la chiavetta** [라 끼아베따] USB	p5-33-15	**la trasmissione dati** [라 뜨라스미씨오네 다띠] 데이터전송

Part 5

It's a completely new way to learn foreign language vocabulary fast and easy.

테마 생활단어
이탈리아어 테마 생활단어

P5

문장을 완성하는 도우미들!

p5-33-16 **nuovo**
[누오보] 새로운

p5-33-17 **molto**
[몰또] 매우

p5-33-18 **veloce**
[벨로체] 빠른

단어에서 회화 실력으로!

p5-33-19 **Lei installa un nuovo programma.**
[레이 인스딸라 운 누오보 쁘로그람마.]
그녀는 새로운 프로그램을 설치합니다.

p5-33-20 **Lei scrive molto velocemente sulla tastiera.**
[레이 스끄리베 몰또 벨로체멘떼 술라 따스띠에라.]
그녀는 매우 빠르게 타자 입력합니다.

p5-33-21 **Lui salva i dati.**
[루이 살바 이 다띠.] 그는 데이터를 저장합니다.

p5-33-22 **Lei scarica i dati.**
[레이 스까리까 이 다띠.] 그녀는 데이터를 다운로드합니다.

The **vocabularies**, the most frequently used words will **be with you!**

You'll get most frequently used **vocabularies.**

34. 회사에서 필요한 이탈리아어 단어! (이메일 업무)

회사에서 이메일 업무를 할 때 필요한 이탈리아어 단어를 정리했습니다.

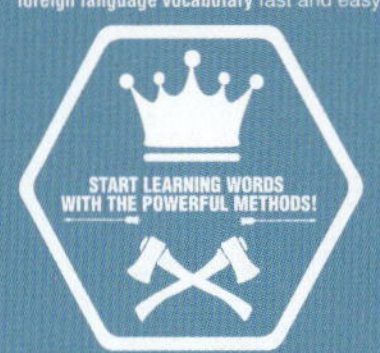

Part 5

It's a completely new way to learn foreign language vocabulary fast and easy.

테마 생활단어
이탈리아어 테마 생활단어

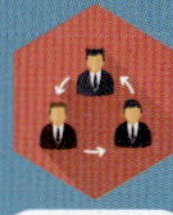

꼭 필요한 동사 5개!
이탈리아어 동사는 인칭에 따라 어미를 변화시켜야 합니다.

p5-34-01	**scrivere**	
	[스끄리베레] 쓰다	io scrivo / tu scrivi

p5-34-02	**inviare**	
	[인비아레] 보내다	io invio / tu invii

p5-34-03	**ricevere**	
	[리체베레] 받다	io ricevo / tu ricevi

p5-34-04	**fare**	
	[파레] ~하다	io faccio / tu fai

p5-34-05	**rispondere**	
	[리스뽄데레] 대답하다/답장하다	io rispondo / tu rispondi

The vocabularies, the most frequently used words will be with you!

You'll get most frequently used vocabularies.

289

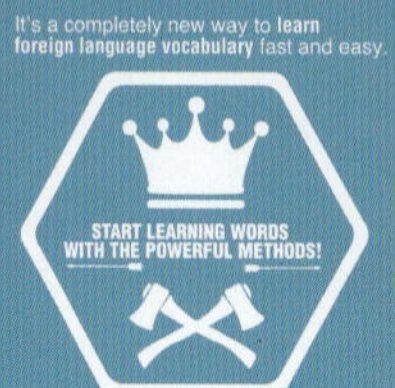

꼭 필요한 명사 10개!
이탈리아어 명사는 정관사와 함께 기억해 주십시오.

p5-34-06	**l'internet** [린떼르넷뜨] 인터넷	p5-34-07	**il sito** [일 씨또] 웹사이트
p5-34-08	**la pagina principale** [라 빠지나 쁘린치빨레] 홈페이지	p5-34-09	**l'e-mail** [레-메일] 이메일
p5-34-10	**l'indirizzo d'e-mail** [린디릿쪼 데메일] 이메일 주소	p5-34-11	**il messaggio** [일 메싸지오] 메시지
p5-34-12	**la matricola** [라 마뜨리꼴라] 아이디	p5-34-13	**la password** [라 패스워드] 비밀번호
p5-34-14	**il log-in** [일 로그-인] 로그인	p5-34-15	**il log-out** [일 로그-아웃] 로그아웃

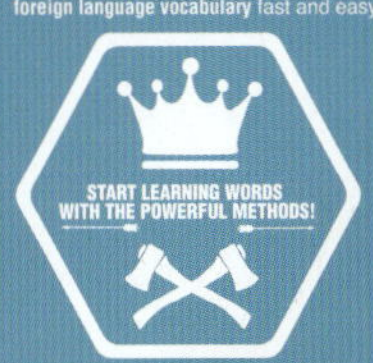

It's a completely new way to **learn** foreign language vocabulary fast and easy.

THEME

Part 5

It's a completely new way to **learn** foreign language vocabulary fast and easy.

테마 생활단어
이탈리아어 테마 생활단어

P5

 **문장을 완성하는 도우미들!**

p5-34-16 le
[레] 그녀에게

p5-34-17 via
[비아] ~으로/~을 이용하여

p5-34-18 sul sito
[술 씨또] 사이트에서

p5-34-19 tanto
[딴또] 많은

단어에서 회화 실력으로!

p5-34-20 Le scrivo un'e-mail.
[레 스끄리보 운 이메일] (나는) 그녀에게 이메일을 씁니다.

p5-34-21 Ogni giorno lei riceve tante e-mail.
[온니 죠르노 레이 리체베 딴떼 이메일] 그녀는 매일 많은 메일을 받습니다.

p5-34-22 Lui invia i dati via e-mail.
[루이 인비아 이 다띠 비아 이메일] 그는 데이터를 이메일로 보냅니다.

p5-34-23 Non posso fare il log-in sul sito.
[논 뽀쏘 파레 일 로그-인 술 씨또] (나는) 그 사이트에서 로그인할 수 없다.

It's a completely new way to learn foreign language vocabulary fast and easy.
Learn foreign language vocabulary
ITALIAN
START LEARNING WORDS WITH THE POWERFUL METHODS!
35. 회사에서 필요한 이탈리아어 단어! (전화통화)
회사에서 전화통화할 때 필요한 이탈리아어 단어를 정리했습니다.
292
It's a completely new way to learn foreign language vocabulary fast and easy.

It's a completely new way to **learn** foreign language vocabulary fast and easy.

Part 5

It's a completely new way to **learn** foreign language vocabulary fast and easy.

THEME

테마 생활단어
이탈리아어 테마 생활단어

P5

꼭 필요한 동사 5개!
이탈리아어 동사는 인칭에 따라 어미를 변화시켜야 합니다.

p5-35-01
telefonare
[뗄레포나레] 전화하다
io telefono / tu telefoni

p5-35-02
chiamare
[끼아마레] 전화하다
io chiamo / tu chiami

p5-35-03
parlare
[빠를라레] 말하다
io parlo / tu parli

p5-35-04
richiamare
[리끼아마레] 다시 전화하다
io richiamo / tu richiami

p5-35-05
riprovare
[리쁘로바레] 다시 시도하다
io riprovo / tu riprovi

The vocabularies, the most frequently used words will be **with you!**

You'll get most frequently used **vocabularies.**

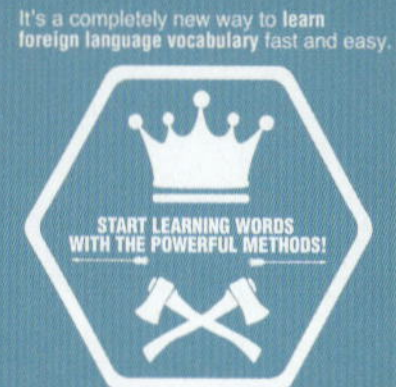

꼭 필요한 명사 10개!
이탈리아어 명사는 정관사와 함께 기억해 주십시오.

p5-35-06	**il telefono** [일 뗄레포노] 전화기	p5-35-07	**il cellulare** [일 첼룰라레] 휴대폰
p5-35-08	**il telefono fisso** [일 뗄레포노 피쏘] 유선전화기	p5-35-09	**il telefono principale** [일 뗄레포노 쁘린치빨레] 대표전화(번호)
p5-35-10	**il numero verde** [일 누메로 베르데] 수신자부담전화	p5-35-11	**la chiamata d'emergenza** [라 끼아마따 데메르젠짜] 긴급통화
p5-35-12	**il numero di telefono** [일 누메로 디 뗄레포노] 전화번호	p5-35-13	**il prefisso** [일 쁘레핏쏘] 지역번호
p5-35-14	**il vivavoce** [일 비바보체] 스피커폰	p5-35-15	**l'elenco telefonico** [렐렝꼬 뗄레포니꼬] 전화번호부

It's a completely new way to learn foreign language vocabulary fast and easy.

THEME

Part 5

It's a completely new way to learn foreign language vocabulary fast and easy.

테마 생활단어
이탈리아어 테마 생활단어

P5

 **문장을 완성하는 도우미들!**

p5-35-16	**pronto** [쁘론또] 여보세요	p5-35-17	**signore** [씨뇨레] 미스터/씨
p5-35-18	**Sig.** [씩] 미스터/씨 (약자)	p5-35-19	**chi** [끼] 누구
p5-35-20	**prego** [쁘레고] 부탁합니다	p5-35-21	**più tardi** [삐우 따르디] 나중에

 **단어에서 회화 실력으로!**

p5-35-22 **Pronto, posso parlare con Sig. Fré?**
[쁘론또, 뽀쏘 빠를라레 꼰 씨뇨르 프레?]
여보세요, 프레씨와 통화할 수 있습니까?

p5-35-23 **Chi parla?**
[끼 빠를라?] 누구세요?

p5-35-24 **Richiamo più tardi.**
[리끼아모 삐우 따르디] 나중에 다시 걸겠습니다.

p5-35-25 **Riprovo piu' tardi.**
[리쁘로보 삐우 따르디] 나중에 다시 걸겠습니다.

The vocabularies, the most frequently used words will **be with you!**

You'll get most frequently used **vocabularies.**

It's a completely new way to **learn foreign language vocabulary** fast and easy.

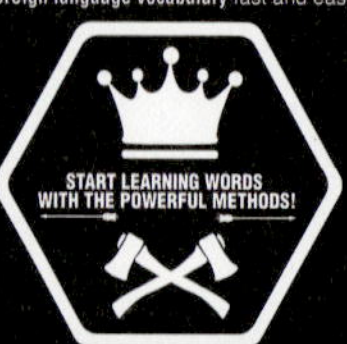

Learn
foreign language
vocabulary
ITALIAN

36. 교통수단 이용에 필요한 이탈리아어 단어! (버스/택시)

교통수단, 특히 버스와 택시를 이용할 때 필요한
이탈리아어 단어를 정리했습니다.

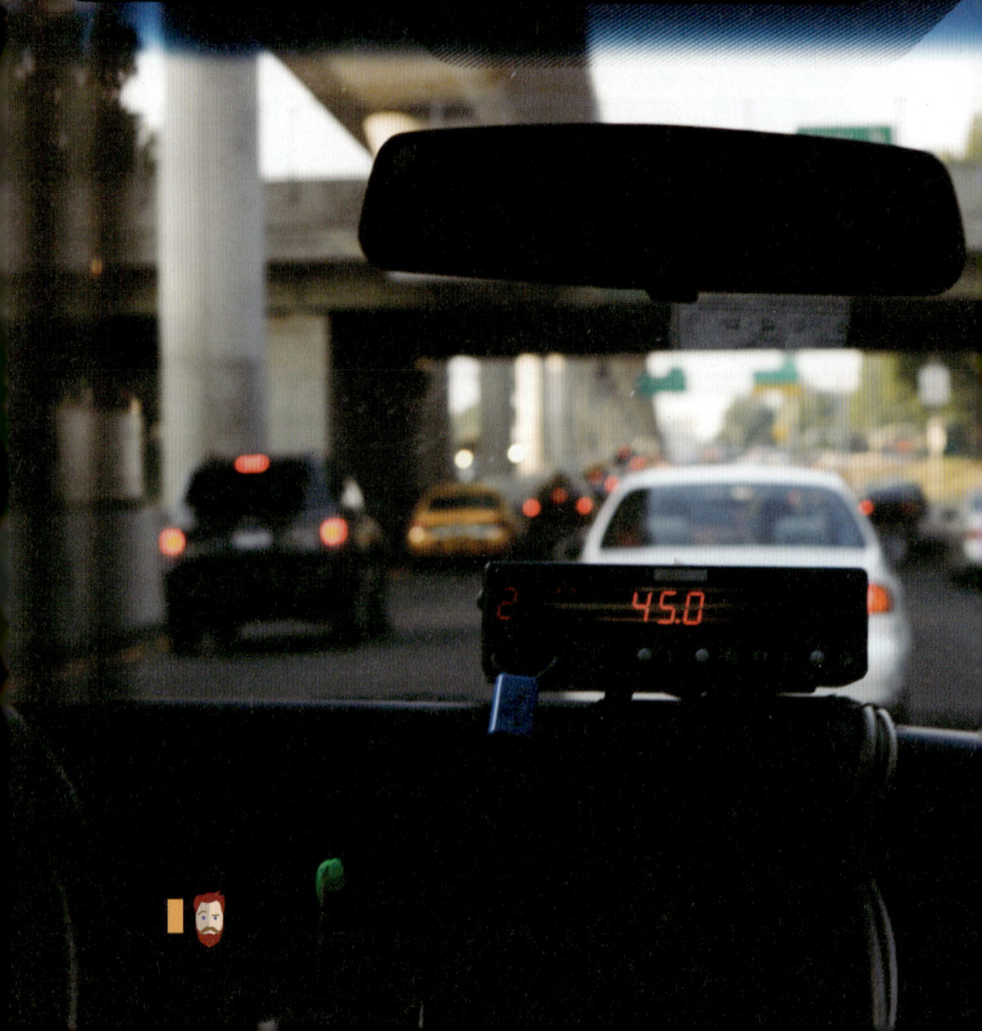

Part 5

It's a completely new way to **learn** foreign language vocabulary fast and easy.

테마 생활단어
이탈리아어 테마 생활단어

P5

꼭 필요한 동사 5개!
이탈리아어 동사는 인칭에 따라 어미를 변화시켜야 합니다.

p5-36-01	**camminare**	
	[깜미나레] 걷다	io cammino / tu cammini

p5-36-02	**prendere**	
	[쁘렌데레] ~취하다, 갖다/ 타다	io prendo / tu prendi

p5-36-03	**aspettare**	
	[아스뻬따레] ~을 기다리다	io aspetto / tu aspetti

p5-36-04	**perdere**	
	[뻬르데레] 놓치다/잃다	io perdo / tu perdi

p5-36-05	**trovare**	
	[뜨로바레] 찾다	io trovo / tu trovi

The **vocabularies**, the most frequently used words will **be with you!**

You'll get most frequently used **vocabularies.**

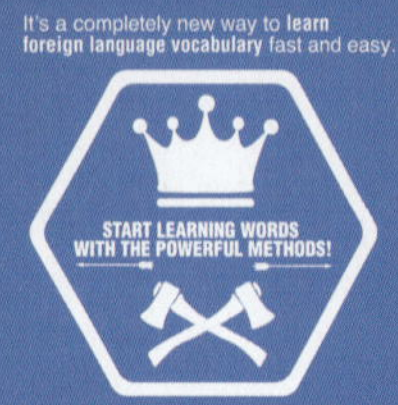

꼭 필요한 명사 10개!
이탈리아어 명사는 정관사와 함께 기억해 주십시오.

p5-36-06	**il taxi** [일 탁씨] 택시	p5-36-07	**la fermata** [라 페르마따] 정류장
p5-36-08	**il bus** [일 부스] 버스	p5-36-09	**il biglietto** [일 빌리에또] 티켓
p5-36-10	**la stazione degli autobus** [라 스따찌오네 델리 아우또부스] 버스터미널	p5-36-11	**il capolinea** [일 까뽈리네아] 종점
p5-36-12	**il passaggio pedonale** [일 빠싸지오 뻬도날레] 횡단보도	p5-36-13	**il semaforo** [일 쎄마포로] 신호등
p5-36-14	**la direzione** [라 디레찌오네] 교통표지	p5-36-15	**l'autobus notturno** [라우또부스 노뚜르노] 심야버스

It's a completely new way to learn foreign language vocabulary fast and easy.

Part 5

It's a completely new way to learn foreign language vocabulary fast and easy.

테마 생활단어
이탈리아어 테마 생활단어

P5

문장을 완성하는 도우미들!

| p5-36-16 | **a piedi**
 [아 삐에디] 걸어서 | p5-36-17 | **fino a ~**
 [피노 아] ~까지 |
| p5-36-18 | **in**
 [인] ~로 (수단/방법) | p5-36-19 | **dove**
 [도베] 어디 |

단어에서 회화 실력으로!

p5-36-20 **Vado a piedi fino alla fermata dell'autobus.**
[바도 아 삐에디 피노 알라 페르마따 델라우또부스]
(나는) 걸어서 버스정류장으로 갑니다.

p5-36-21 **Prendi l'autobus?**
[쁘렌디 라우또부스?] (너) 버스 타고 가니?

p5-36-22 **Lui aspetta l'autobus.**
[루이 아스뻬따 라우또부스] 그는 버스를 기다립니다.

p5-36-23 **Dove si trova la fermata dell'autobus?**
[도베 씨 뜨로바 라 페르마따 델라우또부스?] 버스정류장이 어디에 있나요?

It's a completely new way to learn foreign language vocabulary fast and easy.
It's a completely new way to learn foreign language vocabulary fast and easy.
Learn foreign language vocabulary ITALIAN
START LEARNING WORDS WITH THE POWERFUL METHOD
37. 교통수단 이용에 필요한 이탈리아어 단어! (기차/지하철)
교통수단, 특히 기차와 지하철을 이용할 때 필요한
이탈리아어 단어를 정리했습니다.

It's a completely new way to learn foreign language vocabulary fast and easy.

It's a completely new way to **learn** foreign language vocabulary fast and easy.

START LEARNING WORDS WITH THE POWERFUL METHODS!

THEME

Part 5

It's a completely new way to **learn** foreign language vocabulary fast and easy.

테마 생활단어
이탈리아어 테마 생활단어

P5

꼭 필요한 동사 5개!
이탈리아어 동사는 인칭에 따라 어미를 변화시켜야 합니다.

| p5-37-01 | **arrivare** | |
| | [아리바레] 도착하다 | io arrivo / tu arrivi |

| p5-37-02 | **partire** | |
| | [빠르띠레] 출발하다 | io parto / tu parti |

| p5-37-03 | **prendere** | |
| | [쁘렌데레] 타다 | io prendo / tu prendi |

| p5-37-04 | **scendere** | |
| | [쉔데레] 내리다 | io scendo / tu scendi |

| p5-37-05 | **cambiare** | |
| | [깜비아레] 환승하다 | io cambio / tu cambi |

The vocabularies, the most frequently used words will **be with you!**

You'll get most frequently used **vocabularies.**

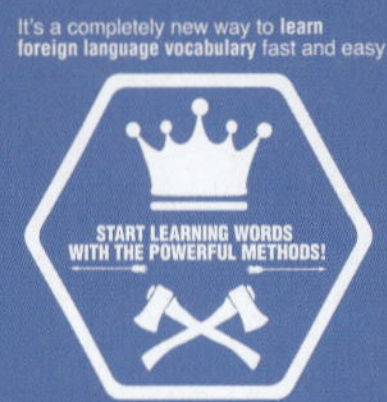

꼭 필요한 명사 10개!

이탈리아어 명사는 정관사와 함께 기억해 주십시오.

p5-37-06 **il treno** [일 뜨레노] 기차	**p5-37-07** **la metropolitana** [라 메뜨로뽈리따나] 지하철
p5-37-08 **il tram** [일 뜨람] 전차/트램	**p5-37-09** **la ferrovia** [라 페로비아] 철도
p5-37-10 **il binario** [일 비나리오] 선로	**p5-37-11** **la sala d'attesa** [라 살라 다떼자] 대합실
p5-37-12 **il biglietto** [일 빌리에또] 차표	**p5-37-13** **la biglietteria** [라 빌리에떼리아] 매표소
p5-37-14 **la partenza** [라 빠르뗀짜] 출발	**p5-37-15** **l'arrivo** [라리보] 도착

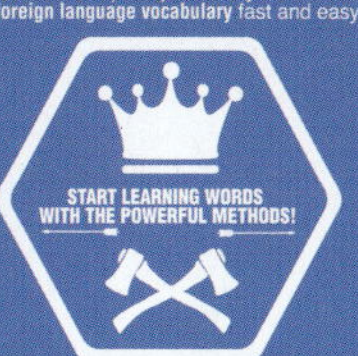

Part 5

It's a completely new way to learn foreign language vocabulary fast and easy.

테마 생활단어
이탈리아어 테마 생활단어

P5

문장을 완성하는 도우미들!

| p5-37-16 | **prossimo** |
| | [쁘로씨모] 다음의 |

| p5-37-17 | **quando** |
| | [꾸안도] 언제 |

| p5-37-18 | **direttamente** |
| | [디레따멘떼] 곧장 |

| p5-37-19 | **per** |
| | [뻬르] ~ 향해 (전치사) |

단어에서 회화 실력으로!

p5-37-20 **Lui prende la metropolitana.**
[루이 쁘렌데 라 메뜨로뽈리따나.] 그는 지하철을 탑니다.

p5-37-21 **La prossima fermata è Giardini Biennale.**
[라 쁘로씨마 페르마따 에 쟈르디니 비엔날레]
다음 역은 쟈르디니 비엔날레 역 입니다.

p5-37-22 **Il treno va direttamente a Roma.**
[일 뜨레노 바 디레따멘데 아 로마.] 기차는 로마로 직행합니다.

p5-37-23 **Quando parte il treno per Milano?**
[꾸안도 빠르떼 일 뜨레노 뻬르 밀라노?] 밀라노행 열차는 언제 출발합니까?

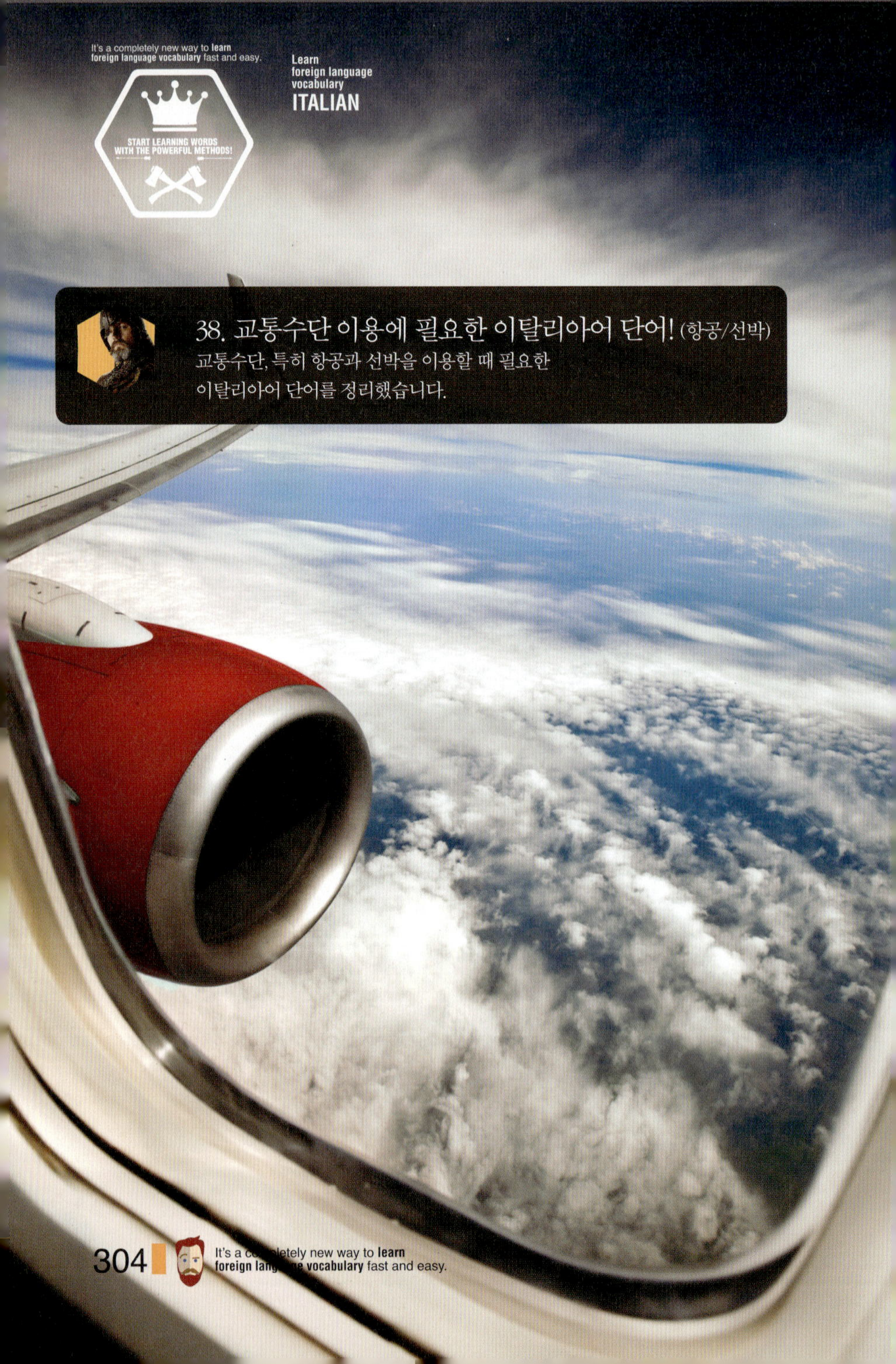

38. 교통수단 이용에 필요한 이탈리아어 단어! (항공/선박)

교통수단, 특히 항공과 선박을 이용할 때 필요한
이탈리아어 단어를 정리했습니다.

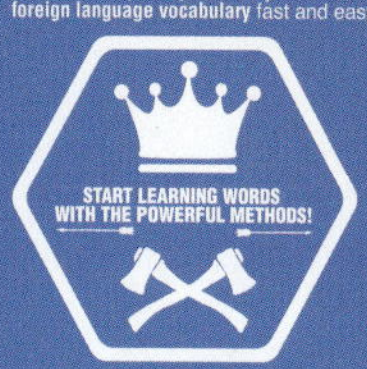

Part 5

It's a completely new way to **learn** foreign language vocabulary fast and easy.

테마 생활단어
이탈리아어 테마 생활단어

It's a completely new way to **learn** foreign language vocabulary fast and easy.

꼭 필요한 동사 5개!

이탈리아어 동사는 인칭에 따라 어미를 변화시켜야 합니다.

p5-38-01	**volare**	
●	[볼라레] 날다	io volo / tu voli

p5-38-02	**decollare**	
●	[데꼴라레] 이륙하다	io decollo / tu decolli

p5-38-03	**atterrare**	
●	[아떼라레] 착륙하다	io atterro / tu atterri

p5-38-04	**sedersi**	
●	[쎄데르씨] 앉다 (재귀동사)	mi siedo / ti siedi

p5-38-05	**durare**	
●	[두라레] 지속되다	io duro / tu duri

● **The vocabularies**, the most frequently used words will **be with you!**

● You'll get most frequently used **vocabularies.**

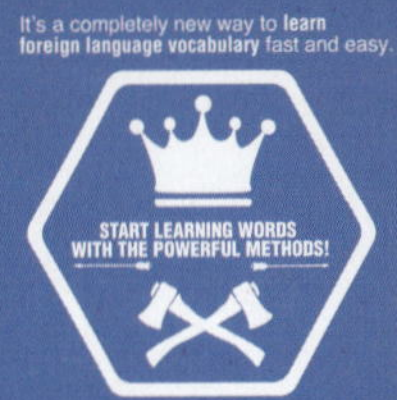

꼭 필요한 명사 10개!
이탈리아어 명사는 정관사와 함께 기억해 주십시오.

p5-38-06 **il volo** [일 볼로] 항공	**p5-38-07** **l'aeroporto** [라에로뽀르또] 공항
p5-38-08 **l'assistente di volo** [라씨스뗀떼 디 볼로] 승무원	**p5-38-09** **l'uscita** [루시따] 출구
p5-38-10 **il decollo** [일 데꼴로] 이륙	**p5-38-11** **l'arrivo** [라리보] 착륙 / 도착
p5-38-12 **il biglietto di volo** [일 빌리에또 디 볼로] 비행기표	**p5-38-13** **la carta d'identità** [라 까르따 디덴띠따] 신분증
p5-38-14 **la nave** [라 나베] 선박/배	**p5-38-15** **il porto** [일 뽀르또] 항만

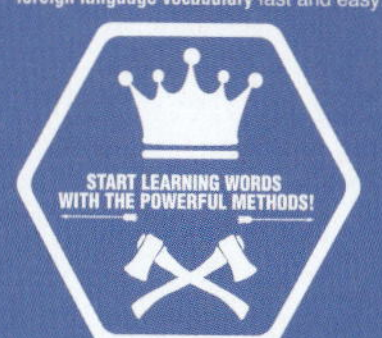

It's a completely new way to **learn** foreign language vocabulary fast and easy.

Part 5

It's a completely new way to **learn** foreign language vocabulary fast and easy.

테마 생활단어
이탈리아어 테마 생활단어

P5

 **문장을 완성하는 도우미들!**

| p5-38-16 | **quanto**
 [꾸안또] 얼마나 | p5-38-17 | **quando**
 [꾸안도] 언제 |

p5-38-18 a causa dello sciopero
[아 까우자 델로 쇼뻬로] 파업으로 인해

p5-38-19 per
[뻬르] ~로/~향해

p5-38-20 in ritardo
[인 리따르도] 연착된

 **단어에서 회화 실력으로!**

p5-38-21 Io parto per l'Europa.
[이오 빠르또 뻬르 레우로빠]
나는 유럽으로 갑니다.

p5-38-22 Quando parte il volo per Venezia?
[꾸안도 빠르떼 일 볼로 뻬르 베네찌아?]
베니스행 항공 출발은 언제입니까?

p5-38-23 A causa dello sciopero, il tuo volo è in ritardo.
[아 까우자 델로 쇼뻬로, 일 뚜오 볼로 에 인 리따르도.]
파업으로 인해 너의 비행기가 연착됐다.

p5-38-24 Quanto dura il volo da Roma a Seul?
[꾸안또 두라 일 볼로 다 로마 아 세울?]
로마-서울 비행은 몇 시간 걸립니까?

It's a completely new way to learn foreign language vocabulary fast and easy.
It's a completely new way to learn foreign language vocabulary fast and easy.
Learn foreign language vocabulary ITALIAN
START LEARNING WORDS WITH THE POWERFUL METHODS!
39. 교통수단 이용에 필요한 이탈리아어 단어! (주유/주차)
교통수단으로 자동차를 이용할 때 주유 또는 주차 시 필요한
이탈리아어 단어를 정리했습니다.

It's a completely new way to learn foreign language vocabulary fast and easy.

It's a completely new way to **learn** foreign language vocabulary fast and easy.

Part 5

It's a completely new way to **learn** foreign language vocabulary fast and easy.

THEME

테마 생활단어
이탈리아어 테마 생활단어

P5

꼭 필요한 동사 5개!
이탈리아어 동사는 인칭에 따라 어미를 변화시켜야 합니다.

| p5-39-01 | **fare** | |
| | [파레] ~하다 | io faccio / tu fai |

| p5-39-02 | **guidare** | |
| | [구이다레] 운전하다 | io guido / tu guidi |

| p5-39-03 | **parcheggiare** | |
| | [빠르껫지아레] 주차하다 | io parcheggio / tu parcheggi |

| p5-39-04 | **superare** | |
| | [수뻬라레] 추월하다 | io supero / tu superi |

| p5-39-05 | **correre** | |
| | [꼬레레] 달리다/질주하다 | io corro / tu corri |

The vocabularies, the most frequently used words will **be with you!**

You'll get most frequently used **vocabularies**.

꼭 필요한 명사 10개!

이탈리아어 명사는 정관사와 함께 기억해 주십시오.

p5-39-06	**la macchina** [라 막끼나] 자동차	p5-39-07	**il furgone** [일 푸르고네] 화물차
p5-39-08	**la moto** [라 모토] 오토바이	p5-39-09	**la patente** [라 빠뗀떼] 운전면허증
p5-39-10	**il parcheggio** [일 빠르껫지오] 주차장	p5-39-11	**il divieto di parcheggio** [일 디비에또 디 빠르껫지오] 주차금지
p5-39-12	**la stazione di rifornimento** [라 스따찌오네 디 리포르니멘또] 주유소	p5-39-13	**la benzina** [라 벤지나] 휘발유
p5-39-14	**il diesel** [일 디젤] 경유	p5-39-15	**il navigatore** [일 나비가또레] 내비게이션

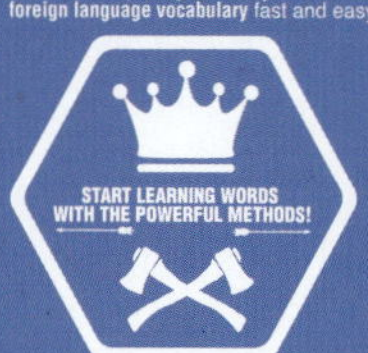

It's a completely new way to learn foreign language vocabulary fast and easy.

Part 5

It's a completely new way to learn foreign language vocabulary fast and easy.

테마 생활단어
이탈리아어 테마 생활단어

P5

문장을 완성하는 도우미들!

p5-39-16 **dove**
[도베] 어디

p5-39-17 **pieno**
[삐에노] 가득찬

p5-39-18 **qui**
[뀌] 여기

p5-39-19 **a destra**
[아 데스뜨라] 오른쪽으로

p5-39-20 **a sinistra**
[아 씨니스뜨라] 왼쪽으로

p5-39-21 **o**
[오] 또는

단어에서 회화 실력으로!

p5-39-22 **Dov'è la stazione di rifornimento?**
[도베 라 스따찌오네 디 리포르니멘또?] 주유소는 어디 있습니까?

p5-39-23 **Può fare il pieno di benzina?**
[뿌오 파레 일 삐에노 디 벤지나?] 휘발류를 가득 채워 주실래요?

p5-39-24 **Posso parcheggiare qui?**
[뽀쏘 빠르께지아레 뀌?] 여기에 주차를 해도 됩니까?

p5-39-25 **In Italia si guida a destra o a sinistra?**
[인 이딸리아 씨 구이다 아 데스뜨라 오 아 씨니스뜨라?]
이탈리아에서는 자동차를 오른쪽 차선으로 운전합니까
아니면 왼쪽으로 운전합니까?

● The **vocabularies**, the most frequently used words will **be with you!**

● You'll get most frequently used **vocabularies.**

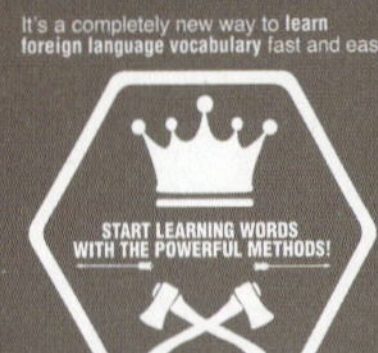

Learn
foreign language
vocabulary
ITALIAN

40. 식사를 하려고 할 때 필요한 이탈리아어 단어!

식사를 하려고 할 때 필요한 이탈리아어 단어를 정리했습니다.

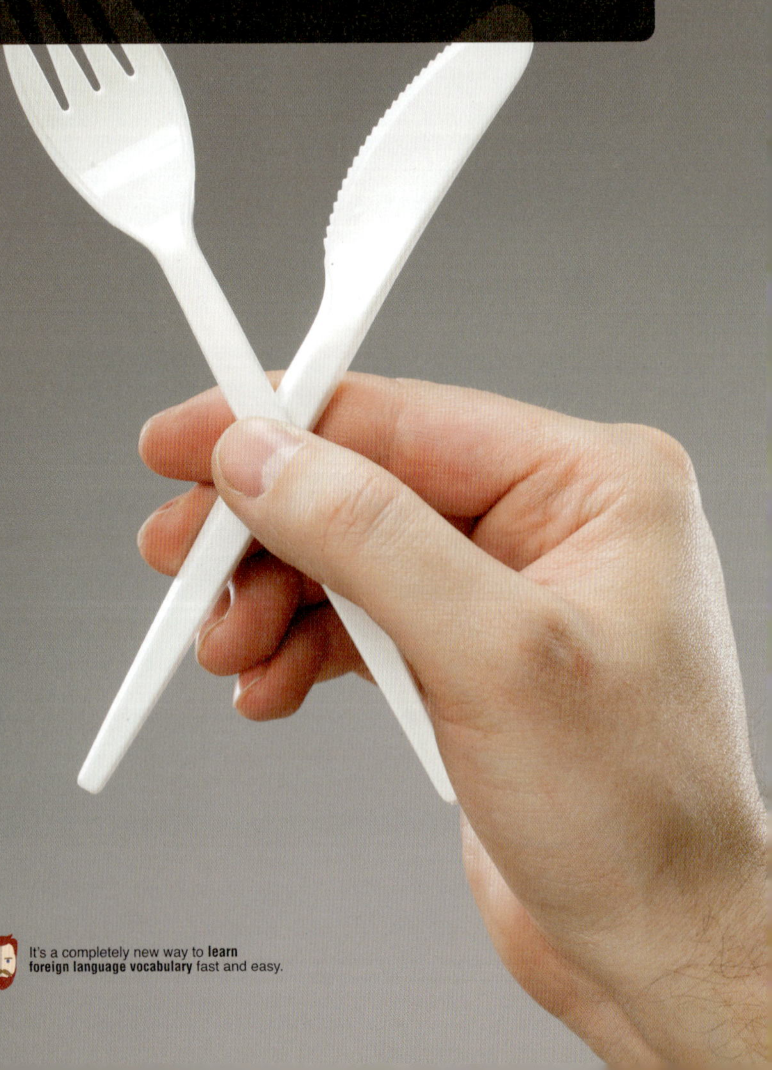

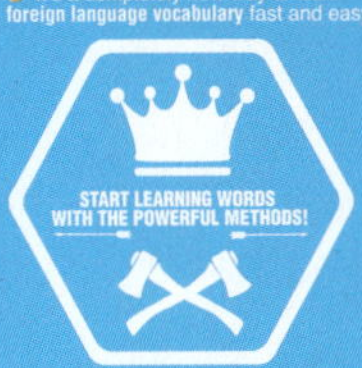

It's a completely new way to **learn** foreign language vocabulary fast and easy.

Part 5

It's a completely new way to **learn** foreign language vocabulary fast and easy.

테마 생활단어

이탈리아어 테마 생활단어

꼭 필요한 동사 5개!
이탈리아어 동사는 인칭에 따라 어미를 변화시켜야 합니다.

| p5-40-01 | **avere** [아베레] 가지고 있다 | io ho / tu hai |

| p5-40-02 | **fare** [파레] 만들다 | io faccio / tu fai |

| p5-40-03 | **mangiare** [만자레] 먹다 | io mangio / tu mangi |

| p5-40-04 | **bere** [베레] 마시다 | io bevo / tu bevi |

| p5-40-05 | **pranzare** [쁘란짜레] 점심식사 하다 | io pranzo / tu pranzi |

The vocabularies, the most frequently used words will **be with you!**

You'll get most frequently used **vocabularies.**

It's a completely new way to **learn** foreign language vocabulary fast and easy.

꼭 필요한 명사 10개!
이탈리아어 명사는 정관사와 함께 기억해 주십시오.

p5-40-06	**il pasto** [일 빠스또] 식사	p5-40-07	**il cibo** [일 치보] 음식
p5-40-08	**la colazione** [라 꼴라찌오네] 조식	p5-40-09	**il pranzo** [일 쁘란쪼] 중식
p5-40-10	**la cena** [라 체나] 석식	p5-40-11	**il piatto** [일 삐아또] 접시/요리
p5-40-12	**la fame** [라 파메] 배고픔	p5-40-13	**la sete** [라 쎄떼] 갈증
p5-40-14	**l'appetito** [라뻬띠또] 식욕	p5-40-15	**il ristorante** [일 리스또랑떼] 레스토랑

It's a completely new way to **learn** foreign language vocabulary fast and easy.

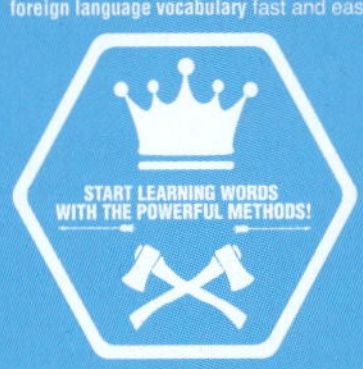

It's a completely new way to **learn** foreign language vocabulary fast and easy.

Part 5

테마 생활단어

이탈리아어 테마 생활단어

P5

 **문장을 완성하는 도우미들!**

p5-40-16	**buono** [부오노] 좋은
p5-40-17	**tanto** [딴또] 많은
p5-40-18	**più** [삐우] 더
p5-40-19	**questa volta** [꾸에스따 볼따] 이번에

단어에서 회화 실력으로!

p5-40-20 Buon appetito!
[부온 아뻬띠또!]
잘 먹겠습니다!/맛있게 드세요! (식전 인사)

p5-40-21 Faccio colazione.
[팟치오 꼴라찌오네.]
(나는) 아침식사를 합니다.

p5-40-22 Ho tanta fame.
[오 딴따 파메] (나는) 매우 배고픕니다.

p5-40-23 Non ho più appetito.
[논 오 삐우 아뻬띠또] (나는) 더 이상 식욕이 없다.

It's a completely new way to **learn foreign language vocabulary** fast and easy.

START LEARNING WORDS WITH THE POWERFUL METHODS!

Learn foreign language vocabulary
ITALIAN

41. 식사할 때 필요한 이탈리아어 단어! (식당)

식사를 할 때 식당에서 필요한 이탈리아어 단어를 정리했습니다.

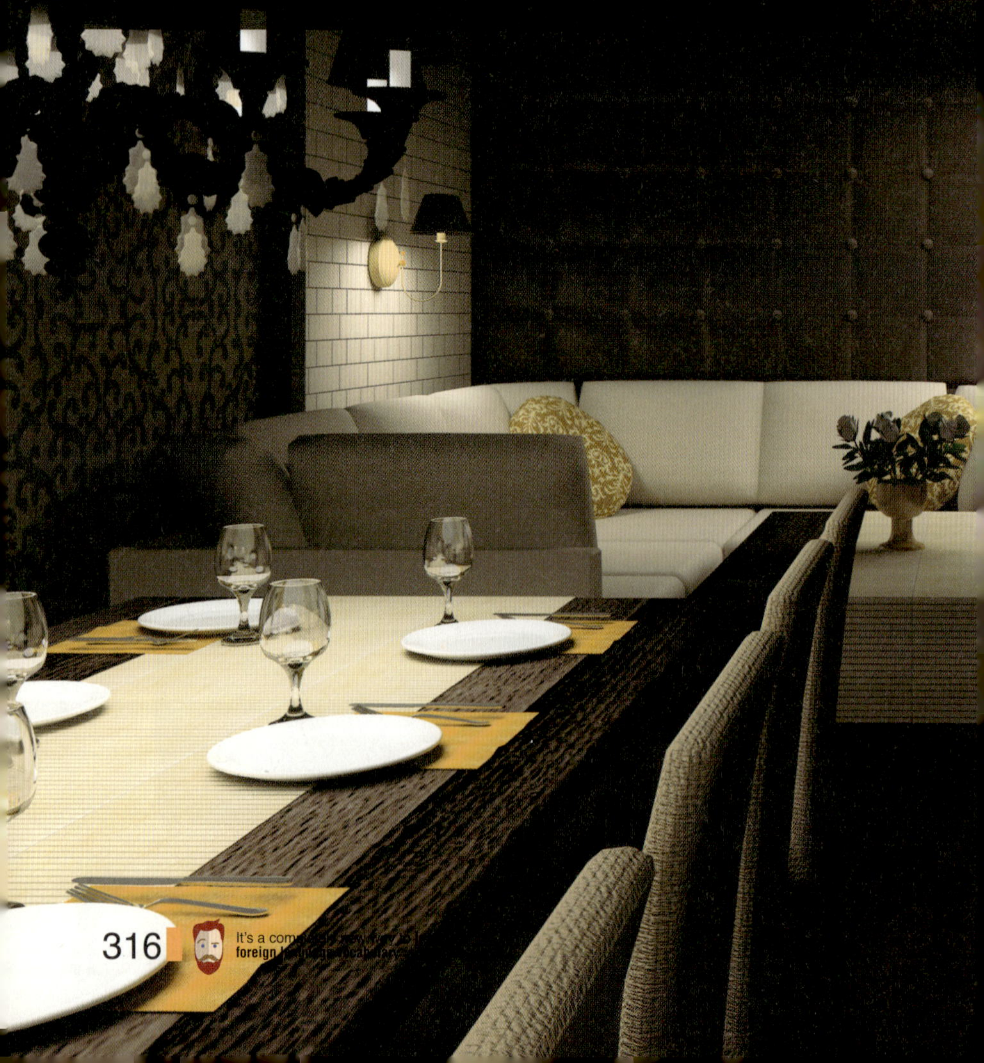

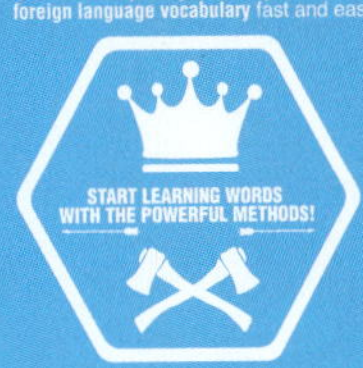

Part 5

It's a completely new way to **learn** foreign language vocabulary fast and easy.

테마 생활단어
이탈리아어 테마 생활단어

P5

꼭 필요한 동사 5개!
이탈리아어 동사는 인칭에 따라 어미를 변화시켜야 합니다.

| p5-41-01 | **chiamare** [끼아마레] 부르다 | io chiamo / tu chiami |

| p5-41-02 | **scegliere** [쉘리에레] 선택하다 | io scelgo / tu scegli |

| p5-41-03 | **ordinare** [오르디나레] 주문하다 | io ordino / tu ordini |

| p5-41-04 | **portare** [뽀르따레] 가져오다/가져가다 | io porto / tu porti |

| p5-41-05 | **consigliare** [꼰실리아레] 추천하다 | io consiglio / tu consigli |

The vocabularies, the most frequently used words will **be with you!**

You'll get most frequently used **vocabularies.**

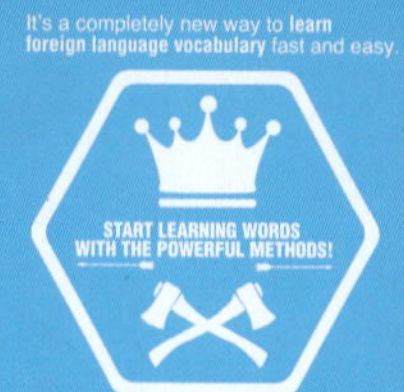

꼭 필요한 명사 10개!
이탈리아어 명사는 정관사와 함께 기억해 주십시오.

p5-41-06 **il ristorante** [일 리스또랑떼] 레스토랑	**p5-41-07** **la trattoria** [라 뜨라또리아] 식당
p5-41-08 **il menu** [일 메뉴] 메뉴판	**p5-41-09** **l'antipasto** [란띠빠스또] 전채
p5-41-10 **il secondo piatto** [일 쎄꼰도 삐앗또] 메인요리	**p5-41-11** **il dessert** [일 데쎄르] 디저트
p5-41-12 **la carne** [라 까르네] 고기	**p5-41-13** **il pesce** [일 뻬셰] 생선
p5-41-14 **la bevanda** [라 베반다] 음료	**p5-41-15** **il cameriere** [일 까메리에레] 웨이터

It's a completely new way to learn foreign language vocabulary fast and easy.

Part 5

It's a completely new way to learn foreign language vocabulary fast and easy.

테마 생활단어
이탈리아어 테마 생활단어

P5

문장을 완성하는 도우미들!

p5-41-16 **utile**
[우띨레] 유용한

p5-41-17 **per me**
[뻬르 메] 나에게

p5-41-18 **alle vongole**
[알레 봉골레] 조개로 만든

단어에서 회화 실력으로!

p5-41-19 **Posso esserLe utile?**
[뽀쏘 에쎄를레 우띨레?] 제가 도와드릴까요?

p5-41-20 **Mi porti il menu, per favore.**
[미 뽀르띠 일 메누, 뻬르 파보레.]
나에게 메뉴판을 가져다 주세요.

p5-41-21 **Per me,
un piatto di spaghetti alle vongole,
per favore.**
[뻬르 메, 운 삐아또 디 스빠게띠 알레 봉골레, 뻬르 파보레.]
봉골레 스파게티를 가져다 주세요.

The vocabularies, the most frequently used words will be with you!

You'll get most frequently used vocabularies.

Learn
foreign language
vocabulary
ITALIAN

42. 식사할 때 필요한 이탈리아어 단어! (식탁)
식사를 할 때 식탁에서 필요한 이탈리아어 단어를 정리했습니다.

START LEARNING WORDS WITH THE POWERFUL METHODS!

THEME

Part 5

It's a completely new way to learn foreign language vocabulary fast and easy.

테마 생활단어
이탈리아어 테마 생활단어

P5

꼭 필요한 동사 5개!
이탈리아어 동사는 인칭에 따라 어미를 변화시켜야 합니다.

---

p5-42-01
preparare
[쁘레[빠라레] 준비하다   io preparo / tu prepari

---

p5-42-02
apparecchiare
[아빠레끼아레] 세팅하다 /차리다   io apparecchio / tu apparecchi

---

p5-42-03
disporre
[디스쁘레] 정돈해 놓다/정리하다   io dispongo / tu disponi

---

p5-42-04
sedersi
[쎄데르씨] 앉다 (재귀동사)   mi siedo / ti siedi

---

p5-42-05
mangiare
[만자레] 먹다   io mangio / tu mangi

The vocabularies, the most frequently used words will be with you!

You'll get most frequently used vocabularies.

꼭 필요한 명사 10개!
이탈리아어 명사는 정관사와 함께 기억해 주십시오.

p5-42-06	**la tavola** [라 따볼라] 식탁	p5-42-07	**il pasto** [일 빠스또] 식사
p5-42-08	**la forchetta** [라 포르께따] 포크	p5-42-09	**il coltello** [일 꼴뗄로] 나이프
p5-42-10	**il cucchiaio** [일 꾸끼아이오] 스푼	p5-42-11	**le bacchette** [레 박껫떼] 젓가락
p5-42-12	**il piatto** [일 삐앗또] 접시	p5-42-13	**il bicchiere** [일 빅끼에레] 잔
p5-42-14	**la saliera** [라 살리에라] 소금통	p5-42-15	**il tovagliolo** [일 또발리올로] 냅킨

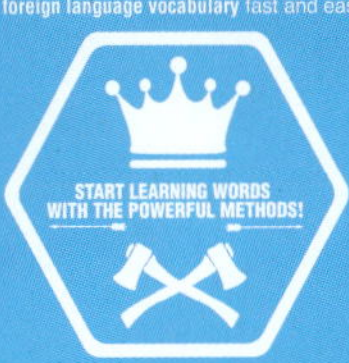

It's a completely new way to **learn** foreign language vocabulary fast and easy.

Part 5

It's a completely new way to **learn** foreign language vocabulary fast and easy.

테마 생활단어
이탈리아어 테마 생활단어

P5

문장을 완성하는 도우미들!

p5-42-16	**per** [뻬르] ~ 위해
p5-42-17	**a destra** [아 데스뜨라] 오른쪽으로
p5-42-18	**con** [꼰] ~로/~을 사용하여

단어에서 회화 실력으로!

p5-42-19

Mia nonna prepara la cena per la famiglia.

[미아 논나 쁘레빠라 라 체나 뻬를 라 파밀리아.]

나의 할머니는 가족을 위해 저녁을 준비합니다.

p5-42-20

Il coltello e il cucchiaio vanno a destra.

[일 꼴뗄로 에 일 꾸끼아이오 반노 아 데스뜨라.]

나이프와 스푼은 오른쪽에 놓습니다.

p5-42-21

Paolo mangia con le bacchette.

[빠올로 만자 꼰 레 박껫떼.]

파올로는 젓가락으로 음식을 먹습니다.

The vocabularies, the most frequently used words will **be with you!**

You'll get most frequently used **vocabularies.**

It's a completely new way to learn foreign language vocabulary fast and easy.

It's a completely new way to learn
foreign language vocabulary fast and easy.

Learn
foreign language
vocabulary
ITALIAN

START LEARNING WORDS
WITH THE POWERFUL METHODS!

43. 식사할 때 필요한 이탈리아어 단어! (요리)
식사를 하려고 할 때 요리와 관련된 이탈리아어 단어를 정리했습니다.

It's a completely new way to learn
foreign language vocabulary fast and easy.

It's a completely new way to **learn**
foreign language vocabulary fast and easy.

Part 5

It's a completely new way to **learn**
foreign language vocabulary fast and easy.

THEME

테마 생활단어
이탈리아어 테마 생활단어

P5

꼭 필요한 동사 5개!
이탈리아어 동사는 인칭에 따라 어미를 변화시켜야 합니다.

p5-43-01	**cucinare**	
	[꾸치나레] 요리하다	io cucino / tu cucini

p5-43-02	**assaggiare**	
	[아싸지아레] 맛보다	io assaggio / tu assaggi

p5-43-03	**arrostire**	
	[아로스띠레] 굽다	io arrosto / tu arrosti

p5-43-04	**cuocere**	
	[꾸오체레] (열을 가해) 조리하다	io cuocio / tu cuoci

p5-43-05	**condire**	
	[꼰디레] 양념하다	io condisco / tu condisci

The vocabularies, the most frequently used words will **be with you!**

You'll get most frequently used **vocabularies.**

꼭 필요한 명사 10개!

이탈리아어 명사는 정관사와 함께 기억해 주십시오.

p5-43-06	**la cucina** [라 꾸치나] 주방	p5-43-07	**il frigorifero** [일 프리고리페로] 냉장고
p5-43-08	**la pentola** [라 뺀똘라] 냄비	p5-43-09	**la padella** [라 빠델라] 프라이팬
p5-43-10	**il forno** [일 포르노] 오븐	p5-43-11	**il microonde** [일 미크로온데] 전자레인지
p5-43-12	**la griglia** [라 그릴리아] 그릴	p5-43-13	**il fornello** [일 포르넬로] 가스레인지
p5-43-14	**il cuoco** [일 꾸오꼬] 요리사	p5-43-15	**il lavello** [일 라벨로] 싱크대

It's a completely new way to **learn** foreign language vocabulary fast and easy.

It's a completely new way to **learn** foreign language vocabulary fast and easy.

Part 5

테마 생활단어

이탈리아어 테마 생활단어

P5

START LEARNING WORDS WITH THE POWERFUL METHODS!

THEME

문장을 완성하는 도우미들!

p5-43-16	**molto** [몰또] 매우
p5-43-17	**squisito** [스뀌지또] 맛있는
p5-43-18	**un po'** [운 뽀] 조금/약간
p5-43-19	**insipido** [인씨삐도] 싱거운/단조로운
p5-43-20	**bene** [베네] 잘

단어에서 회화 실력으로!

p5-43-21

Lei sa cucinare molto bene.

[레이 사 꾸치나레 몰또 베네.]

그녀는 요리를 매우 잘할 줄 압니다.

p5-43-22

Il cuoco cuoce il pesce in padella.

[일 꾸오꼬 꾸오체 일 뻬셰 인 빠델라.]

요리사가 생선을 프라이팬에 굽습니다.

p5-43-23

Lei cuoce il pane nel forno.

[레이 꾸오체 일 빠네 넬 포르노]

그녀는 오븐에 빵을 굽습니다.

p5-43-24

È un po' insipido.

[에 운 뽀 인씨삐도] 맛이 조금 싱겁습니다.

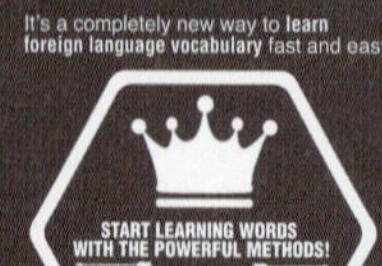

Learn
foreign language
vocabulary
ITALIAN

44. 식사할 때 필요한 이탈리아어 단어! (카페)
식사 후 디저트 또는 카페에서 필요한 이탈리아어 단어를 정리했습니다.

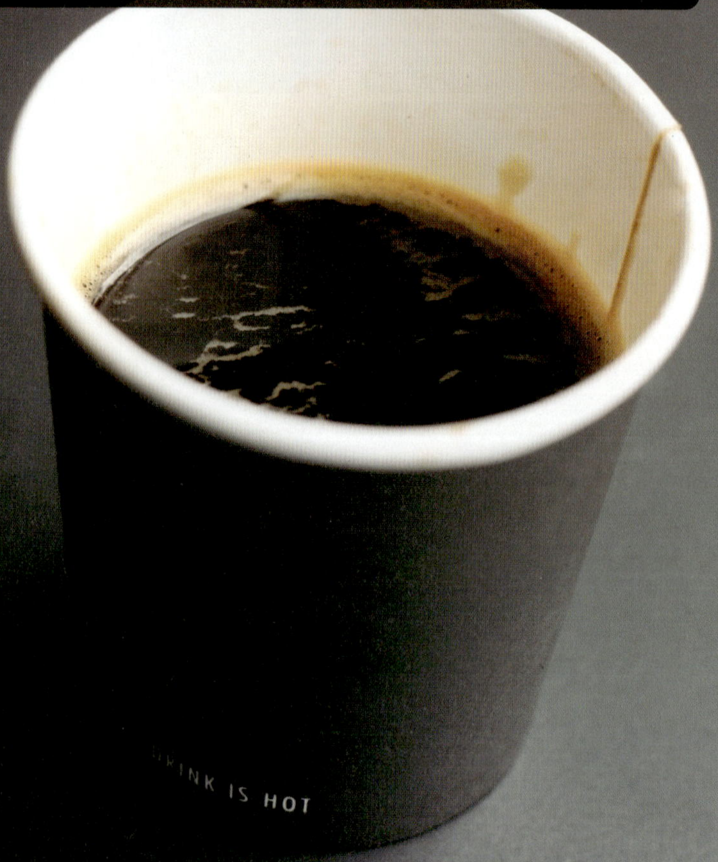

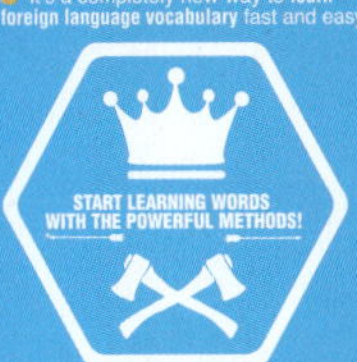

Part 5

It's a completely new way to **learn** foreign language vocabulary fast and easy.

테마 생활단어
이탈리아어 테마 생활단어

P5

꼭 필요한 동사 5개!

이탈리아어 동사는 인칭에 따라 어미를 변화시켜야 합니다.

p5-44-01	**volere** [볼레레] 원하다	io voglio / tu vuoi
p5-44-02	**bere** [베레] 마시다	io bevo / tu bevi
p5-44-03	**scegliere** [쉘리에레] 택하다	io scelgo / tu scegli
p5-44-04	**prendere** [쁘렌데레] 마시다/먹다/갖다	io prendo / tu prendi
p5-44-05	**offrire** [오프리레] 제공하다	io offro / tu offri

The vocabularies, the most frequently used words will **be with you!**

You'll get most frequently used **vocabularies.**

꼭 필요한 명사 10개!

이탈리아어 명사는 정관사와 함께 기억해 주십시오.

p5-44-06 **il bar** [일 바르] 커피점/바	**p5-44-07** **il caffè** [일 까페] 커피
p5-44-08 **il tè** [일 떼] 차	**p5-44-09** **il succo** [일 수꼬] 주스
p5-44-10 **l'acqua** [라꾸아] 물	**p5-44-11** **il conto** [일 꼰또] 계산서
p5-44-12 **il latte** [일 라떼] 우유	**p5-44-13** **lo zucchero** [로 주께로] 설탕
p5-44-14 **la brioche** [라 브리오시] 크루와상	**p5-44-15** **il dolce** [일 돌체] 케이크/디저트류

◆ It's a completely new way to **learn foreign language vocabulary** fast and easy.

Part 5
It's a completely new way to **learn foreign language vocabulary** fast and easy.

테마 생활단어
이탈리아어 테마 생활단어

P5

문장을 완성하는 도우미들!

p5-44-16	**cosa** [꼬자] 무엇	p5-44-17	**ti** [띠] 너에게 (간접목적대명사)
p5-44-18	**oggi** [옷지] 오늘	p5-44-19	**per favore** [뻬르 파보레] 부탁드립니다

단어에서 회화 실력으로!

p5-44-20 Cosa prendi?
[꼬자 쁘렌디?] 너 뭐 마실래?

p5-44-21 Io prendo un cappuccino.
[이오 쁘렌도 운 까뿌치노] 나는 카푸치노를 마실래.

p5-44-22 Oggi offro io!
[옷지 오프로 이오!] 오늘 내가 살게!

p5-44-23 Mi fa il conto, per favore?
[미 파 일 꼰또, 뻬르 파보레?]
계산해주실래요?

● **The vocabularies**, the most frequently used words will **be with you!**

● You'll get most frequently used **vocabularies.**

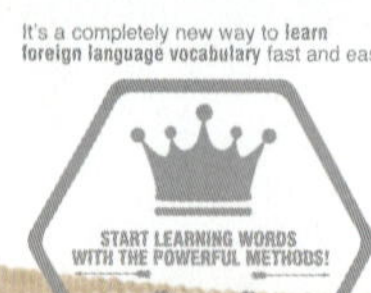

45. 쇼핑을 하려고 할 때 필요한 이탈리아어 단어! (쇼핑가)
쇼핑을 하려고 할 때 필요한 이탈리아어 단어를 정리했습니다.

Part 5

It's a completely new way to **learn** foreign language vocabulary fast and easy.

테마 생활단어
이탈리아어 테마 생활단어

P5

꼭 필요한 동사 5개!
이탈리아어 동사는 인칭에 따라 어미를 변화시켜야 합니다.

| p5-45-01 | **andare** | |
| | [안다레] 가다 | io vado / tu vai |

| p5-45-02 | **comprare** | |
| | [꼼쁘라레] 구입하다 | io compro / tu compri |

| p5-45-03 | **aprire** | |
| | [아쁘리레] 열다 | io apro / tu apri |

| p5-45-04 | **chiudere** | |
| | [끼우데레] 닫다 | io chiudo / tu chiudi |

| p5-45-05 | **ricevere** | |
| | [리체베레] 받다 | io ricevo / tu ricevi |

The **vocabularies**, the most frequently used words will **be with you!**

You'll get most frequently used **vocabularies.**

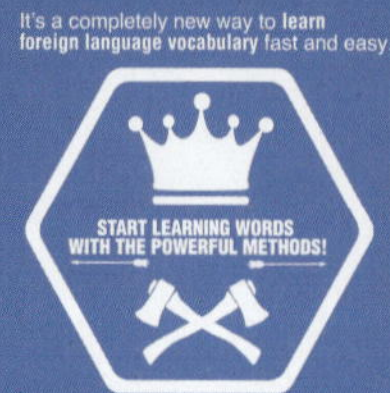

꼭 필요한 명사 10개!

이탈리아어 명사는 정관사와 함께 기억해 주십시오.

p5-45-06 **la spesa** [라 스뻬자] 쇼핑	p5-45-07 **il centro commerciale** [일 첸뜨로 꼼메르치알레] 상가
p5-45-08 **il grande magazzino** [일 그란데 마가쩨노] 백화점	p5-45-09 **il supermercato** [일 수뻬르메르까또] 슈퍼마켓
p5-45-10 **il mercato** [일 메르까또] 시장	p5-45-11 **la panetteria** [라 빠네떼리아] 빵집
p5-45-12 **la macelleria** [라 마첼레리아] 정육점	p5-45-13 **il negozio** [일 네고쩨오] 상점
p5-45-14 **la profumeria** [라 쁘로푸메리아] 화장품점	p5-45-15 **la libreria** [라 리브레리아] 서점

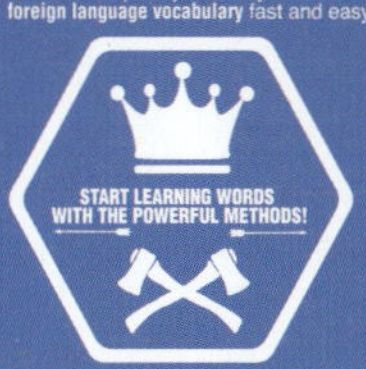

Part 5

It's a completely new way to **learn** foreign language vocabulary fast and easy.

테마 생활단어
이탈리아어 테마 생활단어

P5

 **문장을 완성하는 도우미들!**

p5-45-16	**la** [라] 그/이 (여성정관사 단수)	p5-45-17	**a** [아] ~에
p5-45-18	**della frutta** [델라 프룻따] 약간의 과일	p5-45-19	**a che ora** [아 께 오라] 몇 시에
p5-45-20	**molto** [몰또] 매우	p5-45-21	**tardi** [따르디] 늦은

 **단어에서 회화 실력으로!**

p5-45-22 Vado a fare la spesa al mercato.
[바도 아 파레 라 스뻬자 알 메르까또]
(나는) 시장에 쇼핑하러 갑니다.

p5-45-23 Compro della frutta al supermercato.
[꼼쁘로 델라 프룻따 알 수뻬르메르까또]
(나는) 슈퍼마켓에서 약간의 과일을 산다.

p5-45-24 A che ora apre la panetteria?
[아 께 오라 아쁘레 라 빠네떼리아?] 빵집은 몇 시에 엽니까?

p5-45-25 I bar chiudono molto tardi.
[이 바르 끼우도노 몰또 따르디] 바는 매우 늦게 문을 닫습니다.

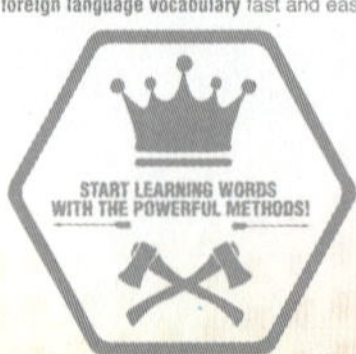

Learn
foreign language
vocabulary
ITALIAN

46. 쇼핑할 때 필요한 이탈리아어 단어! (백화점)
쇼핑을 할 때, 특히 백화점에서 필요한 이탈리아어 단어를 정리했습니다.

It's a completely new way to **learn** foreign language vocabulary fast and easy.

START LEARNING WORDS WITH THE POWERFUL METHODS!

THEME

Part 5
It's a completely new way to **learn** foreign language vocabulary fast and easy.

테마 생활단어
이탈리아어 테마 생활단어

P5

꼭 필요한 동사 5개!
이탈리아어 동사는 인칭에 따라 어미를 변화시켜야 합니다.

p5-46-01
trovare
[뜨로바레] 찾다
io trovo / tu trovi

p5-46-02
cercare
[체르까레] 찾다
io cerco / tu cerchi

p5-46-03
comprare
[꼼쁘라레] 사다
io compro / tu compri

p5-46-04
acquistare
[악뀌스따레] 구입하다
io acquisto / tu acquisti

p5-46-05
ricevere
[리체베레] 받다
io ricevo / tu ricevi

The vocabularies, the most frequently used words will be **with you!**

You'll get most frequently used **vocabularies.**

It's a completely new way to **learn** foreign language vocabulary fast and easy.

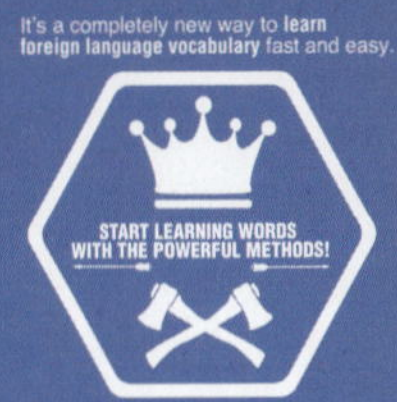

꼭 필요한 명사 10개!

이탈리아어 명사는 정관사와 함께 기억해 주십시오.

p5-46-06	**il grande magazzino** [일 그란데 마가쩨노] 백화점	p5-46-07	**il cliente** [일 끌리엔떼] 고객
p5-46-08	**il prezzo** [일 쁘렛쪼] 가격	p5-46-09	**il cosmetico** [일 꼬쓰메띠꼬] 화장품
p5-46-10	**il vestito** [일 베스띠또] 옷	p5-46-11	**il prodotto** [일 쁘로도또] 생산품
p5-46-12	**il gioiello** [일 죠이엘로] 귀금속	p5-46-13	**il giocattolo** [일 죠까똘로] 완구
p5-46-14	**i prodotti elettronici** [이 쁘로도띠 엘레뜨로니치] 전기제품	p5-46-15	**il saldo** [일 살도] 세일

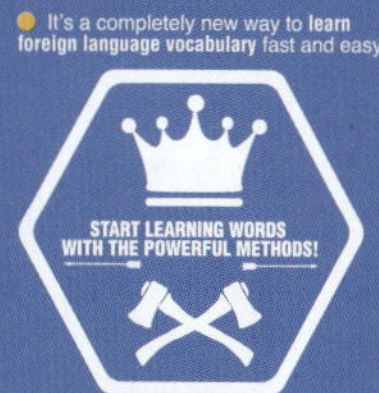

Part 5

It's a completely new way to **learn** foreign language vocabulary fast and easy.

테마 생활단어
이탈리아어 테마 생활단어

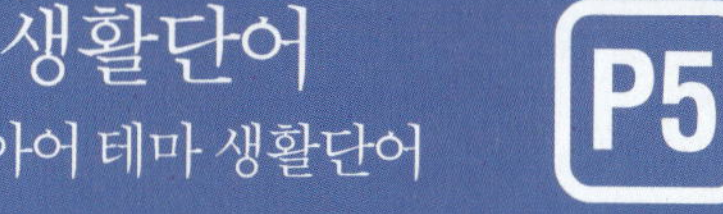

P5

 **문장을 완성하는 도우미들!**

p5-46-16	**dove** [도베] 어디
p5-46-17	**nelle vicinanze** [넬레 비치난쩨] 근처에
p5-46-18	**per** [뻬르] ~을 위한
p5-46-19	**mi** [미] 나에게
p5-46-20	**buone** [부오네] 좋은

 **단어에서 회화 실력으로!**

p5-46-21 Dove si trova un grande magazzino nelle vicinanze?
[도베 씨 뜨로바 운 그란데 마가쩨노 넬레 비치난쩨?]
근처에 백화점은 어디에 있습니까?

p5-46-22 Cerco un giocattolo per mio figlio.
[체르꼬 운 죠까똘로 뻬르 미오 필리오.]
(나는) 내 아들을 위한 완구를 찾고 있습니다.

p5-46-23 Lui mi compra i cosmetici.
[루이 미 꼼쁘라 이 꼬스메띠치] 그는 나에게 화장품을 사줍니다.

p5-46-24 Lei compra i vestiti a buon prezzo.
[레이 꼼쁘라 이 베스띠띠 아 부온 쁘렛쪼]
그녀는 옷을 싸게 구입합니다.

47. 쇼핑할 때 필요한 이탈리아어 단어! (옷가게)
쇼핑을 할 때, 특히 옷가게에서 필요한 이탈리아어 단어를 정리했습니다.

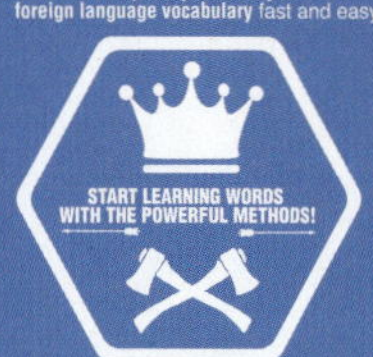

It's a completely new way to **learn foreign language vocabulary** fast and easy.

Part 5

It's a completely new way to **learn foreign language vocabulary** fast and easy.

테마 생활단어
이탈리아어 테마 생활단어

P5

꼭 필요한 동사 5개!

이탈리아어 동사는 인칭에 따라 어미를 변화시켜야 합니다.

---

p5-47-01 **cercare**
[체르까레] 찾다   io cerco / tu cerchi

p5-47-02 **potere**
[뽀떼레] ~할 수 있다 (조동사)   io posso / tu puoi

p5-47-03 **provare**
[쁘로바레] 입어보다   io provo / tu provi

p5-47-04 **servire**
[세르비레] 시중들다   io servo / tu servi

p5-47-05 **piacere**
[삐아체레] ~에게 ~이 마음에 들다   io piaccio / tu piaci

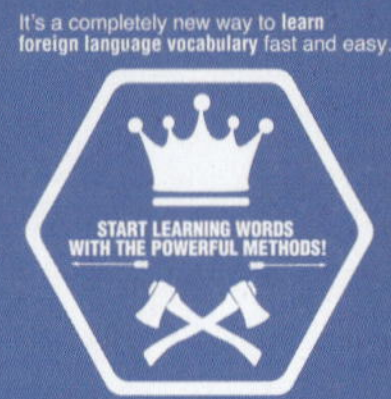

꼭 필요한 명사 10개!

이탈리아어 명사는 정관사와 함께 기억해 주십시오.

p5-47-06	**la moda maschile** [라 모다 마스낄레] 남성복	p5-47-07	**la moda femminile** [라 모다 펨미닐레] 여성복
p5-47-08	**il camerino** [일 까메리노] 피팅룸	p5-47-09	**il completo** [일 꼼쁠레또] 슈트
p5-47-10	**la gonna** [라 곤나] 치마	p5-47-11	**i pantaloni** [이 빤딸로니] 바지
p5-47-12	**la camicia** [라 까미치아] 와이셔츠	p5-47-13	**la camicetta** [라 까미체따] 블라우스
p5-47-14	**l'intimo** [린띠모] 속옷	p5-47-15	**le scarpe** [레 스까르뻬] 구두

Part 5

It's a completely new way to **learn** foreign language vocabulary fast and easy.

테마 생활단어
이탈리아어 테마 생활단어

P5

It's a completely new way to **learn** foreign language vocabulary fast and easy.

문장을 완성하는 도우미들!

p5-47-16	**un** [운] 하나의/어떤 (부정관사)
p5-47-17	**quel** [꾸엘] 그 (지시형용사)
p5-47-18	**mi** [미] 나에게 (간접목적격대명사)
p5-47-19	**questa** [꾸에스따] 이 (지시형용사)
p5-47-20	**non** [논] 아니다

단어에서 회화 실력으로!

p5-47-21 Cerco una camicia.
[체르꼬 우나 까미치아.] (나는) 와이셔츠를 찾고 있습니다.

p5-47-22 Posso provare quel completo?
[뽀쏘 쁘로바레 꾸엘 꼼쁠레또?]
(제가) 그 양복을 입어봐도 되겠습니까?

p5-47-23 Mi piace questa camicetta.
[미 삐아체 꾸에스따 까미체따.] 이 블라우스가 내 마음에 듭니다.

p5-47-24 Non mi piacciono i pantaloni.
[논 미 삐앗치오노 이 빤딸로니.] 그 바지는 내 마음에 들지 않습니다.

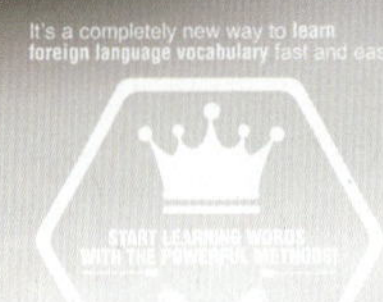

48. 쇼핑할 때 필요한 이탈리아어 단어! (가전매장)
쇼핑을 할 때, 특히 가전매장에서 필요한 이탈리아어 단어를 정리했습니다.

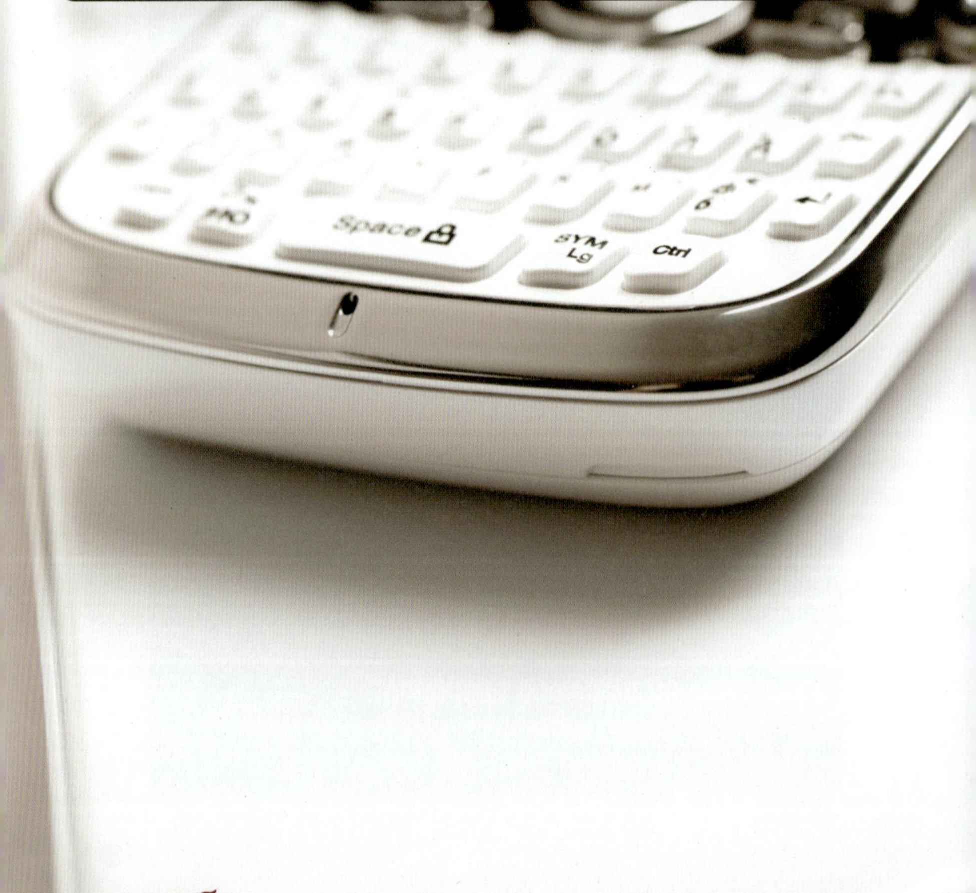

It's a completely new way to **learn** foreign language vocabulary fast and easy.

Part 5

It's a completely new way to **learn** foreign language vocabulary fast and easy.

테마 생활단어
이탈리아어 테마 생활단어

P5

꼭 필요한 동사 5개!
이탈리아어 동사는 인칭에 따라 어미를 변화시켜야 합니다.

p5-48-01 **cercare**
[체르까레] 찾다 — io cerco / tu cerchi

p5-48-02 **costare**
[꼬스따레] 값이 되다 — io costo / tu costi

p5-48-03 **essere**
[에쎄레] ~이다 — io sono / tu sei

p5-48-04 **avere**
[아베레] 가지고 있다 — io ho / tu hai

p5-48-05 **ribassare**
[리바싸레] 할인하다/낮추다 — io ribasso / tu ribassi

The **vocabularies**, the most frequently used words will **be with you!**

You'll get most frequently used **vocabularies.**

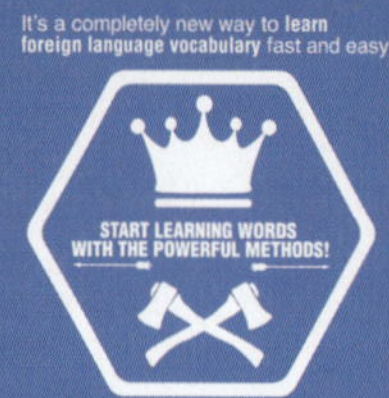

꼭 필요한 명사 10개!

이탈리아어 명사는 정관사와 함께 기억해 주십시오.

p5-48-06 **i prodotti elettronici**	p5-48-07 **il televisore**
[이 쁘로돗띠 엘레뜨로니치] 전기제품	[일 뗄레비쏘레] 텔레비전
p5-48-08 **il frigorifero**	p5-48-09 **il microonde**
[일 프리고리페로] 냉장고	[일 미크로온데] 전자레인지
p5-48-10 **l'aspirapolvere**	p5-48-11 **il computer**
[라스삐라뽈베레] 진공청소기	[일 꼼퓨떼르] 컴퓨터
p5-48-12 **la lavatrice**	p5-48-13 **la lavastoviglie**
[라 라바뜨리체] 세탁기	[라 라바스또빌리에] 세척기
p5-48-14 **l'aria condizionata**	p5-48-15 **il ventilatore**
[라리아 꼰디쩨오나따] 에어컨	[일 벤띨라또레] 선풍기

It's a completely new way to **learn** foreign language vocabulary fast and easy.

Part 5

It's a completely new way to **learn** foreign language vocabulary fast and easy.

테마 생활단어
이탈리아어 테마 생활단어

THEME

P5

문장을 완성하는 도우미들!

p5-48-16	**quanto** [꾸안또] 얼마나
p5-48-17	**troppo** [뜨롭뽀] 너무
p5-48-18	**caro** [까로] 비싼
p5-48-19	**quale** [꾸알레] 어떤
p5-48-20	**in saldo** [인 살도] 세일 중인

단어에서 회화 실력으로!

p5-48-21 Cerco un frigorifero.
[체르꼬 운 프리고리페로] (나는) 냉장고를 찾고 있습니다.

p5-48-22 Quanto costa il televisore?
[꾸안또 꼬스따 일 뗄레비쏘레?] TV는 얼마입니까?

p5-48-23 È troppo caro.
[에 뜨롭뽀 까로] 너무 비쌉니다.

p5-48-24 Quali sono i prodotti elettronici in saldo?
[꾸알리 소노 이 쁘로도띠 엘레뜨로니치 인 살도?]
세일하는 전기제품에는 어떤 것들이 있습니까?

It's a completely new way to learn foreign language vocabulary fast and easy.
It's a completely new way to learn foreign language vocabulary fast and easy.
Learn foreign language vocabulary
ITALIAN
START LEARNING WORDS WITH THE POWERFUL METHODS!
49. 쇼핑할 때 필요한 이탈리아어 단어! (슈퍼마켓)
쇼핑을 할 때, 특히 슈퍼마켓에서 필요한 이탈리아어 단어를 정리했습니다.
348
It's a completely new way to learn foreign language vocabulary fast and easy.

THEME

Part 5

테마 생활단어

이탈리아어 테마 생활단어

P5

꼭 필요한 동사 5개!
이탈리아어 동사는 인칭에 따라 어미를 변화시켜야 합니다.

---

p5-49-01
comprare
[꼼쁘라레] 사다　　　　io compro / tu compri

---

p5-49-02
prendere
[쁘렌데레] 구입하다/취하다　　　　io prendo / tu prendi

---

p5-49-03
bisognare
[비소냐레] ~에게 ~이 필요하다　　　　io bisogno / tu bisogni

---

p5-49-04
costare
[꼬스따레] 값이 나가다　　　　io costo / tu costi

---

p5-49-05
vendere
[벤데레] 판매하다　　　　io vendo / tu vendi

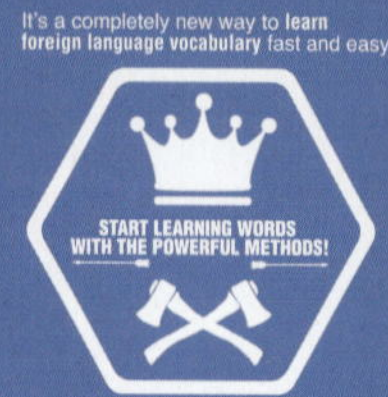

꼭 필요한 명사 10개!

이탈리아어 명사는 정관사와 함께 기억해 주십시오.

p5-49-06	**il supermercato** [일 수뻬르메르까또] 슈퍼마켓	p5-49-07	**il carrello** [일 까렐로] 쇼핑카트
p5-49-08	**gli alimentari** [리 알리멘따리] 식료품	p5-49-09	**la bevanda** [라 베반다] 음료
p5-49-10	**la frutta** [라 프룻따] 과일	p5-49-11	**la verdura** [라 베르두라] 채소
p5-49-12	**la carne** [라 까르네] 고기	p5-49-13	**il pesce** [일 뻬쎄] 생선
p5-49-14	**l'offerta** [로페르따] 할인제품	p5-49-15	**la cassa** [라 까싸] 계산대

It's a completely new way to **learn** foreign language **vocabulary** fast and easy.

Part 5

It's a completely new way to **learn** foreign language **vocabulary** fast and easy.

테마 생활단어
이탈리아어 테마 생활단어

THEME

P5

문장을 완성하는 도우미들!

p5-49-16	**al supermercato**
	[알 수뻬르메르까또] 슈퍼에서

p5-49-17	**in macelleria**
	[인 마첼레리아] 정육점에서

p5-49-18	**tutto**
	[뚜또] 모두

p5-49-19	**insieme**
	[인씨에메] 함께

단어에서 회화 실력으로!

p5-49-20 **Compro gli alimenti al supermercato.**
[꼼쁘로 리 알리멘띠 알 수뻬르메르까또]
(나는) 식료품을 슈퍼에서 구매합니다.

p5-49-21 **Compro la carne in macelleria.**
[꼼쁘로 라 까르네 인 마첼레리아] (나는) 정육점에서 고기를 구입합니다.

p5-49-22 **Lui ha bisogno di comprare del pesce.**
[루이 아 비소뇨 디 꼼쁘라레 델 뻬셰] 그는 생선을 사야할 필요가 있습니다.

p5-49-23 **Quanto costano le bevande?**
[꾸안또 꼬스따노 레 베반데?] 음료는 얼마입니까?

p5-49-24 **Quanto costa tutto questo insieme?**
[꾸안또 꼬스따 뚜또 꾸에스또 인씨에메?] 이것 전부해서 얼마입니까?

50. 쇼핑할 때 필요한 이탈리아어 단어! (시장/야채가게)

쇼핑을 할 때, 특히 시장이나 야채가게에서 필요한
이탈리아어 단어를 정리했습니다.

● It's a completely new way to learn foreign language vocabulary fast and easy.

Part 5

테마 생활단어

이탈리아어 테마 생활단어

It's a completely new way to learn foreign language vocabulary fast and easy.

P5

꼭 필요한 동사 5개!

이탈리아어 동사는 인칭에 따라 어미를 변화시켜야 합니다.

p5-50-01	**avere**	
	[아베레] 가지고 있다	io ho / tu hai

p5-50-02	**servire**	
	[세르비레] ~에게 ~이 필요하다	io servo / tu servi

p5-50-03	**vendere**	
	[벤데레] 판매하다	io vendo / tu vendi

p5-50-04	**comprare**	
	[꼼쁘라레] 구입하다	io compro / tu compri

p5-50-05	**acquistare**	
	[악꿔스따레] 구입하다	io acquisto / tu acquisti

● The **vocabularies**, the most frequently used words will **be with you!**

● You'll get most frequently used **vocabularies.**

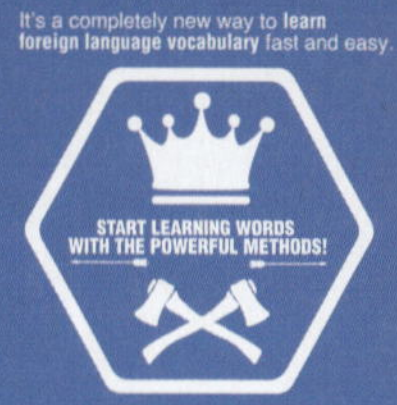

꼭 필요한 명사 10개!

이탈리아어 명사는 정관사와 함께 기억해 주십시오.

p5-50-06	**il cavolo cinese** [일 까볼로 치네제] 배추	p5-50-07	**il ravanello** [일 라바넬로] 무
p5-50-08	**la patata** [라 빠따따] 감자	p5-50-09	**la carota** [라 까로따] 당근
p5-50-10	**la cipolla** [라 치뽈라] 양파	p5-50-11	**il fagiolo** [일 파졸로] 콩
p5-50-12	**la mela** [라 멜라] 사과	p5-50-13	**la pera** [라 뻬라] 배
p5-50-14	**l'uva** [루바] 포도	p5-50-15	**l'anguria** [랑구리아] 수박

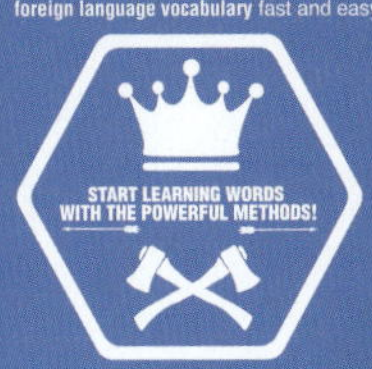

Part 5

테마 생활단어
이탈리아어 테마 생활단어

P5

It's a completely new way to **learn** foreign language vocabulary fast and easy.

It's a completely new way to **learn** foreign language vocabulary fast and easy.

 문장을 완성하는 도우미들!

p5-50-16	delle [델레] 약간의
p5-50-17	necessario [네체싸리오] 필요한
p5-50-18	che cosa [께 꼬자] 무엇이
p5-50-19	in [인] ~에

단어에서 회화 실력으로!

p5-50-20 Mi serve un cavolo cinese.
[미 세르베 운 까볼로 치네제] 나는 배추가 필요합니다.

p5-50-21 Lei vuole comprare delle pere.
[레이 부올레 꼼쁘라레 델레 뻬레.] 그녀는 몇 개의 배를 더 사고 싶어합니다.

p5-50-22 Che cosa è necessario?
[께 꼬자 에 네체싸리오?] 무엇이 필요하십니까?

p5-50-23 In quel negozio si vendono le patate.
[인 꾸엘 네고찌오 씨 벤도노 레 빠따떼.] 그 상점에서는 감자를 팝니다.

51. 공공기관에서 필요한 이탈리아어 단어! (구청)

공공기관, 특히 구청에서 필요한 이탈리아어 단어를 정리했습니다.

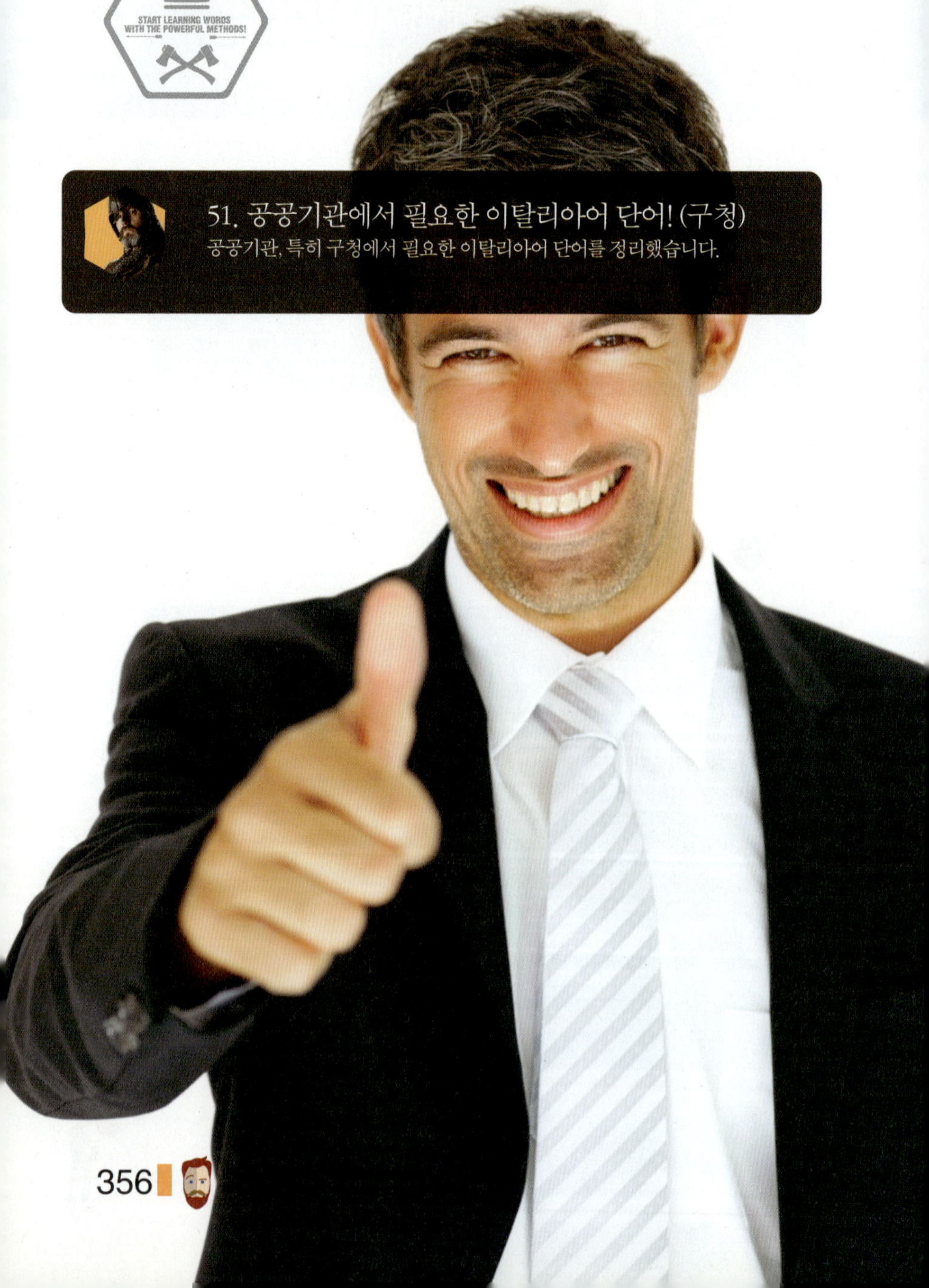

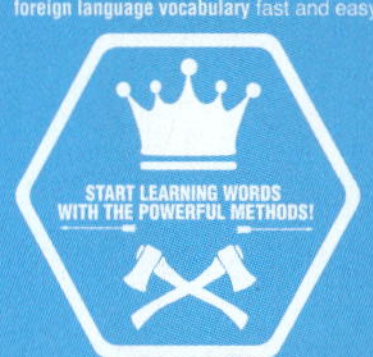

Part 5

테마 생활단어

이탈리아어 테마 생활단어

P5

꼭 필요한 동사 5개!

이탈리아어 동사는 인칭에 따라 어미를 변화시켜야 합니다.

p5-51-01 trasferirsi
[뜨라스페리르씨] 전입하다 (재귀동사) **mi trasferisco / ti trasferisci**

p5-51-02 abbandonarsi
[아반도나르씨] 퇴거하다 (재귀동사) **mi abbandono / ti abbandoni**

p5-51-03 chiedere
[끼에데레] 요구하다/묻다 **io chiedo / tu chiedi**

p5-51-04 fare
[파레] ~하다 **mi iscrivo / ti iscrivi**

p5-51-05 firmare
[피르마레] 서명하다 **io firmo / tu firmi**

The vocabularies, the most frequently used words will be with you!

You'll get most frequently used vocabularies.

꼭 필요한 명사 10개!

이탈리아어 명사는 정관사와 함께 기억해 주십시오.

p5-51-06 il permesso di soggiorno [일 뻬르메쏘 디 쏘조르노] 거주허가증	**p5-51-07** il municipio [일 무니치삐오] 시청
p5-51-08 la questura [라 꿰스뚜라] 중앙경찰서	**p5-51-09** il funzionario [일 풍찌오나리오] 공무원
p5-51-10 la registrazione [라 레지스뜨라찌오네] 등록	**p5-51-11** il/la residente [일/라 레지덴떼] 거주민
p5-51-12 la dichiarazione [라 디끼아라찌오네] 신고	**p5-51-13** il trasferimento [일 뜨라스페리멘또] 이주
p5-51-14 lo straniero [로 스뜨라니에로] 외국인	**p5-51-15** la firma [라 피르마] 서명

It's a completely new way to **learn** foreign language vocabulary fast and easy.

START LEARNING WORDS WITH THE POWERFUL METHODS!

THEME

Part 5

It's a completely new way to **learn** foreign language vocabulary fast and easy.

테마 생활단어
이탈리아어 테마 생활단어

P5

문장을 완성하는 도우미들!

p5-51-16	**per** [뻬르] ~하기 위해서
p5-51-17	**di** [디] ~의
p5-51-18	**a** [아] ~에
p5-51-19	**per favore** [뻬르 파보레] 부탁합니다

단어에서 회화 실력으로!

p5-51-20 **Faccio la richiesta del permesso di soggiorno.**
[팟치오 라 리끼에스따 델 뻬르메쏘 디 쏘죠르노.]
(나는) 거주허가증을 요청한다.

p5-51-21 **Può chiedere il permesso di soggiorno alla questura.**
[뿌오 끼에데레 일 뻬르메쏘 디 쏘죠르노 알라 꿰스뚜라.]
거주허가증을 중앙경찰서에 요청할 수 있습니다.

p5-51-22 **Firmi qui, per favore.**
[피르미 뀌, 뻬르 파보레.]
여기에 서명해주십시오.

The **vocabularies**, the most frequently used words will **be with you!**

You'll get most frequently used **vocabularies.**

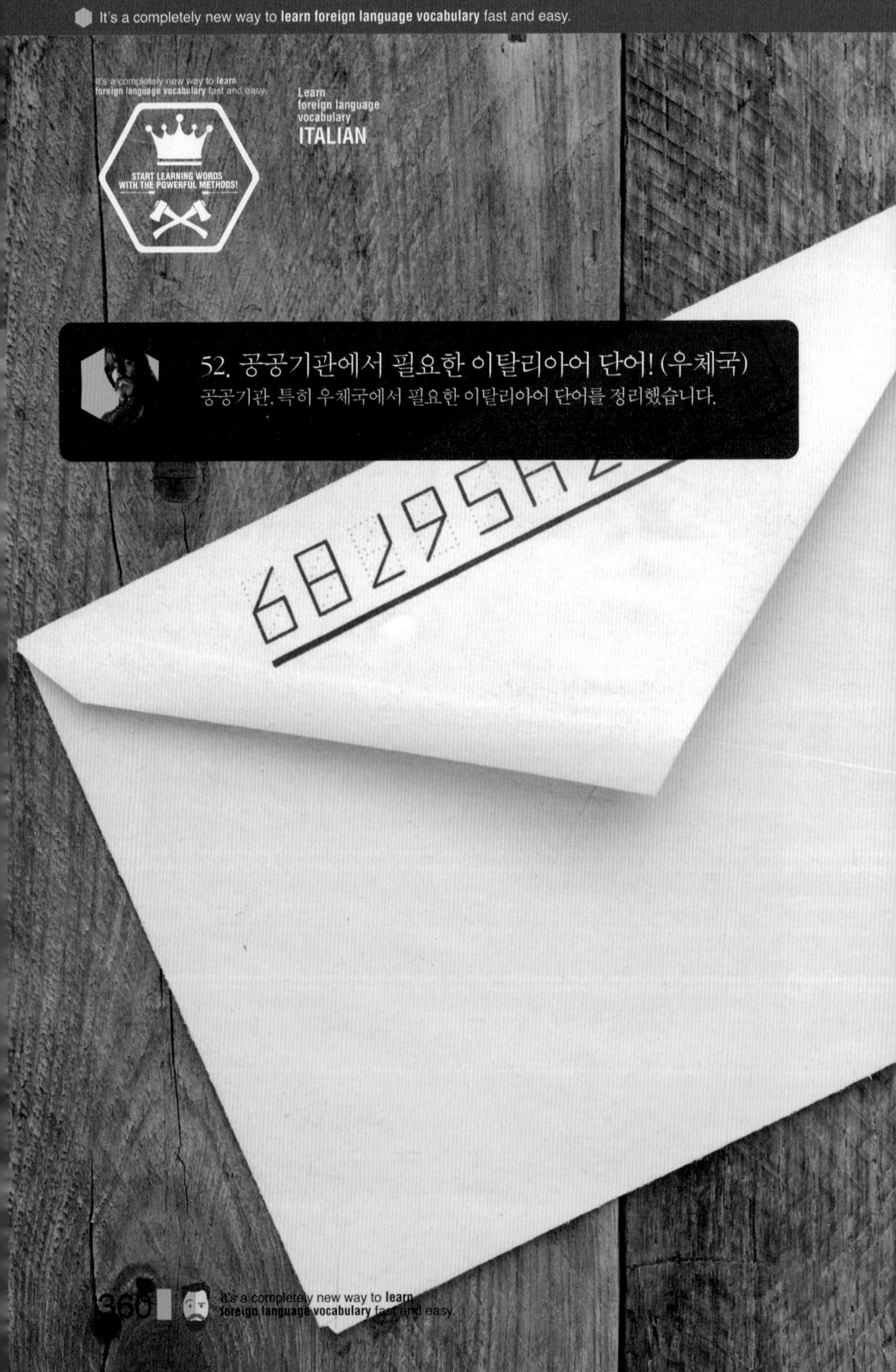
It's a completely new way to learn foreign language vocabulary fast and easy.
It's a completely new way to learn foreign language vocabulary fast and easy.
Learn foreign language vocabulary
ITALIAN
START LEARNING WORDS WITH THE POWERFUL METHODS!
52. 공공기관에서 필요한 이탈리아어 단어! (우체국)
공공기관, 특히 우체국에서 필요한 이탈리아어 단어를 정리했습니다.
360
It's a completely new way to learn foreign language vocabulary fast and easy.

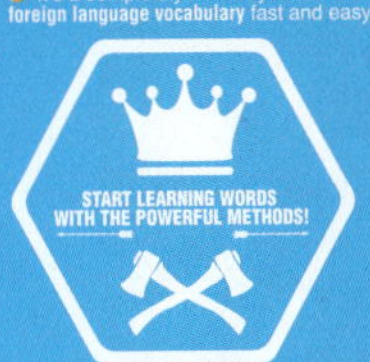

Part 5
It's a completely new way to **learn** foreign language vocabulary fast and easy.

테마 생활단어
이탈리아어 테마 생활단어

P5

꼭 필요한 동사 5개!
이탈리아어 동사는 인칭에 따라 어미를 변화시켜야 합니다.

p5-52-01	**spedire** [스뻬디레] 보내다	io spedisco / tu spedisci
p5-52-02	**mandare** [만다레] 보내다	io mando / tu mandi
p5-52-03	**ricevere** [리체베레] 받다	io ricevo / tu ricevi
p5-52-04	**consegnare** [꼰세냐레] ~을 전해주다	io consegno / tu consegni
p5-52-05	**pagare** [빠가레] 지불하다	io pago / tu paghi

● The **vocabularies**, the most frequently used words will **be with you!**

● You'll get most frequently used **vocabularies.**

꼭 필요한 명사 10개!

이탈리아어 명사는 정관사와 함께 기억해 주십시오.

p5-52-06 ● **la posta** [라 뽀스따] 우편	**p5-52-07** ● **l'ufficio postale** [루피치오 뽀스딸레] 우체국
p5-52-08 ● **il pacco** [일 빡꼬] 소포/상자	**p5-52-09** ● **il pacchetto** [일 빡께또] 작은 상자
p5-52-10 ● **la commutazione di pacchetto** [라 꼼무따찌오네 디 빡께또] 소포계	**p5-52-11** ● **l'indirizzo** [린디릿쪼] 주소
p5-52-12 ● **il mittente** [일 미뗀떼] 발신자	**p5-52-13** ● **il destinatario** [일 데스띠나따리오] 수신자
p5-52-14 ● **la lettera** [라 레떼라] 편지	**p5-52-15** ● **il postino** [일 뽀스띠노] 집배원

It's a completely new way to **learn** foreign language **vocabulary** fast and easy.

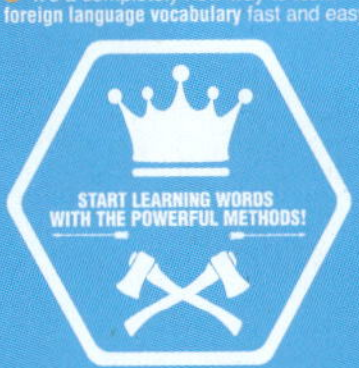

It's a completely new way to **learn** foreign language **vocabulary** fast and easy.

Part 5

테마 생활단어

이탈리아어 테마 생활단어

P5

 **문장을 완성하는 도우미들!**

p5-52-16	**a**
	[아] ~에

p5-52-17	**da**
	[다] ~부터

p5-52-18	**all'estero**
	[알레스떼로] 외국으로

p5-52-19	**via aerea**
	[비아 아에레아] 항공편으로

p5-52-20	**con corriere espresso**
	[꼰 꼬리에레 에스쁘레쏘] 속달로

단어에서 회화 실력으로!

p5-52-21

Lei va all'ufficio postale.

[레이 바 알루피치오 뽀스딸레] 그녀는 우체국에 갑니다.

p5-52-22

Lui spedisce una lettera con corriere espresso.

[루이 스뻬디셰 우나 레떼라 꼰 꼬리에레 에스쁘레쏘]

그는 편지를 속달로 보냅니다.

p5-52-23

Lui riceve un pacchetto dall'estero.

[루이 리체베 운 빡께또 달레스떼로]

그는 외국으로부터 우편물을 받습니다.

p5-52-24

Spedisco una lettera all'estero via aerea.

[스뻬디스꼬 우나 레떼라 알레스떼로 비아 아에레아]

나는 소포를 항공우편으로 한국에 보낸다.

The **vocabularies**, the most frequently used words will **be with you!**

● You'll get most frequently used **vocabularies**.

53. 공공기관에서 필요한 이탈리아어 단어! (경찰서)

공공기관, 특히 경찰서에서 필요한 이탈리아어 단어를 정리했습니다.

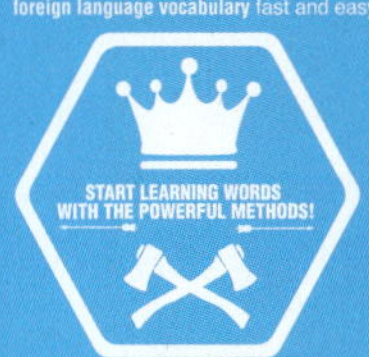

Part 5

It's a completely new way to **learn** foreign language vocabulary fast and easy.

테마 생활단어

이탈리아어 테마 생활단어

 **꼭 필요한 동사 5개!**

이탈리아어 동사는 인칭에 따라 어미를 변화시켜야 합니다.

---

p5-53-01
denunciare
[데눈치아레] 신고하다   io denuncio / tu denunci

p5-53-02
perdere
[뻬르데레] 잃다   io perdo / tu perdi

p5-53-03
rubare
[루바레] 훔치다   io rubo / tu rubi

p5-53-04
uccidere
[우치데레] 죽이다   io uccido / tu uccidi

p5-53-05
arrestare
[아레스따레] 체포하다   io arresto / tu arresti

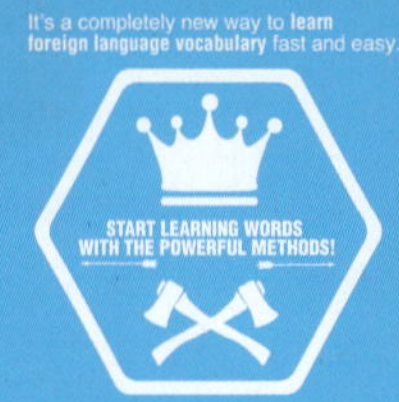

꼭 필요한 명사 10개!
이탈리아어 명사는 정관사와 함께 기억해 주십시오.

p5-53-06 **l'ufficio di polizia** [루피치오 디 뽈리찌아] 경찰서	**p5-53-07** **il poliziotto** [일 뽈리찌오또] 경찰관
p5-53-08 **il vigile urbano** [일 비질레 우르바노] 교통경찰관	**p5-53-09** **il controllo del traffico** [일 꼰뜨롤로 델 뜨라피꼬] 교통정리
p5-53-10 **il carabiniere** [일 까라비니에레] 형사	**p5-53-11** **il furto** [일 푸르또] 도난
p5-53-12 **il ladro** [일 라드로] 도둑	**p5-53-13** **l'assassino** [랏싸씨노] 살인범
p5-53-14 **il portafoglio** [일 뽀르따폴리오] 지갑	**p5-53-15** **la vittima** [라 비띠마] 피해자

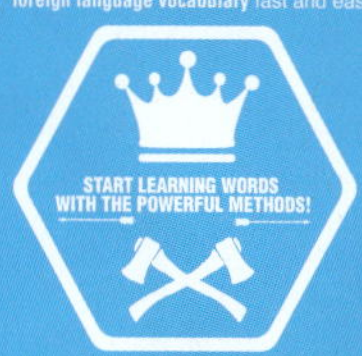

Part 5

테마 생활단어
이탈리아어 테마 생활단어

P5

It's a completely new way to **learn** foreign language vocabulary fast and easy.

It's a completely new way to **learn** foreign language vocabulary fast and easy.

문장을 완성하는 도우미들!

| p5-53-16 | **di** [디] ~의 | p5-53-17 | **qui** [꿰] 여기 |
| p5-53-18 | **vicino** [비치노] 근처에/가까이 | p5-53-19 | **a** [아] ~에 |

단어에서 회화 실력으로!

p5-53-20   **Lui denuncia il furto del portafoglio alla polizia.**
[루이 데눈치아 일 푸르또 델 뽀르따폴리오 알라 뽈리찌아.]
그는 지갑 도난을 경찰에 신고합니다.

p5-53-21   **C'è un ufficio di polizia qui vicino?**
[체 운 우피치오 디 뽈리찌아 꿰 비치노?]
여기 근처에 경찰서가 있습니까?

p5-53-22   **Il ladro ruba il portafoglio.**
[일 라드로 루바 일 뽀르따폴리오] 도둑이 지갑을 훔칩니다.

p5-53-23   **I poliziotti arrestano l'assassino.**
[이 뽈리찌오띠 아레스따노 라싸씨노] 경찰이 살인범을 체포합니다.

The vocabularies, the most frequently used words will be with you!

You'll get most frequently used vocabularies.

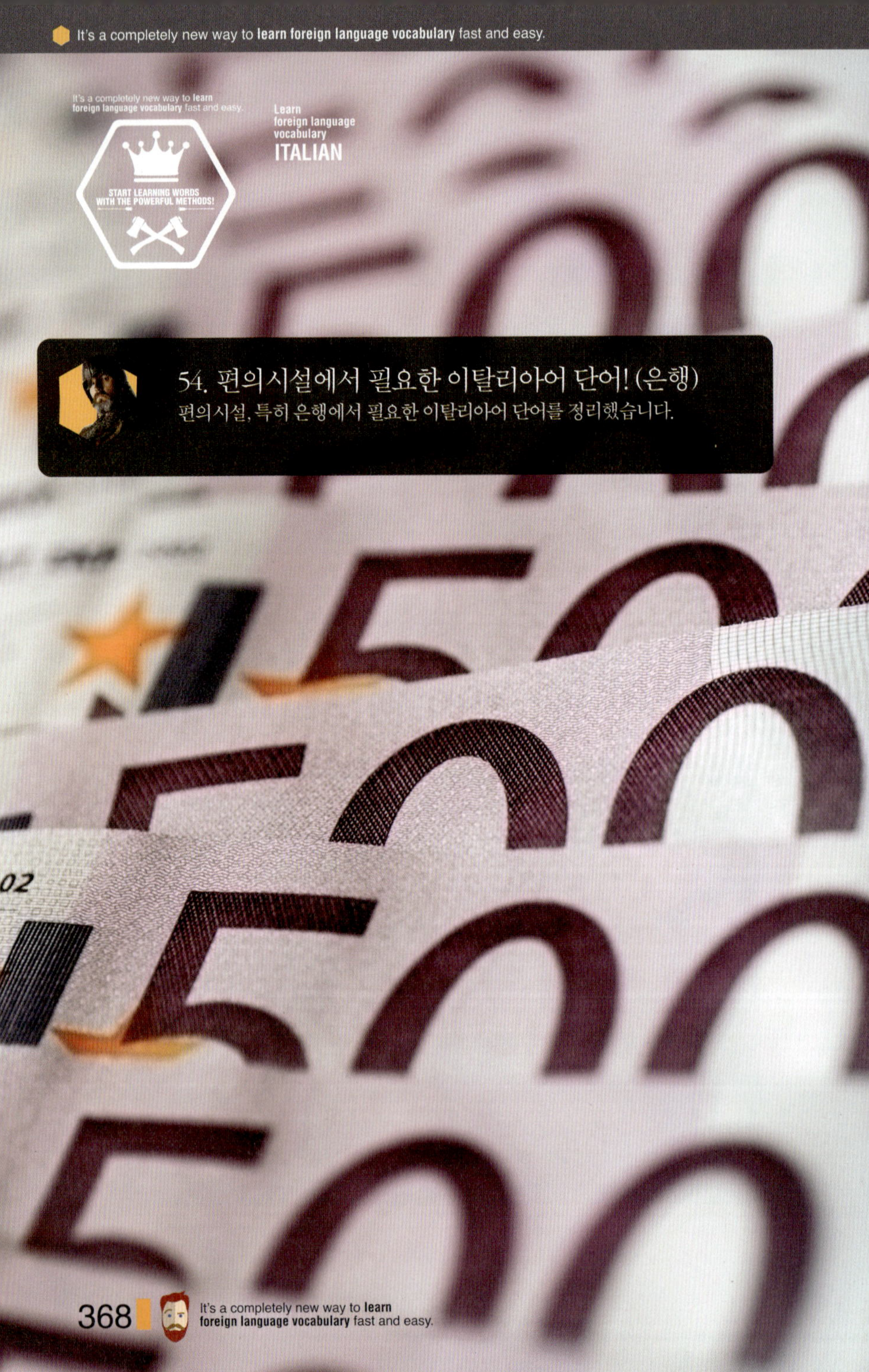
It's a completely new way to learn
foreign language vocabulary fast and easy.
Learn
foreign language
vocabulary
ITALIAN
START LEARNING WORDS
WITH THE POWERFUL METHODS!
54. 편의시설에서 필요한 이탈리아어 단어! (은행)
편의시설, 특히 은행에서 필요한 이탈리아어 단어를 정리했습니다.

Part 5

테마 생활단어
이탈리아어 테마 생활단어

P5

꼭 필요한 동사 5개!

이탈리아어 동사는 인칭에 따라 어미를 변화시켜야 합니다.

p5-54-01
depositare
[데뽀지따레] 입금하다
io deposito / tu depositi

p5-54-02
ritirare
[리띠라레] 출금하다
io ritiro / tu ritiri

p5-54-03
bonificare
[보니피까레] 이체하다
io bonifico / tu bonifichi

p5-54-04
aprire
[아쁘리레] 개설하다
io apro / tu apri

p5-54-05
risparmiare
[리스빠르미아레] 저축하다
io risparmio / tu risparmi

The vocabularies, the most frequently used words will be with you!

You'll get most frequently used vocabularies.

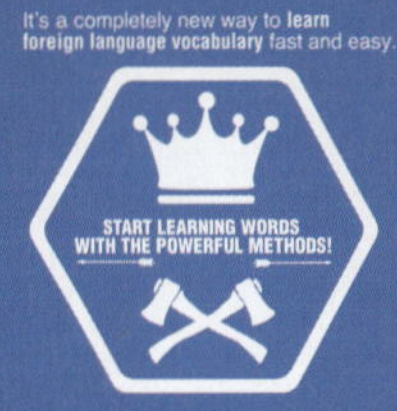

꼭 필요한 명사 10개!
이탈리아어 명사는 정관사와 함께 기억해 주십시오.

p5-54-06 **la banca** [라 방까] 은행	**p5-54-07** **i soldi** [이 솔디] 돈
p5-54-08 **il contante** [일 꼰딴떼] 현금	**p5-54-09** **il bancomat** [일 방꼬마뜨] 자동현금인출기
p5-54-10 **la moneta** [라 모네따] 동전	**p5-54-11** **la banconota** [라 방꼬노따] 지폐
p5-54-12 **il conto corrente** [일 꼰또 꼬렌떼] 계좌	**p5-54-13** **il numero di conto corrente** [일 누메로 디 꼰또 꼬렌떼] 계좌번호
p5-54-14 **il bonifico** [일 보니피꼬] 송금	**p5-54-15** **la carta di credito** [라 까르따 디 끄레디또] 신용카드

It's a completely new way to **learn** foreign language vocabulary fast and easy.

START LEARNING WORDS WITH THE POWERFUL METHODS!

THEME

Part 5

It's a completely new way to **learn** foreign language vocabulary fast and easy.

테마 생활단어
이탈리아어 테마 생활단어

P5

 **문장을 완성하는 도우미들!**

p5-54-16	**in banca** [인 방까] 은행에
p5-54-17	**un** [운] 하나의 (부정관사)
p5-54-18	**stamattina** [스따마띠나] 오늘 아침에
p5-54-19	**da** [다] ~부터

단어에서 회화 실력으로!

p5-54-20 **Vado in banca.**
[바도 인 방까] (나는) 은행에 갑니다.

p5-54-21 **Lui apre un conto corrente.**
[루이 아쁘레 운 꼰또 꼬렌떼] 그는 계좌를 개설합니다.

p5-54-22 **Stamattina lui deposita i soldi in banca.**
[스따마띠나 루이 데뽀지따 이 솔디 인 방까]
오늘 아침 그는 은행에 돈을 입금합니다.

p5-54-23 **Lei ritira i soldi dal bancomat.**
[레이 리띠라 이 솔디 달 방꼬마뜨]
그녀는 자동현금인출기에서 돈을 인출합니다.

p5-54-24 **Posso fare il bonifico?**
[뽀쏘 파레 일 보니피꼬?] (나는) 돈을 송금할 수 있습니까?

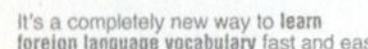

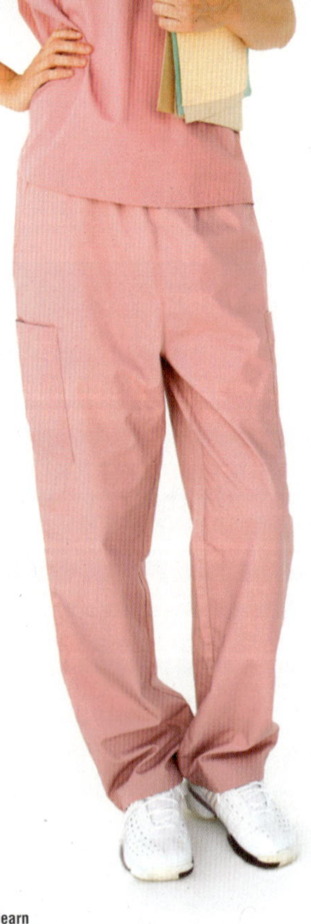

55. 편의시설에서 필요한 이탈리아어 단어! (병원)

편의시설, 특히 병원에서 필요한 이탈리아어 단어를 정리했습니다.

Part 5

It's a completely new way to learn foreign language vocabulary fast and easy.

테마 생활단어
이탈리아어 테마 생활단어

꼭 필요한 동사 5개!
이탈리아어 동사는 인칭에 따라 어미를 변화시켜야 합니다.

p5-55-01	**avere**	
	[아베레] 가지고 있다	io ho / tu hai

p5-55-02	**soffrire**	
	[소프리레] 고통을 겪다	io soffro / tu soffri

p5-55-03	**visitare**	
	[비지따레] 방문하다/진찰하다	io visito / tu visiti

p5-55-04	**curare**	
	[꾸라레] 돌보다/치료하다	io curo / tu curi

p5-55-05	**assistere**	
	[아씨스떼레] 돌봐주다	io assisto / tu assisti

The **vocabularies**, the most frequently used words will **be with you!**

You'll get most frequently used **vocabularies.**

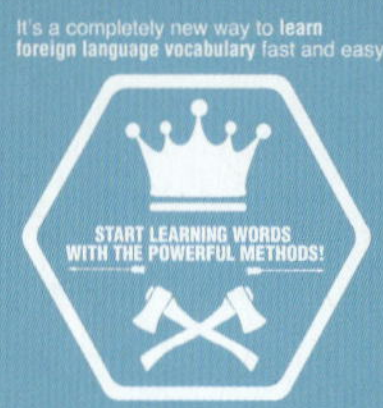

꼭 필요한 명사 10개!
이탈리아어 명사는 정관사와 함께 기억해 주십시오.

p5-55-06	**l'ospedale** [로스뻬달레] 병원	p5-55-07	**il dottore** [일 도또레] 의사
p5-55-08	**l'infermiere** [린페르미에레] 간호사	p5-55-09	**l'infermiera** [린페르미에라] 여간호사
p5-55-10	**il/la paziente** [일/라 빠찌엔떼] 환자	p5-55-11	**il dolore** [일 돌로레] 통증
p5-55-12	**la malattia** [라 말라띠아] 질병	p5-55-13	**la ferita** [라 페리따] 상처
p5-55-14	**l'assicurazione sanitaria** [라씨꾸라찌오네 사니따리아] 의료보험	p5-55-15	**il certificato sanitario** [일 체르띠피까또 사니따리오] 의료보험증

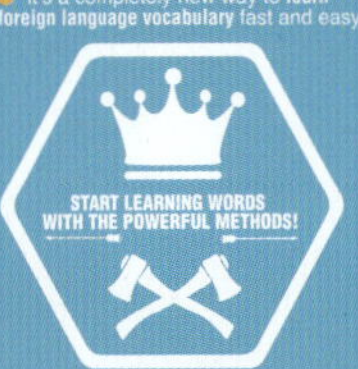

It's a completely new way to **learn** foreign language vocabulary fast and easy.

Part 5

It's a completely new way to **learn** foreign language vocabulary fast and easy.

테마 생활단어
이탈리아어 테마 생활단어

P5

 **문장을 완성하는 도우미들!**

| p5-55-16 | **avere mal di testa** |
| [아베레 말 디 떼스따] 머리가 아프다 |

| p5-55-17 | **ferito** |
| [페리또] 상처난 |

| p5-55-18 | **male** |
| [말레] 나쁜/나쁜 것 |

| p5-55-19 | **quel** |
| [꾸엘] 그 (지시형용사) |

 **단어에서 회화 실력으로!**

p5-55-20 Ho mal di testa.
[오 말 디 떼스따] (나는) 머리가 아픕니다.

p5-55-21 Sono ferito.
[소노 페리또] (나는) 상처가 났습니다.

p5-55-22 L'infermiera assiste quel paziente.
[린페르미에라 아씨스떼 꾸엘 빠찌엔떼.] 간호사는 그 환자를 돌봅니다.

p5-55-23 Il dottore visita la paziente.
[일 도또레 비지따 라 빠찌엔떼.] 의사는 환자를 진찰합니다.

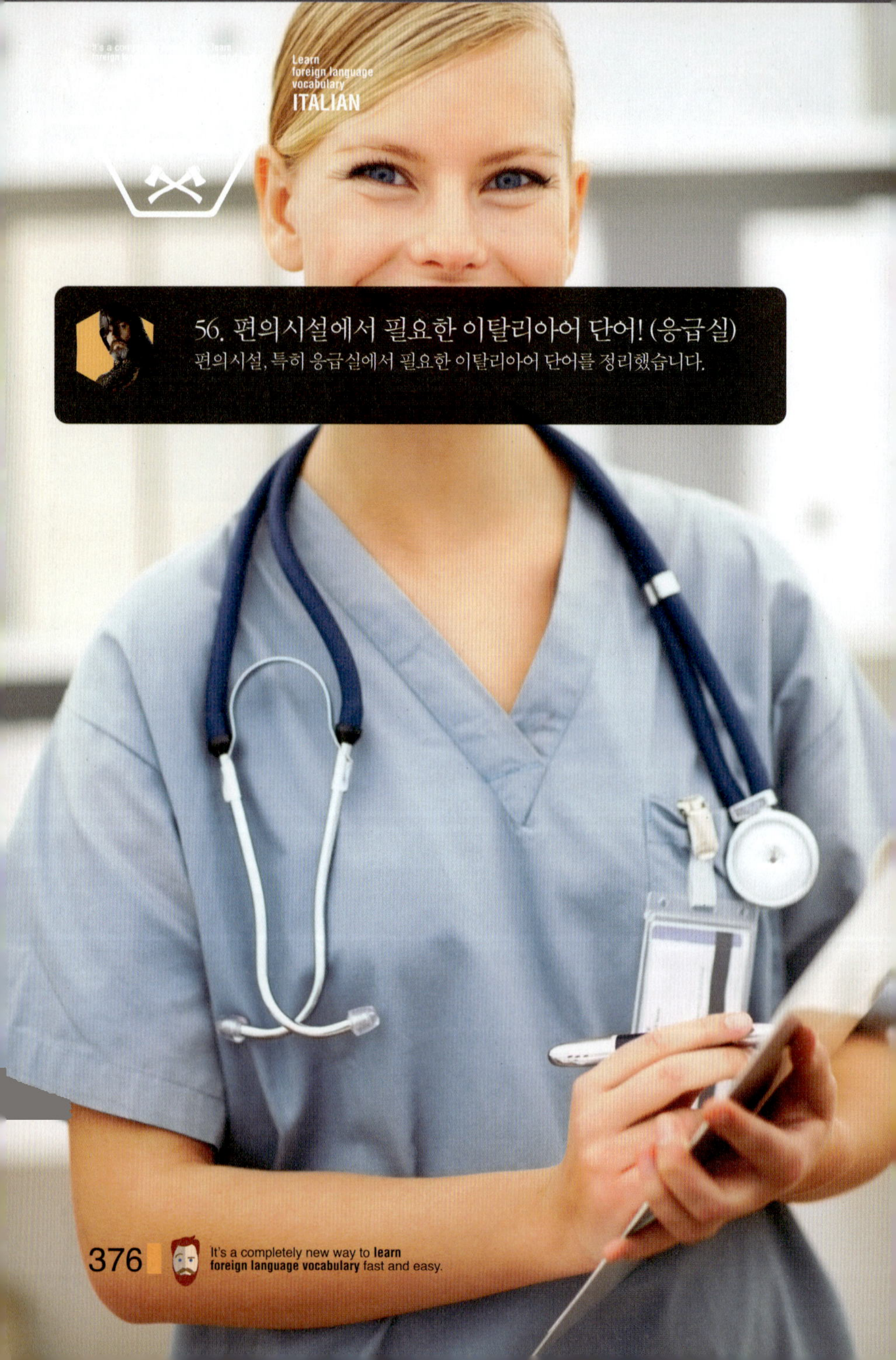

Learn
foreign language
vocabulary
ITALIAN

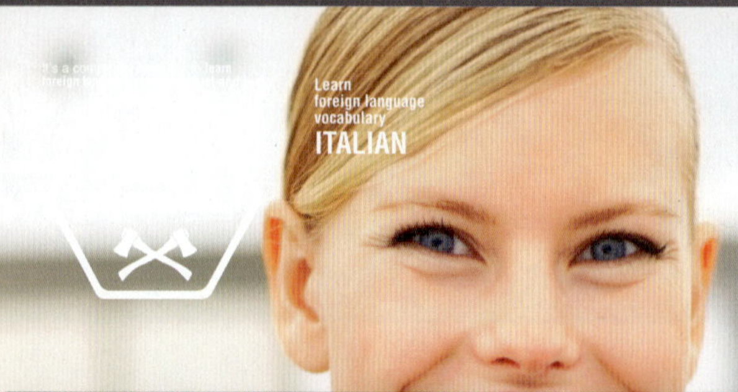

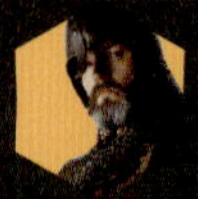

56. 편의시설에서 필요한 이탈리아어 단어! (응급실)

편의시설, 특히 응급실에서 필요한 이탈리아어 단어를 정리했습니다.

It's a completely new way to **learn** foreign language vocabulary fast and easy.

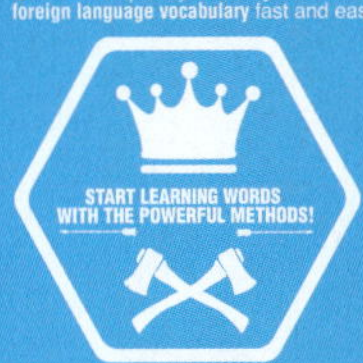

THEME

Part 5

It's a completely new way to **learn** foreign language vocabulary fast and easy.

테마 생활단어
이탈리아어 테마 생활단어

P5

꼭 필요한 동사 5개!

이탈리아어 동사는 인칭에 따라 어미를 변화시켜야 합니다.

p5-56-01
rimettersi
[리메떼르씨] 회복하다 (재귀동사) mi rimetto / ti rimetti

p5-56-02
ferirsi
[페리르씨] 부상당하다 (재귀동사) mi ferisco / ti ferisci

p5-56-03
lasciare
[라쉬아레] 놓다/떠나다 io lascio / tu lasci

p5-56-04
trasferirsi
[뜨라스페리르씨] 이송하다 (재귀동사) mi trasferisco / ti trasferisci

p5-56-05
uscire
[우시레] 나가다 io esco / tu esci

The **vocabularies**, the most frequently used words will be **with you!**

You'll get most frequently used **vocabularies.**

꼭 필요한 명사 10개!
이탈리아어 명사는 정관사와 함께 기억해 주십시오.

p5-56-06 **il/la paziente** [일/라 빠찌엔떼] 환자	p5-56-07 **il ferito** [일 페리또] 부상자
p5-56-08 **l'incidente** [린치덴떼] 사고	p5-56-09 **l'ambulanza** [람불란짜] 구급차
p5-56-10 **il sintomo** [일 씬또모] 증상	p5-56-11 **l'avvelenamento** [라벨레나멘또] 중독
p5-56-12 **l'operazione** [로뻬라찌오네] 수술	p5-56-13 **la guarigione** [라 구아리지오네] 회복
p5-56-14 **il recupero** [일 레꾸뻬로] 회복	p5-56-15 **la prescrizione** [라 쁘레스끄리찌오네] 처방전

It's a completely new way to **learn** foreign language vocabulary fast and easy.

Part 5

It's a completely new way to **learn** foreign language vocabulary fast and easy.

THEME

테마 생활단어

이탈리아어 테마 생활단어

P5

문장을 완성하는 도우미들!

p5-56-16	**immediatamente** [임메디아따멘떼] 곧 / 즉시
p5-56-17	**ricoverato** [리꼬베라또] 입원한
p5-56-18	**presto** [쁘레스또] 빨리
p5-56-19	**in** [인] ~안에

단어에서 회화 실력으로!

p5-56-20 **Lui trasferisce i feriti in ospedale immediatamente.**
[루이 뜨라스페리셰 이 페리띠 인 오스뻬달레 임메디아따멘떼.]
그는 부상자들을 즉시 병원으로 이송합니다.

p5-56-21 **Lui è ricoverato in ospedale.**
[루이 에 리꼬베라또 인 오스뻬달레.] 그는 병원에 입원합니다.

p5-56-22 **Rimettiti presto!**
[리멧띠띠 쁘레스또!] 빨리 나아라!

p5-56-23 **Posso avere una prescrizione?**
[뽀쏘 아베레 우나 쁘레스끄리찌오네?] 처방전을 받을 수 있습니까?

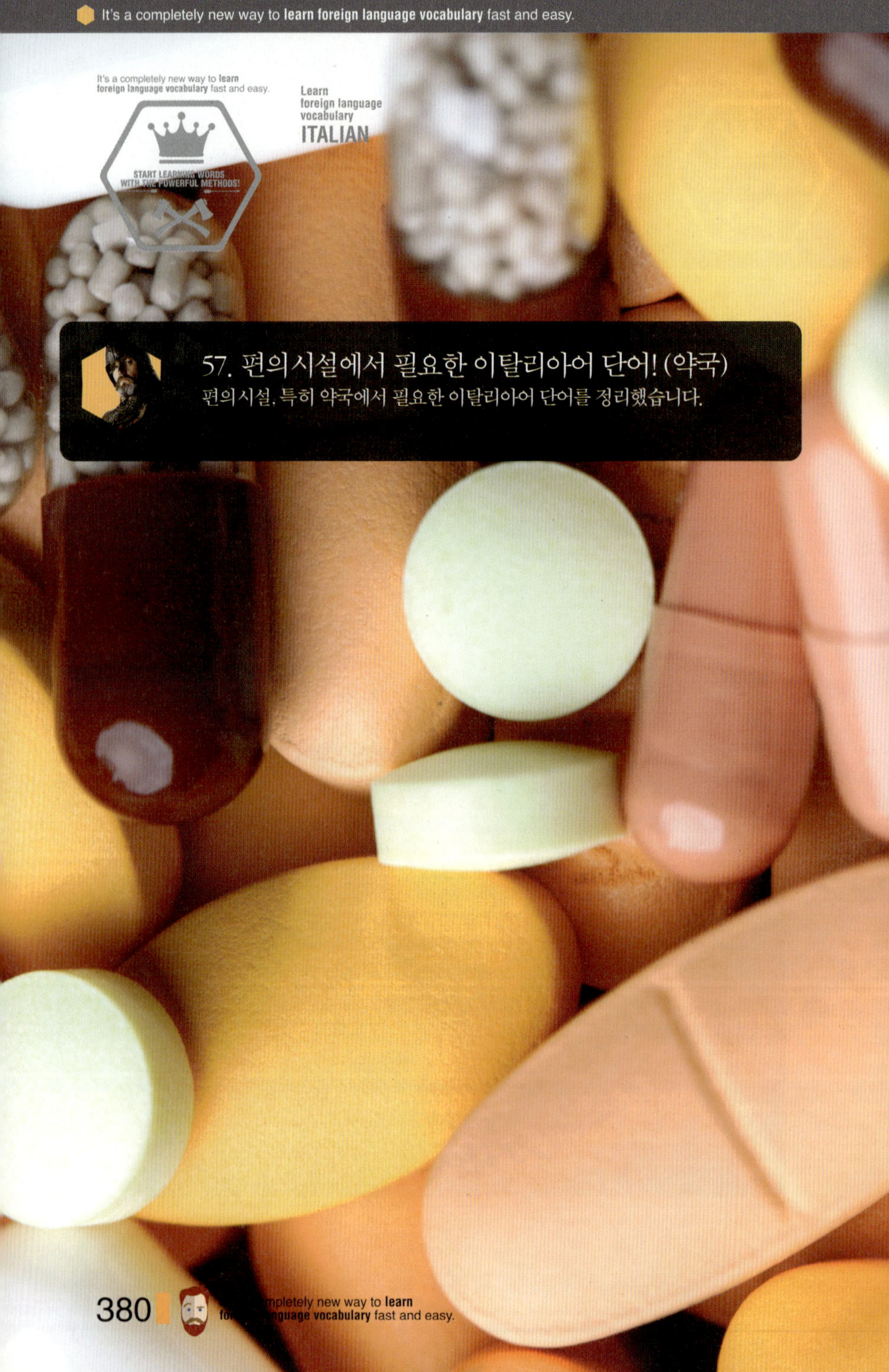

57. 편의시설에서 필요한 이탈리아어 단어! (약국)
편의시설, 특히 약국에서 필요한 이탈리아어 단어를 정리했습니다.

Part 5

It's a completely new way to **learn** foreign language vocabulary fast and easy.

테마 생활단어
이탈리아어 테마 생활단어

THEME

P5

꼭 필요한 동사 5개!
이탈리아어 동사는 인칭에 따라 어미를 변화시켜야 합니다.

p5-57-01	**sembrare**	
	[셈브라레] 보이다	io sembro / tu sembri

p5-57-02	**sentirsi**	
	[센띠르씨] 기분을 느끼다 (재귀동사)	mi sento / ti senti

p5-57-03	**avere**	
	[아베레] 가지고 있다	io ho / tu hai

p5-57-04	**prendere**	
	[쁘렌데레] 가지다/먹다	io prendo / tu prendi

p5-57-05	**bere**	
	[베레] 마시다	io bevo / tu bevi

꼭 필요한 명사 10개!

이탈리아어 명사는 정관사와 함께 기억해 주십시오.

p5-57-06	**la farmacia** [라 파르마치아] 약국	p5-57-07	**la farmacista** [라 파르마치스따] 약사
p5-57-08	**il farmaco** [일 파르마꼬] 약품	p5-57-09	**la medicina** [라 메디치나] 약
p5-57-10	**la pillola** [라 필롤라] 알약	p5-57-11	**la medicina in polvere** [라 메디치나 인 뽈베레] 가루약
p5-57-12	**la tosse** [라 토쎄] 기침	p5-57-13	**la febbre** [라 펩브레] 열
p5-57-14	**il mal di gola** [일 말 디 골라] 인후통	p5-57-15	**il mal di testa** [일 말 디 떼스따] 두통

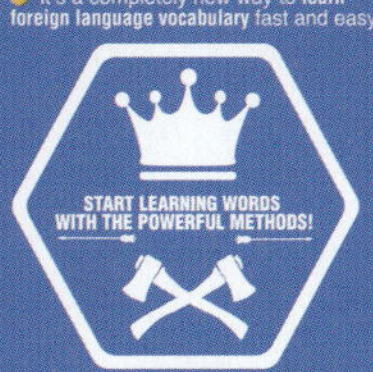

It's a completely new way to **learn** foreign language vocabulary fast and easy.

Part 5

It's a completely new way to **learn** foreign language vocabulary fast and easy.

테마 생활단어
이탈리아어 테마 생활단어

P5

 **문장을 완성하는 도우미들!**

p5-57-16	**bene** [베네] 잘/좋게	p5-57-17	**male** [말레] 나쁘게
p5-57-18	**tre volte** [뜨레 볼떼] 세 번	p5-57-19	**ti** [띠] 너 (재귀대명사 2인칭단수)
p5-57-20	**al giorno** [알 조르노] 하루에	p5-57-21	**mi** [미] 나 (재귀대명사 1인칭단수)

단어에서 회화 실력으로!

p5-57-22

Non ti senti bene?
[논 띠 센띠 베네?] 너 괜찮니? (너 괜찮게 느끼지 않니?)

p5-57-23

Mi sento male.
[미 센또 말레.] 나는 아픕니다.

p5-57-24

Lei ha la febbre.
[레이 아 라 펩브레.] 그녀는 열이 있습니다.

p5-57-25

Lui prende la pillola tre volte al giorno.
[루이 쁘렌데 라 삘롤라 뜨레 볼떼 알 조르노.]
그는 알약 하나를 하루에 세 번 먹습니다.

58. 편의시설에서 필요한 이탈리아어 단어! (영화관)

편의시설, 특히 영화관에서 필요한 이탈리아어 단어를 정리했습니다.

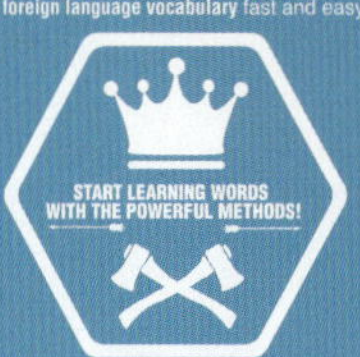

It's a completely new way to **learn** foreign language vocabulary fast and easy.

Part 5

It's a completely new way to **learn** foreign language vocabulary fast and easy.

테마 생활단어
이탈리아어 테마 생활단어

THEME

TICKET

P5

꼭 필요한 동사 5개!
이탈리아어 동사는 인칭에 따라 어미를 변화시켜야 합니다.

p5-58-01	**andare** [안다레] 가다	io vado / tu vai
p5-58-02	**proiettare** [쁘로이에따레] 상영하다	io proietto / tu proietti
p5-58-03	**costare** [꼬스따레] 비용이 들다	io costo / tu costi
p5-58-04	**cominciare** [꼬민치아레] 시작하다	io comincio / tu cominci
p5-58-05	**prenotare** [쁘레노따레] 예매하다	io prenoto / tu prenoti

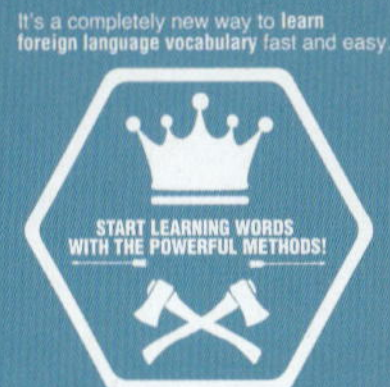

꼭 필요한 명사 10개!

이탈리아어 명사는 정관사와 함께 기억해 주십시오.

il cinema p5-58-06 [일 치네마] 영화관	**il biglietto** p5-58-07 [일 빌리에또] 표/티켓
lo schermo p5-58-08 [로 스께르모] 스크린	**la fila di sedili** p5-58-09 [라 필라 디 세딜리] 좌석열
la biglietteria p5-58-10 [라 빌리에떼리아] 매표소	**la prenotazione** p5-58-11 [라 쁘레노따찌오네] 예약
il film fantascientifico p5-58-12 [일 필름 판따쉬엔띠피꼬] 공상과학영화	**il film poliziesco** p5-58-13 [일 필름 뽈리찌에스꼬] 범죄영화
il film di guerra p5-58-14 [일 필름 디 궤라] 전쟁영화	**il film d'azione** p5-58-15 [일 필름 다찌오네] 액션영화

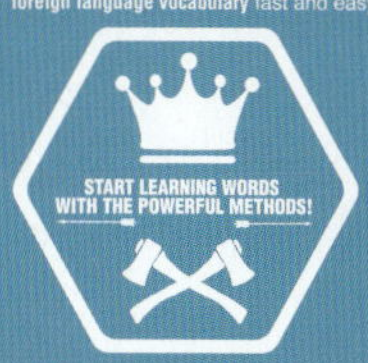

It's a completely new way to learn foreign language vocabulary fast and easy.

Part 5

It's a completely new way to learn foreign language vocabulary fast and easy.

테마 생활단어
이탈리아어 테마 생활단어

P5

문장을 완성하는 도우미들!

p5-58-16 **domani sera**
[도마니 쎄라] 내일 저녁

p5-58-17 **i suoi amici**
[이 수오이 아미치] 그의 친구들

p5-58-18 **a che ora**
[아 께 오라] 몇시에

p5-58-19 **possibile**
[쁘씨빌레] 가능한

p5-58-20 **sul sito internet**
[술 씨또 인떼르넷] 인터넷 사이트로

p5-58-21 **quanto**
[꾸안또] 얼마나

단어에서 회화 실력으로!

p5-58-22 **Lui va al cinema domani sera con i suoi amici.**
[루이 바 알 치네마 도마니 쎄라 꼰 이 수오이 아미치.]
그는 내일 저녁 친구들과 함께 영화관에 갑니다.

p5-58-23 **Quanto costa il biglietto?**
[꾸안또 꼬스따 일 빌리에또?] 입장료는 얼마입니까?

p5-58-24 **A che ora comincia il film?**
[아 께 오라 꼬민치아 일 필름?] 영화는 언제 시작합니까?

p5-58-25 **È possibile prenotare un film sul sito internet?**
[에 쁘씨빌레 쁘레노따레 운 필름 술 씨또 인떼르넷?]
인터넷 사이트로 영화예매가 가능합니까?

59. 편의시설에서 필요한 이탈리아어 단어! (콘서트)
편의시설, 특히 콘서트와 관련된 이탈리아어 단어를 정리했습니다.

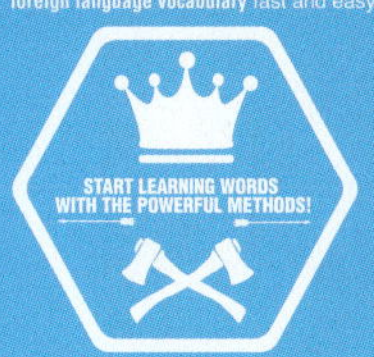

Part 5

It's a completely new way to learn foreign language vocabulary fast and easy.

테마 생활단어
이탈리아어 테마 생활단어

P5

꼭 필요한 동사 5개!
이탈리아어 동사는 인칭에 따라 어미를 변화시켜야 합니다.

p5-59-01	**ascoltare** [아스꼴따레] 듣다	io ascolto / tu ascolti
p5-59-02	**piacere** [삐아체레] 좋아하다	io piaccio / tu piaci
p5-59-03	**suonare** [수오나레] 연주하다	io suono / tu suoni
p5-59-04	**cantare** [깐따레] 노래하다	io canto / tu canti
p5-59-05	**preferire** [쁘레페리레] 선호하다	io preferisco / tu preferisci

꼭 필요한 명사 10개!

이탈리아어 명사는 정관사와 함께 기억해 주십시오.

p5-59-06 **il concerto** [일 꼰체르또] 콘서트	**p5-59-07** **la musica** [라 무지까] 음악
p5-59-08 **l'opera** [로뻬라] 오페라	**p5-59-09** **il teatro** [일 떼아뜨로] 극장
p5-59-10 **l'orchestra** [로르케스트라] 오케스트라	**p5-59-11** **il palco** [일 빨꼬] 무대
p5-59-12 **il direttore d'orchestra** [일 디레또레 도르께스뜨라] 지휘자	**p5-59-13** **il coro** [일 꼬로] 합창단
p5-59-14 **lo strumento musicale** [로 스뜨루멘또 무지깔레] 악기	**p5-59-15** **il libretto del programma** [일 리브렛또 델 쁘로그람마] 팸플릿

Part 5

테마 생활단어
이탈리아어 테마 생활단어

P5

THEME

문장을 완성하는 도우미들!

p5-59-16	**volentieri** [볼렌띠에리] 즐겨 / 기꺼이
p5-59-17	**ti** [띠] 너에게
p5-59-18	**quale tipo** [꾸알레 띠뽀] 어떤 종류
p5-59-19	**a** [아] ~에서

단어에서 회화 실력으로!

p5-59-20 Ascolto la musica volentieri.
[아스꼴또 라 무지까 볼렌띠에리] (나는) 즐겨 음악을 듣습니다.

p5-59-21 Ti piace l'opera di Giuseppe Verdi?
[띠 삐아체 로뻬라 디 쥬세뻬 베르디?]
너 쥬세뻬 베르디의 오페라를 좋아하니?

p5-59-22 Che tipo di musica preferisci?
[께 띠뽀 디 무지까 쁘레페리시?] 너는 어떤 종류의 음악을 선호하니?

p5-59-23 Sai suonare uno strumento musicale?
[사이 수오나레 우노 스뜨루멘또 무지깔레?] 너 악기 다룰 줄 아니?

p5-59-24 Al concerto canta il coro.
[알 꼰체르또 깐따 일 꼬로] 합창단이 콘서트에서 노래합니다.

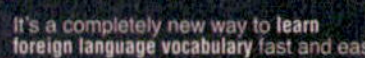

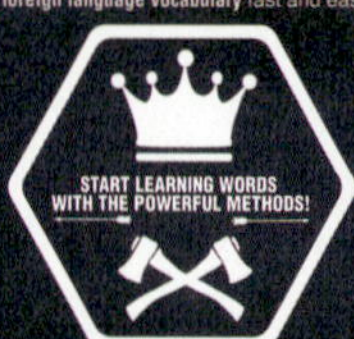

Learn
foreign language
vocabulary
ITALIAN

60. 편의시설에서 필요한 이탈리아어 단어! (미술관)

편의시설, 특히 미술관에서 필요한 이탈리아어 단어를 정리했습니다.

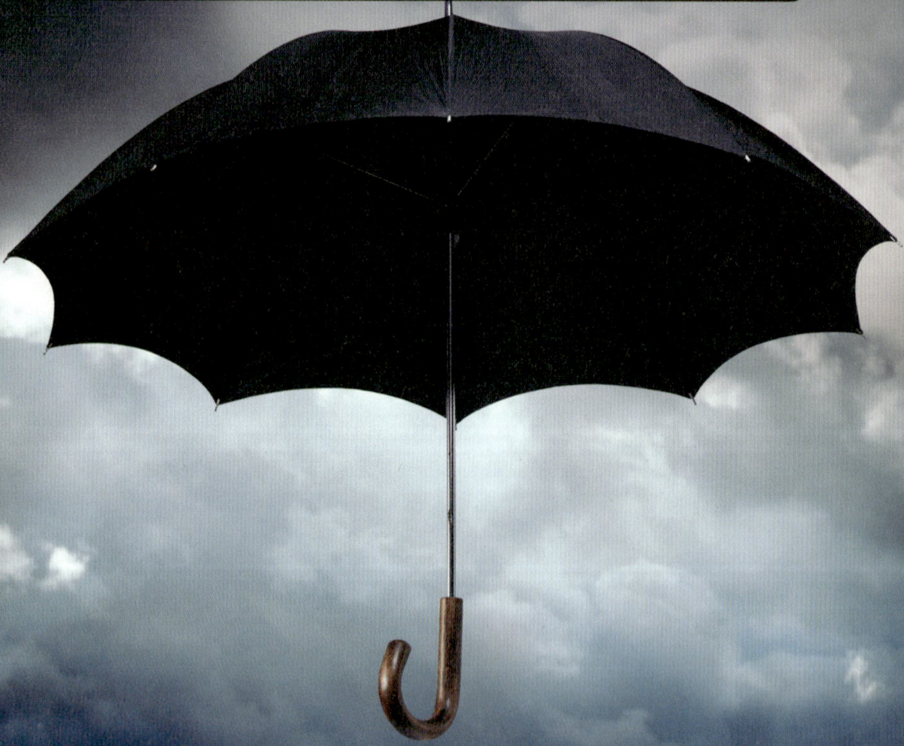

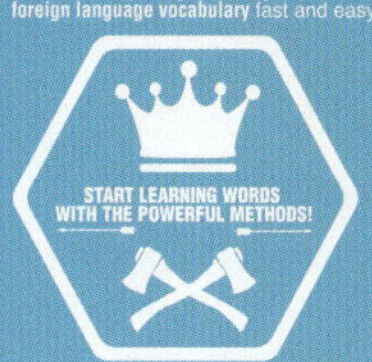

It's a completely new way to **learn** foreign language vocabulary fast and easy.

Part 5

It's a completely new way to **learn** foreign language vocabulary fast and easy.

테마 생활단어
이탈리아어 테마 생활단어

P5

꼭 필요한 동사 5개!
이탈리아어 동사는 인칭에 따라 어미를 변화시켜야 합니다.

| p5-60-01 | **disegnare** | |
| [디제냐레] 그리다/디자인하다 | **io disegno / tu disegni** |

| p5-60-02 | **dipingere** | |
| [디삔제레] 그리다/색 칠하다 | **io dipingo / tu dipingi** |

| p5-60-03 | **mostrare** | |
| [모스뜨라레] 전시하다 | **io mostro / tu mostri** |

| p5-60-04 | **collezionare** | |
| [꼴레찌오나레] 수집하다 | **io colleziono / tu collezioni** |

| p5-60-05 | **apprezzare** | |
| [아쁘렛짜레] 감상하다 | **io apprezzo / tu apprezzi** |

The vocabularies, the most frequently used words will **be with you!**

You'll get most frequently used vocabularies.

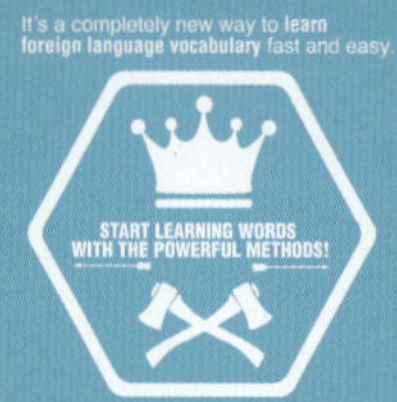

꼭 필요한 명사 10개!
이탈리아어 명사는 정관사와 함께 기억해 주십시오.

p5-60-06 **il museo** [일 무세오] 박물관	p5-60-07 **l'arte** [라르떼] 예술
p5-60-08 **il museo d'arte** [일 무세오 다르떼] 예술박물관	p5-60-09 **il quadro** [일 꾸아드로] 그림
p5-60-10 **l'artista** [라르띠스따] 예술가	p5-60-11 **il pittore** [일 삐또레] 화가
p5-60-12 **il dipinto** [일 디삔또] 회화	p5-60-13 **lo scultore** [로 스꿀또레] 조각가
p5-60-14 **la galleria** [라 갈레리아] 화랑	p5-60-15 **l'asta** [라스따] 경매/옥션

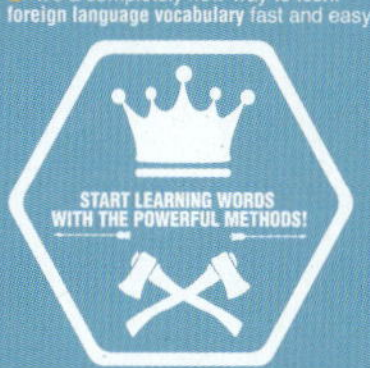

It's a completely new way to **learn foreign language vocabulary** fast and easy.

THEME

Part 5

It's a completely new way to **learn foreign language vocabulary** fast and easy.

테마 생활단어
이탈리아어 테마 생활단어

P5

 문장을 완성하는 도우미들!

p5-60-16	**dove** [도베] 어디	p5-60-17	**astratto** [아스뜨라또] 추상적인
p5-60-18	**di** [디] ~의	p5-60-19	**per** [뻬르] ~ 위해
p5-60-20	**molto** [몰또] 많은		

단어에서 회화 실력으로!

p5-60-21 Dove si trova il museo d'arte?
[도베 씨 뜨로바 일 무세오 다르떼?] 예술박물관은 어디입니까?

p5-60-22 Lui dipinge un quadro astratto.
[루이 디삔제 운 꾸아드로 아스뜨라또] 그는 추상화를 그립니다.

p5-60-23 Dobbiamo studiare la storia dell'arte.
[돕비아모 스뚜디아레 라 스또리아 델라르떼]
우리는 예술의 역사를 공부해야만 합니다.

p5-60-24 Lei colleziona le sculture.
[레이 꼴레찌오나 레 스꿀뚜레]
그녀는 조각품들을 수집합니다.

p5-60-25 Lui apprezza il quadro di Picasso.
[루이 아쁘레짜 일 꾸아드로 디 피카소] 그는 피카소의 그림을 감상한다.

The **vocabularies**, the most frequently used words will **be with you!**

You'll get most frequently used **vocabularies.**

It's a completely new way to **learn foreign language vocabulary** fast and easy.

It's a completely new way to learn
foreign language vocabulary fast and easy.
START LEARNING WORDS
WITH THE POWERFUL METHODS!

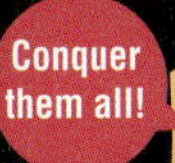

Learn
foreign language
vocabulary

부록 1.
핵심문법 간편정리!

1. 이탈리아어 인칭대명사
2. 이탈리아어 **essere** 동사
3. 이탈리아어 **avere** 동사
4. 이탈리아어 **fare** 동사
5. 이탈리아어 동사의 인칭변화
6. 이탈리아어 재귀동사
7. 이탈리아어 정관사
8. 이탈리아어 부정관사
9. 이탈리아어 소유형용사
10. 이탈리아어 조동사

부록 2.
주요동사 변화형정리!

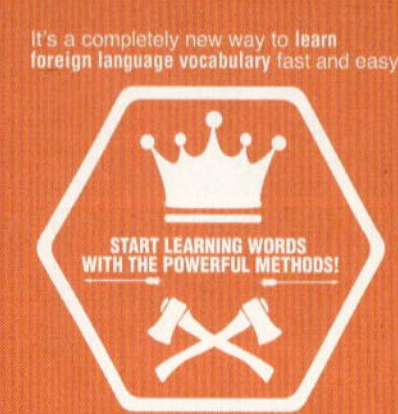

부록 1. 핵심문법 간편정리

1. 이탈리아어 인칭대명사

이탈리아어 인칭대명사를 정리해 드리겠습니다.

이탈리아어 인칭대명사 (단수형)

io [이오] 나	**noi** [노이] 우리들
tu [뚜] 너	**voi** [보이] 너희들
lui / lei / Lei [루이] 그 / [레이] 그녀 / [레이] 당신	**loro** [로로] 그들 / 그녀들

❶ 인칭대명사 **tu** (너)는 친한 사이의 호칭입니다. 하지만 친한 사이라도 예의를 갖추어야 하는 상황에는 **tu** 형을 쓰지 않는 것이 좀 더 세련된 이탈리아어 구사법입니다.

❷ 인칭대명사 **lei** 는 '그녀'라는 의미의 3인칭단수 인칭대명사도 되고, '당신'이라는 2인칭존칭형 대명사도 될 수 있습니다. 발음이 같기 때문에 문맥상 구별해야 하며, 문장 상에서는 2인칭 존칭형 대명사의 첫 글자를 대문자로 써서 구분합니다.

❸ 이탈리아어의 동사는 주어의 인칭에 따라 6가지 형태로 변합니다. 따라서 동사만으로도 주어의 인칭을 알 수 있기 때문에 이탈리아어는 일반적으로 문장에서 주어를 생략합니다.

부록 1.

핵심문법 간편정리
이탈리아어 핵심문법 간편정리

A

APPENDIX

2. 이탈리아어 **essere** 동사

이탈리아어 **essere** [에쎄레] (~이다) 동사를 정리해 드리겠습니다.

essere [에쎄레] ~이다

io sono ~ [이오 소노 ~] 나는 ~이다	**noi siamo ~** [노이 씨아모 ~] 우리들은 ~이다
tu sei ~ [뚜 쎄이 ~] 너는 ~이다	**voi siete ~** [보이 씨에떼 ~] 너희들은 ~이다
lui / lei / Lei è ~ [루이 / 레이 / 레이 에 ~] 그 / 그녀 / 당신은 ~이다	**loro sono ~** [로로 소노 ~] 그들 / 그녀들은 ~이다

❶ 이탈리아어 **essere** 동사는 영어의 **be** 동사에 해당합니다.
❷ **essere** 동사는 불규칙변화형 동사입니다.
❸ 암기를 하실 때는 인칭대명사와 함께 통째로 기억하는 것이 좋습니다.

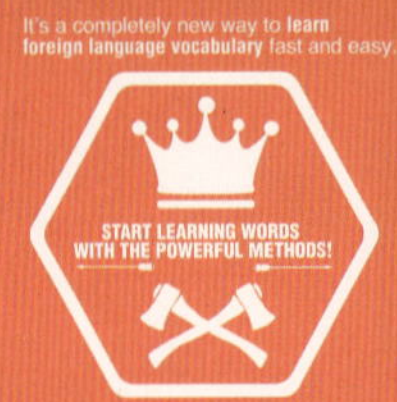

3. 이탈리아어 **avere** 동사

이탈리아어 **avere** [아베레] (~가지고 있다) 동사를 정리해 드리겠습니다.

avere [아베레] ~가지고 있다

io ho ~ [이오 오 ~] 나는 ~ 가지고 있다	**noi abbiamo ~** [노이 압비아보 ~] 우리들은 ~ 가지고 있다
tu hai ~ [뚜 아이 ~] 너는 ~ 가지고 있다	**voi avete ~** [보이 아베떼 ~] 너희들은 ~ 가지고 있다
lui / lei / Lei ha ~ [루이 / 레이 / 레이 아 ~] 그/그녀/당신은 ~ 가지고 있다	**loro hanno ~** [로로 안노 ~] 그들/그녀들은 ~ 가지고 있다

❶ 이탈리아어 **avere** 동사는 영어의 **have** 동사입니다.
❷ **avere** 동사는 불규칙변화형 동사입니다
❸ 암기를 하실 때는 **essere** 동사와 마찬가지로 인칭대명사와 함께 통째로 기억하는 것이 좋습니다.

부록 1.
핵심문법 간편정리
이탈리아어 핵심문법 간편정리

A

APPENDIX

4. 이탈리아어 **fare** 동사

이탈리아어 **fare** [파레] (하다/만들다) 동사를 정리해 드리겠습니다.

fare [파레] 하다/만들다

io faccio ~ [이오 팟치오 ~] 나는 ~하다	**noi facciamo ~** [노이 팟치아모 ~] 우리들은 ~하다
tu fai ~ [뚜 파이 ~] 너는 ~하다	**voi fate ~** [보이 파떼 ~] 너희들은 ~하다
lui / lei / Lei fa ~ [루이 / 레이 / 레이 파 ~] 그/그녀/당신은 ~하다	**loro fanno ~** [로로 판노 ~] 그들/그녀들은 ~하다

❶ 이탈리아어 **fare** 동사는 불규칙변화형 동사입니다.
❷ **fare** 동사 뒤에 명사를 붙여 '그 행위를 하다'로 광범위하게 사용합니다. **Io faccio i compiti.** [이오 팟치오 이 꼼삐띠.] (나는 숙제를 한다. : **i compiti** [이 꼼삐띠] 숙제)
❸ **fare** 동사 뒤에 동사원형이 오게 되면 **fare** 동사가 사역동사 역할을 하며 '주어가 ~에게 ~하게 시키다.' 또는 '주어가 ~를 ~하게 만들다.'라는 뜻으로 쓰입니다. **Lui mi fa ridere.** [루이 미 파 리데레.] (그는 나를 웃게 만든다. : **mi** [미] 나를, **ridere** [리데레] 웃다)

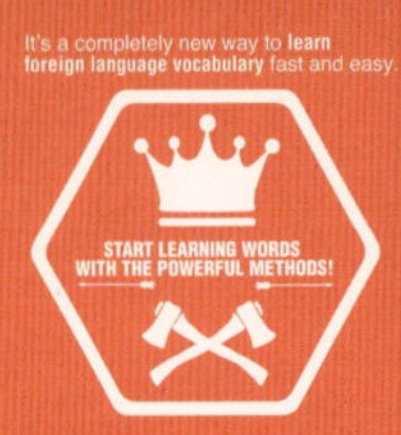

5. 이탈리아어 동사의 인칭변화 (규칙동사)

이탈리아어 규칙동사의 인칭별 변화규칙을 정리해 드리겠습니다.

-are 형

parlare [빠를레] 말하다

io	parlo	noi	parliamo
나	[빠를로]	우리들	[빠를리아모]
tu	parli	voi	parlate
너	[빠를리]	너희들	[빠를라떼]
lui/lei/Lei parla		loro	parlano
그/그녀/당신 [빠를라]		그들/그녀들 [빠를라노]	

-ere 형

scrivere [스끄리베레] 쓰다

io	scrivo	noi	scriviamo
나	[스끄리보]	우리들	[스끄리비아모]
tu	scrivi	voi	scrivete
너	[스끄리비]	너희들	[스끄리베떼]
lui/lei/Lei scrive		loro	scrivono
그/그녀/당신 [스끄리베]		그들/그녀들 [스끄리보노]	

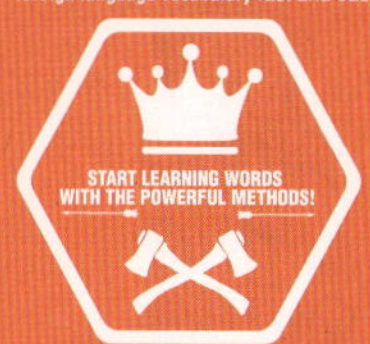

It's a completely new way to **learn**
foreign language vocabulary fast and easy.

부록 1.
핵심문법 간편정리
이탈리아어 핵심문법 간편정리

It's a completely new way to **learn**
foreign language vocabulary fast and easy.

-ire 형 1군

dormire [도르미레] 잠자다

io 나	dormo [도르모]	noi 우리들	dormiamo [도르미아모]
tu 너	dormi [도르미]	voi 너희들	dormite [도르미떼]
lui/lei/Lei dorme 그/그녀/당신 [도르메]		loro 그들/그녀들	dormono [도르모노]

-ire 형 2군

capire [까삐레] 이해하다

io 나	capisco [까삐스꼬]	noi 우리들	capiamo [까삐아모]
tu 너	capisci [까삐시]	voi 너희들	capite [까삐떼]
lui/lei/Lei capisce 그/그녀/당신 [까비셰]		loro 그들/그녀들	capiscono [까삐스꼬노]

❶ 이탈리아어는 어미가 **-are / -ere / -ire** 로 끝나는 3가지 타입의 동사가 있습니다.
❷ 동사는 '어간+어미'로 이루어져 있으며 규칙동사는 인칭에 따라 동사의 어미만 변합니다.
❸ **-ire** 형으로 끝나는 규칙동사는 동사의 종류에 따라 1군이나 2군의 형태로 변합니다.
❹ 이탈리아어는 규칙형으로 변하는 동사가 약 85% 정도에 이르며,
나머지 불규칙 형태로 변하는 동사는 별도로 암기해야 합니다.

6. 이탈리아어 재귀동사

이탈리아어 재귀동사를 정리해 드리겠습니다.

---

lavarsi [라바르씨] 자기 자신을 씻다

io mi lavo [이오 미 라보] 나는 씻는다	**noi ci laviamo** [노이 치 라비아모] 우리들은 씻는다
tu ti lavi [뚜 띠 라비] 너는 씻는다	**voi vi lavate** [보이 비 라바떼] 너희들은 씻는다
lui/lei/Lei si lava [루이/레이/레이 씨 라바] 그/그녀/당신은 씻는다	**loro si lavano** [로로 씨 라바노] 그들/그녀들은 씻는다

❶ 이탈리아어 재귀동사는 주어의 행위가 자기 자신에게 영향을 주는 동사를 말합니다.
❷ 재귀동사는 일반동사 앞에 재귀대명사 **mi, ti, si, ci, vi, si** 가 함께 옵니다.
❸ 재귀대명사는 주어의 인칭에 따라 6가지 형태가 있습니다.
❹ 주어의 인칭과 재귀대명사의 인칭이 일치하기 때문에 일반적으로 재귀동사 문장에서 주어는 생략합니다.

7. 이탈리아어 정관사

이탈리아어 정관사를 정리해 드리겠습니다.

이탈리아어 정관사

	단수	복수
남성 정관사	il	i
	lo, l'	gli
여성 정관사	la	le
	l'	le

❶ 이탈리아어의 정관사는 영어의 **the** 와 같은 개념입니다.
정관사는 명사를 지정하는 역할을 합니다.
❷ 이탈리아어의 정관사는 항상 명사 앞에 오며, 명사의 성과 수에 따라 형태가 변합니다.
❸ 이탈리아어의 정관사는 성에 따라 남성과 여성으로 나뉘고,
수에 따라 단수형과 복수형태로 나뉩니다.
❹ 자음으로 시작하는 남성단수명사 앞에는 정관사 **il** 이 오고, 복수형태는 **i** 입니다.
단, **s**+자음, **z**, **gn**, **pn**, **ps** 로 시작하는 남성명사는 제외입니다.
❺ **s**+자음, **z**, **gn**, **pn**, **ps** , **i**+모음으로 시작하는 남성단수명사에는 정관사 **lo** 가 옵니다.
모음으로 시작하는 남성단수명사는 정관사와 축약되어 축약형 **l'** 으로 쓰입니다.
그리고 이 두 가지 경우의 남성단수명사가 복수가 되면 정관사 **gli** 가 됩니다.
❻ 여성명사의 경우 자음으로 시작하는 명사이면 **la** 를, 모음으로 시작하면 축약형 **l'** 를
취합니다. 두 가지의 경우 모두 여성단수명사가 복수가 되면 정관사 **le** 형태를 취합니다.

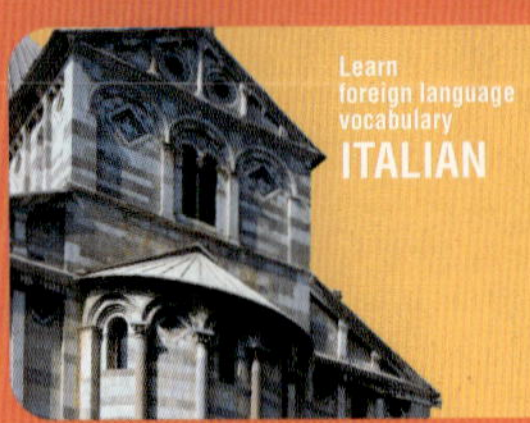

 8. 이탈리아어 부정관사

이탈리아어 부정관사를 정리해 드리겠습니다.

이탈리아어 부정관사

	단수	복수
남성부정관사	un	uno
여성부정관사	una	un'

❶ 이탈리아어의 부정관사는 불특정 단수 명사 앞에 쓰입니다.
영어의 **a(an)** 과 같은 의미로 '어떤 / 하나의'라는 뜻입니다.
❷ 부정관사는 명사의 성에 따라서 남성형과 여성형으로 구분됩니다.
❸ 부정관사 **un** 은 모든 남성단수명사 앞에 올 수 있습니다.
단, **s**+자음, **z**, **gn**, **pn**, **ps**, **i**+모음으로 시작하는 남성명사는 제외합니다.
❹ **s**+자음, **z**, **gn**, **pn**, **ps**, **i**+모음으로 시작하는 남성단수명사에는 부정관사 **uno** 가 옵니다.
❺ 여성단수명사일 경우 자음이나 **i**+모음으로 시작하는 명사 앞에는 부정관사 **una** 가 옵니다.
만약 여성단수명사가 모음으로 시작하면 축약이 일어나서 축약형 부정관사 **un'** 이 됩니다.

It's a completely new way to **learn** foreign language vocabulary fast and easy.

부록 1.

핵심문법 간편정리
이탈리아어 핵심문법 간편정리

APPENDIX

A

9. 이탈리아어 소유형용사

이탈리아어 소유형용사를 정리해 드리겠습니다.

이탈리아어 소유형용사

남성단수		여성단수	
mio	[미오]	**mia**	[미아]
tuo	[뚜오]	**tua**	[뚜아]
suo	[수오]	**sua**	[수아]
nostro	[노스뜨로]	**nostra**	[노스뜨라]
vostro	[보스뜨로]	**vostra**	[보스뜨라]
loro	[로로]	**loro**	[로로]
남성복수		여성복수	
miei	[미에이]	**mie**	[미에]
tuoi	[뚜오이]	**tue**	[뚜에]
suoi	[수오이]	**sue**	[수에]
nostri	[노스뜨리]	**nostre**	[노스뜨레]
vostri	[보스뜨리]	**vostre**	[보스뜨레]
loro	[로로]	**loro**	[로로]

❶ 이탈리아어의 소유형용사는 소유를 나타내며,
다른 형용사들처럼 명사의 성과 수에 따라 변합니다.
❷ 소유형용사는 수식하는 명사 앞에 위치하며 정관사와 함께 쓰일 수 있습니다.
이 경우 어순은 '정관사+소유형용사+명사'입니다. 정관사와 함께 소유형용사도 명사의 성수에
일치시켜야 합니다.
❸ 경우에 따라서 소유형용사가 명사의 뒤에 위치할 수도 있습니다. 이런 경우는 강조
표현입니다. **il mio libro** [일 미오 리브로] (나의 책)은 소유형용사 **mio** 가 명사 **libro** (책) 뒤에
와서 강조를 하고 있습니다. **libro mio** [리브로 미오] (나의 책) 이 경우 관사는 쓰지 않습니다.

10. 이탈리아어 조동사

이탈리아어 조동사를 정리해 드리겠습니다.

이탈리아어 조동사

dovere [도베레] ~해야 한다		**potere** [뽀떼레] ~할 수 있다
io	devo	posso
tu	devi	puoi
lui/lei/Lei	deve	può
noi	dobbiamo	possiamo
voi	dovete	potete
loro	devono	possono
volere [볼레레] ~하고 싶다		
io	voglio	
tu	vuoi	
lui/lei/Lei	vuole	
noi	vogliamo	
voi	volete	
loro	vogliono	

❶ 이탈리아어 조동사 역시 다른 동사와 마찬가지로 '어간+어미'로 구성되어 있으며, 인칭에 따라 모양이 변합니다.

❷ 말 그대로 조동사이기 때문에 뒤에 본동사의 동사원형이 나란히 옵니다.

❸ 이탈리아어 조동사는 불규칙이므로 동사변화형을 숙지해야 합니다.

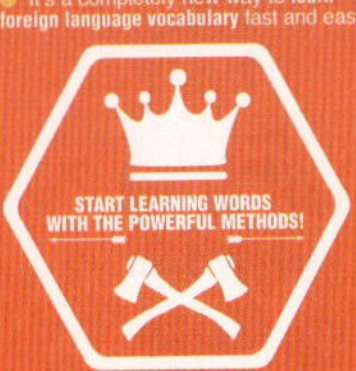

부록 2. 주요동사 변화형 정리

1. -are 규칙형

amare
[아마레] 사랑하다

io	amo
tu	ami
lui/lei/Lei	ama
noi	amiamo
voi	amate
loro	amano

2. -ere 규칙형

chiedere
[끼에데레] 묻다

io	chiedo
tu	chiedi
lui/lei/Lei	chiede
noi	chiediamo
voi	chiedete
loro	chiedono

3. -ire 1군 규칙형

aprire
[아쁘리레] 열다

io	apro
tu	apri
lui/lei/Lei	apre
noi	apriamo
voi	aprite
loro	aprono

4. -ire 2군 규칙형

finire
[피니레] 끝나다/끝내다

io	finisco
tu	finisci
lui/lei/Lei	finisce
noi	finiamo
voi	finite
loro	finiscono

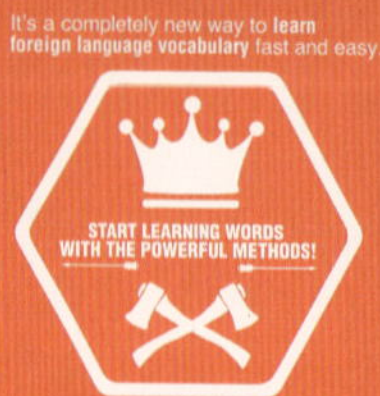

5. 불규칙동사

essere
[에쎄레] ~이다

io	sono
tu	sei
lui/lei/Lei	è
noi	siamo
voi	siete
loro	sono

avere
[아베레] 가지다

io	ho
tu	hai
lui/lei/Lei	ha
noi	abbiamo
voi	avete
loro	hanno

fare
[파레] ~하다

io	faccio
tu	fai
lui/lei/Lei	fa
noi	facciamo
voi	fate
loro	fanno

condurre
[꼰두레] 안내하다

io	conduco
tu	conduci
lui/lei/Lei	conduce
noi	conduciamo
voi	conducete
loro	conducono

dare
[다레] 주다

io	do
tu	dai
lui/lei/Lei	dà
noi	diamo
voi	date
loro	danno

andare
[안다레] 가다

io	vado
tu	vai
lui/lei/Lei	va
noi	andiamo
voi	andate
loro	vanno

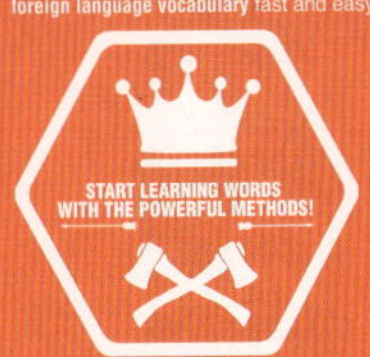

It's a completely new way to **learn** foreign language **vocabulary** fast and easy.

부록 2.
주요동사 변화형 정리
이탈리아어 주요동사 변화형 정리

It's a completely new way to **learn** foreign language **vocabulary** fast and easy.

	venire	**pagare**
	[베니레] 오다	[빠가레] 지불하다
io	vengo	pago
tu	vieni	paghi
lui/lei/Lei	viene	paga
noi	veniamo	paghiamo
voi	venite	pagate
loro	vengono	pagano

	stare	**bere**
	[스따레] 있다/머물다	[베레] 마시다
io	sto	bevo
tu	stai	bevi
lui/lei/Lei	sta	beve
noi	stiamo	beviamo
voi	state	bevete
loro	stanno	bevono

	rimanere	**sedere**
	[리마네레] 남다/머물다	[쎄데레] 앉다
io	rimango	siedo
tu	rimani	siedi
lui/lei/Lei	rimane	siede
noi	rimaniamo	sediamo
voi	rimanete	sedete
loro	rimangono	siedono

The vocabularies, the most frequently used words will **be with you!**

You'll get most frequently used vocabularies.

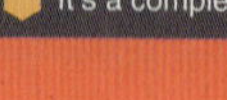

tenere
[떼네레] 잡다/가지다

io	tengo
tu	tieni
lui/lei/Lei	tiene
noi	teniamo
voi	tenete
loro	tengono

correre
[꼬레레] 달리다

corro
corri
corre
corriamo
correte
corrono

cuocere
[꾸오체레] 요리하다

io	cuocio
tu	cuoci
lui/lei/Lei	cuoce
noi	cuociamo
voi	cuocete
loro	cuociono

morire
[모리레] 죽다

muoio
muoi
muore
moriamo
morite
muoiono

Start learning a language with the powerful methods!
It's a completely new way to learn foreign language vocabulary fast and easy.
START LEARNING WORDS WITH THE POWERFUL METHODS!
lo studio l'italiano.

It's a completely new way to learn foreign language vocabulary fast and easy.

It's a completely new way to learn foreign language vocabulary fast and easy.

START LEARNING WORDS WITH THE POWERFUL METHODS!

Start learning a language with the powerful methods!
Conquer them all!

국가대표 외국어 단어정복자
MP3 파일자료 무료다운로드 방법!

www. webhard.co.kr 에서
아이디 **bookersbergen**
비번 **9999** 로 **로그인**

단어정복자 폴더
(폴더 비번 **9999**) 안에
MP3 파일자료가 준비되어 있습니다.

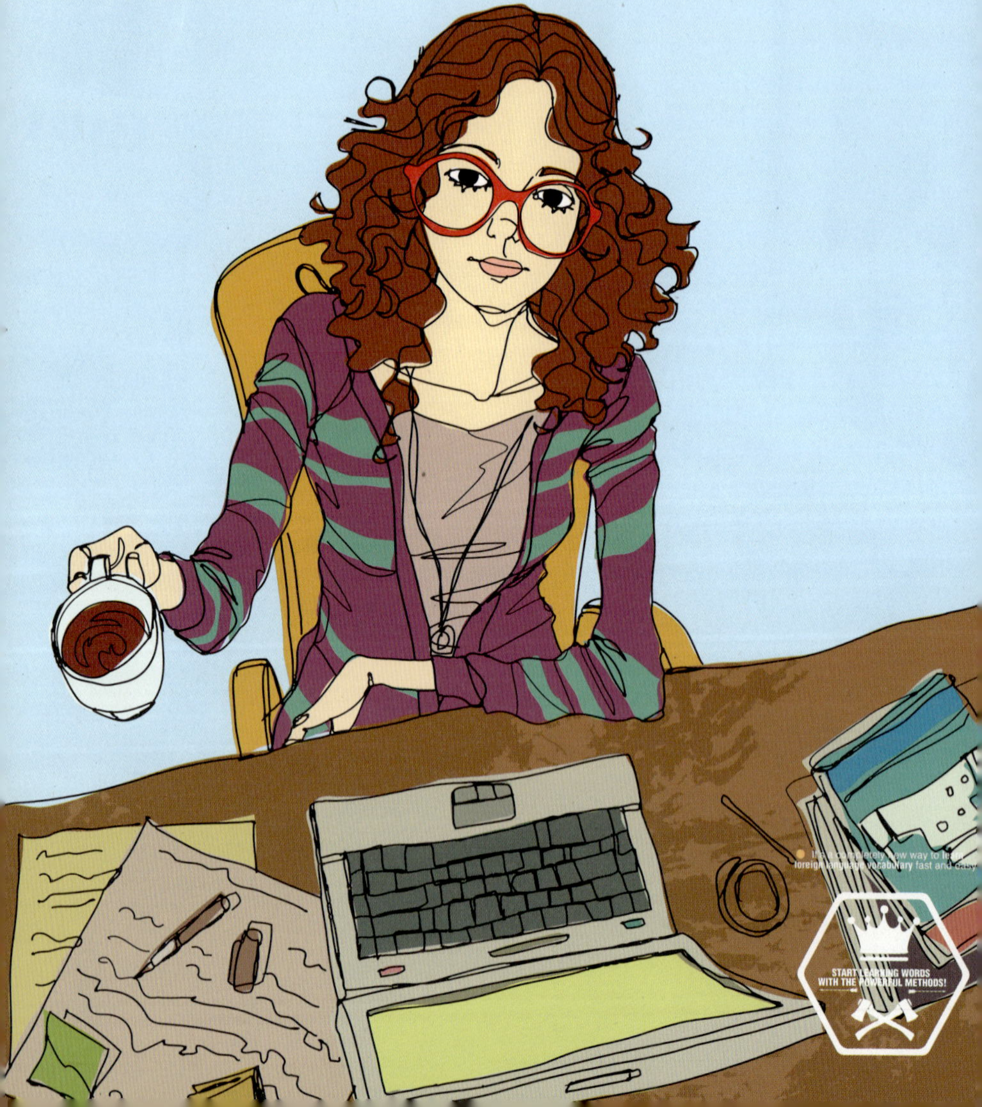